全生命周期
财资管理实践

袁 红◎著

电子科技大学出版社
University of Electronic Science and Technology of China Press

· 成都 ·

图书在版编目（CIP）数据

全生命周期财资管理实践／袁红著. — 成都：电子科技大学出版社，2023.5

ISBN 978-7-5770-0094-7

Ⅰ.①全… Ⅱ.①袁… Ⅲ.①财务管理 Ⅳ.①F275

中国国家版本馆 CIP 数据核字（2023）第 019370 号

全生命周期财资管理实践
QUAN SHENGMING ZHOUQI CAIZI GUANLI SHIJIAN

袁　红　著

策划编辑　万晓桐
责任编辑　杨梦婷

出版发行　电子科技大学出版社
　　　　　成都市一环路东一段159号电子信息产业大厦九楼　邮编 610051
主　　页　www.uestcp.com.cn
服务电话　028-83203399
邮购电话　028-83201495

印　　刷　四川煤田地质制图印务有限责任公司
成品尺寸　170 mm×240 mm
印　　张　17
字　　数　350千字
版　　次　2023年5月第1版
印　　次　2023年5月第1次印刷
书　　号　ISBN 978-7-5770-0094-7
定　　价　69.00元

自　序

ZI XU

　　冉冉年华留不住，转瞬即是三十载。20世纪90年代初至今，我辗转川蜀与鹏城，见证了中国经济的变迁，亲历了各类企业的蓬勃兴起与落寞转身，主持了财务会计从手工记账到数字化转型，把会计从记录计量中解脱出来，用数据推动经营预测与管理改进，并投身资本运作的浪潮，推动了集团企业产融结合、投融并举的新发展之路。回溯既往，作为企业集团的财务管理者，怎样把自己对不同生命周期企业财务、资本方面的管理经验进行总结，用财务的视角去观察不同生命周期的企业，用管理工具帮助企业预判周期、及时调整跨越周期，是我一直想做的事情。2019年再次回到集团公司工作，这个想法愈发地强烈。经过深思熟虑和精心准备，终于提笔成文。

　　时来天地皆同力，运去英雄不自由。自古以来中国人讲究时势，其实也就是周期规律。经济大周期影响着企业发展小周期，科学发展的基础就是要深刻认识发展周期律。从企业经营来看，技术的周期、行业的周期、企业发展的周期都有其客观规律存在。企业管理者需要从周期性发展的理念去认识企业发展，要用管理的变化去应对发展的变化。处于不同生命周期阶段的企业，存在各不相同的困境或问题。初创期企业如何立足，成长期企业如何保持发展定力，成熟期企业又如何在稳定中寻求新机，衰退期企业又会面临哪些判断与抉择，等等。不同生命周期阶段的企业对于财务和资本的诉求是不同的。作为财务从业者，既要沉得下去，做细节管理，又要浮得上来，把握经营趋势。要从周期发展的规律中找到财务和资本经营的重点和策略，与企业经营者同向而行。

　　财务会计是一门管理科学。我从来不认为财务会计就是账房先生，就是记录、计量、报告。财务会计是企业经营的深度参与者，他可以参与到企业经营的采购、生产、销售各个环节，了解企业经营模式、运转机制。掌握企业各环节运转的细枝末节和整体平衡。他可以微观、可以宏观，既有精细管理的基础又有整体协调的能力。经济越发展，财务越重要，财务管理者是企业CEO的重要战略伙伴。财务会计是伴随经济发展而日益重要的管理门类。现代会计技术的发展突飞猛进，在AIGC背景下，RPA机器人、ChatGPT、数据云、数据中台等新兴技术的应用，其实是对企业数据治理的重大变革。在这一过程中，财务会计其实不是被削弱，而是更加强化。信息化在会计技术中的应用是把人工无法企及的海量数据进行了智能化实现，基于数据驱动的财务管理理念在新技术的推动下，更加可实现。财务管理通过技术赋能可以比以往发挥更大的业务赋能的价值。

资本赋能是产业升级的必由之路。企业的兴起始于资本，当今经济社会的发展日新月异，技术迭代的速度也越来越快，资本在促进资源的集中与整合，在支持企业经营模式创新等方面的作用愈发突出。在产融互动模式下，企业可以通过不同的渠道获取资本供给，更多的融资渠道可供选择，如私募股权投资、创业投资、债券融资、众筹等。这些多样化的资本供给方式为企业提供了更大的灵活性和选择性。纵观企业所处生命周期的各个阶段，资本一直是助推企业发展成长的重要力量。企业的筹资、投资活动始终是企业经营业务之外的一条重要资本经营线。掌握不同生命周期企业资金经营活动的特点，以筹资、投资等资本性经营活动，推动企业高质量的经营产业发展，才能实现产融良性互动。我们也将围绕不同生命周期企业从资本的视角看企业的融资与投资活动。

本书并非严肃的学术著作，而是我个人多年的管理实践的总结，书中也梳理了我管理过的不同生命周期企业的真实案例，希望通过企业场景的客观呈现，帮助大家更直观地去认识和理解自己的行业、企业的生命周期以及所适配的财资策略。

为了能够帮助大家更加全面地理解企业在不同生命周期中有关财务、资本等管理内容，本书分为三部分。第一部分讲述了贯穿企业生命周期的财资管理，描述了经济周期与企业生命周期现象，概述了财务管理与资本管理概念，并提出了建立CEO与CFO跨越周期的伙伴关系；第二部分讲述了企业在初创期、成长期、成熟期、衰退期的战略、业务、财务、资本等方面的特点及表象，说明了各周期的财务组织与财务角色，详细阐述了企业在不同生命周期应选择的财资策略；第三部分介绍了穿越周期的重要管理工具，体现了战略财务管理、全面预算管理和企业内部控制等的重要性，提出了关于财务变革与数字化转型、公司金融微系统、高质量现代化财务管理、财资人员个人职业发展等方面的财资愿景。总而言之，本书以财资管理理论为基础，深入讲解了全生命周期财资管理理念和方法，同时也整理了丰富的企业实践案例，以方便大家更好地学习和运用。

　　希望本书能成为非财务人员了解企业财资管理的参考资料，并以此与财务、资本等概念建立起密切联系，逐渐开始拥有财务思维，用战略的眼光和财资的逻辑去分析自己的行业和企业；同时，也希望能以此书为契机，成为与财务同行交流沟通、共同进步的桥梁和纽带，从系统的知识体系和鲜活的案例中寻得更多的感悟和思考，从而更了解业务，更精通财资。

　　书不尽言，言不尽意，书中不足之处，恳请专家同行和广大读者批评指正。

前　言

QIANYAN

什么是企业？英国古典经济学的创始人亚当·斯密（Adam Smith）在《国富论》中最早提出"社会分工"的概念，他认为企业是一种分工组织，其存在的目的就是为了获取规模经济利益。19世纪随着工业化的普及，企业的概念进一步演变，开始涵盖所有的生产单位，包括工厂、企业、合作社等。进入20世纪后，企业的概念继续演变，并成为当代市场经济的重要组成部分。随着全球化的推进，企业的规模和影响力不断扩大，企业早已成为经济社会发展中不可分割的一部分。

习近平总书记曾在企业家座谈会上指出："一大批有胆识、勇创新的企业家茁壮成长，形成了具有鲜明时代特征、民族特色、世界水准的中国企业家队伍。"改革开放40多年来，我国企业蓬勃发展，实现了从小到大、由弱变强的跨越，在稳定增长、促进创新、增加就业、改善民生等方面发挥了重要作用，成为推动经济社会发展的重要力量。当前，我国已如期实现第一个百年奋斗目标，正向第二个百年奋斗目标大步迈进，共同富裕就是第二个百年奋斗目标的核心之一。企业是促进共同富裕、担负促进共同富裕社会责任的重要主体，企业的高质量发展对经济社会发展起到至关重要的作用。

企业在发展的过程中，不仅会受到经济周期、技术周期、产品周期等外部因素的影响，还会受到来自企业自身的生命周期影响，不同的周期特征对企业管理模式提出了不同的要求。财资管理作为企业管理的核心部分，承担了企业价值创造的重要使命。只有构建符合周期特征的财资管理模式，企业才能在不同周期中找到发展路径、规避各种风险、实现整体增值。

本书共有7章，主要结构大致如下。

第1章：阐述经济周期与企业生命周期现象；概述财务管理与资本管理的概念；探究在跨越周期背景下CEO和CFO究竟应建立怎样的伙伴关系，叙述跨周期的集团化发展之路。

第2章至第5章：分别阐述企业在初创期、成长期、成熟期、衰退期等时期的财资管理模式；探究各时期企业在业务、战略、财务、资本等方面的特征；

展现出企业在不同时期应当采取的财资管理模式。

第6章至第7章：阐述战略财务管理、全面预算管理和企业内部控制作为管理工具在全周期中的重要性；对数字化转型、公司金融微系统、财资人员职业发展等财资愿景提出构想。

总的来说，本书通过探讨财资管理的相关理论，并整理企业全生命周期中财资管理实践案例，来回答企业在不同周期中有关财务、资本、内部控制等一系列令人关注的话题，适合作为管理者、投资者等了解企业财资管理的参考资料。

编　者

2023 年 3 月

目 录

MULU

第1章　贯穿企业生命周期的财资管理

1.1　经济周期与企业生命周期现象

身处经济时代，繁荣与萧条存在着周期性规律。个人、家庭、企业、国家都逃不过经济周期的影响，作为新经济时代的主体，企业的生死存亡更是与经济周期息息相关。

2019年，中国人民银行和中国银保监会共同发布的《中国小微企业金融服务报告（2018）》显示，国内中小企业的发展周期基本在3年，创办3年之后依然可以维持正常经营的企业只占总数的1/3。据美国《财富》杂志报道，中国的中小企业平均寿命仅2.5年，5—10年的企业存活率大概是7%。据统计，中国企业存活20年以上的只有1%~3%。

历史、经济、技术、社会、产品等长长短短的周期波动叠加交织，企业在多重周期组成的巨浪里沉浮，受周期支配，也通过自身经济活动影响甚至推进周期的运转，练就了顺势而为的能力。跨越周期、做时间的朋友，是千千万万企业孜孜不倦的追求。

企业在发展的过程中，不仅会受到经济周期、技术周期、产品周期等外部因素的影响，还会受到来自企业自身的生命周期的影响。这些因素是促进或限制企业发展的重要方面，因此，企业在制定发展计划、确定发展方向、规避各种风险时必须充分考虑这些因素的影响。

1.1.1　常见的经济周期及其影响

经济周期是指经济活动沿着经济发展的总体趋势所经历的有规律的扩张和收缩的交替，一般包括繁荣、衰退、萧条和复苏四个阶段。不同理论构建的经济周期有长有短，驱动因素也不尽相同。

1.1.1.1　科技创新驱动的长周期——康波周期

1926年，苏联经济学家康德拉季耶夫分析了英、法、美、德以及世界经济的大量统计数据后，发现商品经济中存在的周期性的规律波动，这一发现被称为康波理论。他认为科学技术驱动生产力，因此生产力发展周期由科技创新推动。一个周期时长为40—60年，分为繁荣、衰退、萧条、复苏四个阶段：重大技术创新出现的前20年左右为繁荣期，在此期间技术迭代推动经济快速发展；接下来的5—10年为衰退期，经济增速放缓；之后的10—15年为萧条期，经济增长缺乏动力；最后进入10—15年复苏期，孕育一次创新。

有研究认为，自工业革命以来，全球已经历过四轮完整的康波周期，分别以纺织工业和蒸汽机技术、钢铁和铁路技术、电器和重化工业、汽车和计算机为标志性的技术创新。本轮康波周期以信息技术为驱动力，以美国繁荣高点2007年为本轮繁荣期顶点，第五次康波的繁荣期为1991—2007年。2007年至今，全球处于第五波的衰退期和萧条期之间。下一轮周期会酝酿出什么样的革新技术呢？

1.1.1.2　人口驱动的中长周期——库兹涅茨周期

1930年，美国经济学家库茨涅茨发现基础工业部门的经济增长率与建筑业和房地产业兴衰关联，呈现15—22年有规律的波动。建筑业、房地产与人口的繁衍与迁移息息相关。也有专家认为背后实质驱动是人口的波动，房地产市场18—25年繁荣一次，对应的是一次又一次的婴儿潮。

中国房地产市场起步较晚，有观点认为，1998年进行住房货币化改革，到2015年前后触顶回落，中国已结束第一个库兹涅茨周期的上行期，第四次婴儿潮的消失影响了走势，目前我们处于此轮库兹涅茨周期的下行期。

1.1.1.3　设备投资驱动的短周期——朱格拉周期

1862年，法国经济学家朱格拉提出市场经济存在着8—10年的周期波动，它以设备更替和投资为主要驱动因素，设备更替与投资高峰期时，经济快速增长，投资完成后，经济逐步衰退。

产业升级或新产业崛起，往往会引发强设备投资浪潮，设备更替和资本投资上升，需求沿产业链传递，带动原材料价格上涨；价格上涨导致需求收缩，利率、产能利用率、杠杆率有下行趋势；下行触底后开始调整，信贷规模扩张、企业利润逐步修复，获得贷款后更新产能，带动设备采购量增长，开启新一轮朱格拉周期。从本质来看，推动朱格拉周期的主要因素是货币。

开源证券研究所发布的《朱格拉周期：能源革命下的新常态》认为："新一轮朱格拉周期或将打上明显的'能源革命'烙印，碳中和政策将全方位改变过去的经济运行模式，为全球带来大量的设备增量添置投资需求。比如，碳中和政策下，清洁能源相关投资将持续高增。同时，交运、工业等碳排放'大户'，为了提高能源利用效率以及降低碳排放量，需要进行大规模设备升级改造。此外，所有行业都将面临碳监测、碳捕获及碳存储的硬性约束，而这将带来大量的设备投资需求。"

1.1.1.4　库存驱动的"迷你"周期——基钦周期

1923年，英国经济学家约瑟夫·基钦提出库存投资变化会导致经济波动，这种2—4年的短期调整被称为存货周期，即"基钦周期"。他认为，外部需求冲击是被动的，而企业内部库存调节是主动的，需求和库存的上下变动形成了被动去库存、主动补库存、被动补库存、主动去库存四个阶段，如图1-1所示。

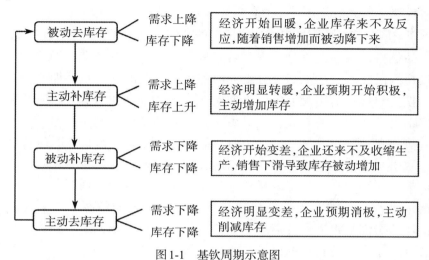

图1-1 基钦周期示意图

此外，社会体制转型、社会结构变动、社会形态变迁乃至自然环境等都是有其自身运转周期的，各类周期相互影响，层层嵌套，将古往今来的经济形势演变紧密编织在一起。经济周期、外部环境变化是企业运转的大前提，会影响企业的健康状况进而影响企业的生命周期。

从经济学角度出发，透过现象抓住本质，基于深刻理解和洞察，认清规律找准大势，在重重交织的周期中看清确定性的"大势"，找准其驱动力和资源因素，理清要解决的问题，是周期给企业的指导与要求。正如经济学家许小年说："宏观经济好，有好企业；宏观经济差，也有好企业，企业的经营不是跟着政策大风扬帆起航，企业本来的任务就是无论刮风下雨我都可以航行。"

关于经济周期本身，经济学家熊彼特指出，经济周期包括四个主要阶段：繁荣、衰退、萧条和复苏。①繁荣阶段：国民收入水平高于充分就业时的水平，此时的特点主要是生产增加、投资增加、信用扩张等，人们对于未来的预期非常乐观。繁荣阶段的最高点也是经济周期的波峰，此时由于投资和消费的需求不断扩张，需求也超过了产出的增长，从而刺激价格迅速上涨到较高的水平。对企业来说，生产增长率开始减缓，逐渐出现通货膨胀的苗头。为了防止经济过热，中央银行往往会通过加息等方式将经济拉回可持续增长的道路上。

②衰退阶段：这个阶段是繁荣到萧条的过渡阶段，经济从顶峰开始下降，但整体还是处在正常经济增长平均水平之上。此时的特点主要是需求萎缩、供大于求，随后价格开始下跌，经济增长率出现停滞。值得一提的是，在整个经济周期演化过程中，价格的波动均滞后于经济的波动，因此当经济增长开始下滑时，通货膨胀率却是上升的，企业通常会相应提高产品价格，企业盈利情况进一步出现减弱，其股票表现出现持续低迷的状况。超额的生产能力以及下跌的大宗商品价格，致使通货膨胀率开始降低，企业的盈利情况逐渐恶化。③萧条阶段：国民收入水平低于充分就业时的水平，此时的特点主要是生产急剧减少，投资减少，信用紧缩等，人们对于未来的预期比较悲观。萧条阶段的最低点也是经济周期的谷底，此时由于投资和消费的需求不断紧缩，供给和需求都处在较低的水平，产品价格也始终保持低位，失业率则保持较高水平。④复苏阶段：这个阶段是萧条到繁荣的过渡时期，经济开始从谷底回升，但整体还是处在正常经济增长平均水平之下。这个阶段是从上一个经济周期的最低点开始的，整体的经济水平都处在较低的位置。随着经济的复苏，生产开始恢复，人们的需求开始增长，价格也开始回升。这时政府为了刺激经济会相继出台宽松的经济政策，经济的增长开始加速，而通货膨胀则会持续下降。对企业来说，盈利水平将会大幅提升，央行也会继续保持较为宽松的货币政策。

经济周期是经济发展的客观规律，政府只能通过各种调控措施延长或减少不同阶段的持续时间，却无法完全避免某一阶段的到来。因此，研究经济周期对政府、金融机构以及企业等主体至关重要。

1.1.2　技术的周期性发展规律

全球著名咨询公司Gartner根据对上千种新科技发展趋势的分析研判，每年会发布包括30项新兴技术和趋势的Gartner新兴技术成熟度曲线。每年都会有新的数字科技出现在曲线上，也会有老技术在曲线上消失，体现出数字科技颠覆性创新排浪式涌现的特点。颠覆性的数字科技及其带动的商业模式和产业业态创新不但会在中短期形成战略性新兴产业、带动经济增长，而且随着新一轮科技革命和产业变革的持续深入推进，还会形成代表更长期发展方向的未来产业。

Gartner曲线（技术成熟度曲线）是全球知名的咨询公司Gartner自1995年起发布的一个曲线：横轴为时间，表示一项技术（产品）将随时间发展经历各个阶段；纵轴是期望值，表示该项技术（产品）在各个阶段所获得的市场期望

（在2009年之前，纵轴曾被标注为可见度）。Gartner曲线将一项技术（产品）的发展划分为五个时期，如图1-2所示。

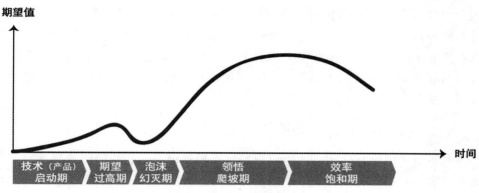

图1-2　技术（产品）周期图

技术（产品）启动期——从概念到图纸，再从样品到成品，这个阶段的技术（产品）尚不成熟，市场的关注度和期望值并不高。

期望过高期——经过营销推广或媒体报道，无论是资本市场还是销售渠道乃至消费者，都开始非常关注该技术（产品），这些关注产生共振效应，导致市场对其期望值和估值达到一个非理性的高潮。

泡沫幻灭期——人们逐渐发现该技术或是产品质量达不到预期，或是营销效果达不到预期，或是商业模式达不到共赢……总之，其技术可行性或经济可行性被深度质疑，市场对其的期望值和估值降低到一个非理性的低谷。

领悟爬坡期——当新技术（产品）再次理性地找到突破口，或是质量提升了，或是营销模式、商业模式得到了改进，或是其新的应用场景带来了新增效益，它就获得真正强大的生命力，开始快速扩张、占领市场。

效率饱和期——当技术（产品）已经广泛应用到各种场景之中，可开拓的新市场已经很少了，它的边际效应就显现了，并开始逐步被新一代技术（产品）所替代。

每一轮技术周期都有一个或者几个代表性的创新，以及由此产生的支柱型行业。以上是基于微观的产品技术周期，纵观人类历史，每次变革性的技术革新，带来的技术长周期，对经济社会的影响更为深远。第一个技术长周期始于1790年英国的工业革命，是以蒸汽机的使用、纺纱机发明和纺织工业诞生为标志。第二个技术长周期为1846—1900年，是以铁路和炼铁工业为标志，在1846—1872年的上升周期，铁路里程、铁的产量扩大了十倍以上，经济也因此快速发展。第三个技术长周期上升周期为1900—1929年，结束于20世纪50年代，是以钢铁、电力、石油开采和汽车制造工业的诞生为标志。第四轮技术长周期是以电视等家用电器和电子工业、飞机、石油化工和计算机的创新为代表。而现在阶段，我们正处于第五次信息技术革命之中，计算机应用的普及、计算机与现代通信技术的结合，互联网加人工智能应用的不断深化，催生了新兴技术，生产组织方式逐渐转向自动化、智能化。根据Gartner的最新报告提出2022年的新兴技术倾向于不断发展/扩展沉浸式体验、加速人工智能自动化和优化技术专家交付三个主题。

1.1.3 产品生命力的周期性表现

每一个产品从推向市场到退出消费者视野都存在它的周期性，产品的生命力有强有弱，有长有短。从不同的角度看产品的周期性，我们可以总结出三类产品的周期性变化。

第一类是产品的自然生命周期，也就是个体产品本身的功能满足性，存在的使用寿命周期，是指开发和使用层面的个体产品使用寿命，即从产品的用户需求、概念设计、工程设计、制造、使用到报废的整个过程；第二类是产品的技术生命周期，指的是在现代社会，产品由于新技术、新工艺、新产品的出现而被替代和淘汰的现象；第三类是产品市场生命周期，指的是商业和市场层面的产品市场寿命，主要以市场为载体，是市场营销学中十分重要的一个概念，也是企业最常用的概念。产品从投入市场到最终被市场淘汰的时间过程，就是产品的市场生命周期。

从财资视角关注的产品周期，我们更倾向于产品市场生命周期。从产品投放市场，给企业带来销售收入，实现利润贡献的维度看，每一个产品的市场走势都存在明显的周期性变化。

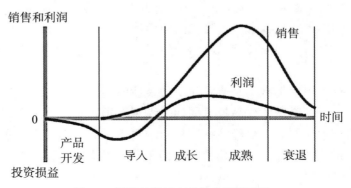

图1-3　标准的传统产品生命周期曲线

如图 1-3 所示，产品周期是指一个产品从开发到生产、推广、销售和淘汰的过程。它通常分为开发、推广、成熟和衰退四个阶段。①开发阶段：这是产品的研发阶段，公司通常致力于研究和开发新产品。②推广阶段：在这个阶段，公司将开始大力推广产品，以吸引潜在客户并增加销售。③成熟阶段：在这个阶段，产品的销售逐渐增加，并逐渐达到顶峰。④衰退阶段：随着竞争加剧，产品的销售量逐渐下降，最终停止生产。产品周期及其对应的特征见表1-1 所列。

表1-1　产品周期与特征

	导入期	成长期	成熟期		衰退期
			前期	后期	
销售量	低	快速增大	继续增长	有降低趋势	下降
利润	微小或为负值	大	高峰	逐渐下降	低或负
购买者	爱好新奇者	较多	大众	大众	后随者
竞争	甚微	兴起	增加	甚多	减少

产品周期与技术周期有相似之处，许多新技术的出现就是以新产品的诞生为标志，许多新产品的出现也会引领新技术的发展。因此，技术周期和产品周期都与市场或企业有着密切的关系，技术周期和产品周期的阶段不仅会影响市场需求，也会影响企业的生产和销售策略。如果企业能够正确识别技术周期和产品周期的阶段，就能制定更有效的市场营销策略，从而提高销售额和利润。

1.1.4　企业的生命周期规律

前面我们谈到经济周期、技术周期、产品周期，既然存在这些周期，作为宏观经济中的市场主体形式之一的企业也必然存在它的周期性规律。20世纪80年代末期，美国管理学家伊查克·爱迪思在他的著作《企业生命周期》（*Managing Corporate Lifecycles*）中，把企业从初创到消亡的全部过程，按生物的成长路径，分成了十个阶段，分别是孕育期、婴儿期、学步期、青春期、盛年期、稳定期、贵族期、官僚化早期、官僚期和死亡，如图1-4所示。

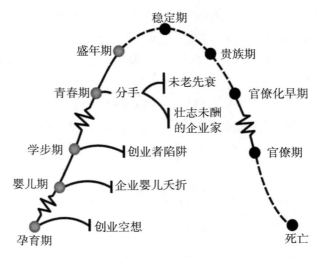

图1-4 企业的生命周期（引自《企业成长之道》，王勇）

许多学者对企业生命周期进行了深入研究，我国的研究学者陈佳贵则把企业生命周期划分为孕育期、求生存期、高速成长期、成熟期、衰退期和蜕变期六个阶段。现在，企业生命周期理论已成为企业管理和战略分析的重要工具，帮助企业识别所处的阶段，预测未来发展趋势，并制定合适的策略。企业生命周期的概念已广泛应用于各行各业。

2013年国家工商总局企业注册局、信息中心发布了题为《突破"瓶颈期"与"危险期" 迎接成长关键期》的全国内资企业生存时间分析报告，见表1-2所列。报告显示，截至2012年，我国实有企业1322.54万户，成立5年内注销户数达652.77万户，占企业总量的49.4%。

统计数据反映企业五年累计消亡三成以上，半数能存活八年以上。随着企业成立时间延长，企业累计存活率进一步降低，到第13年为38.8%。企业生存时间和死亡退出特点呈现出前高后低，前快后慢的特点。企业成立当年的平均死亡率为1.6%，第二年为6.3%，第三年最高为9.5%。总体来看，企业成立后的三至七年当期平均死亡率较高，随后渐趋平缓。三至七年为企业生存的"瓶颈期"，也是企业能否进一步成长发展的关键期。

表1-2 截至2012年全国企业生存时间统计表

年龄	企业数量/万户	比重/%	年龄	企业数量/万户	比重/%
1年以内	195.91	14.8	11年	43.13	3.3
2年	185.19	14.0	12年	33.95	2.6
3年	153.39	11.6	13年	27.15	2.1
4年	118.29	8.9	14年	21.71	1.6
5年	89.92	6.8	15年	18.16	1.4
6年	82.54	6.2	16年	13.18	1.0
7年	76.66	5.8	17~19年	27.74	2.1
8年	67.84	5.1	20~24年	35.83	2.7
9年	62.47	4.7	24年以上	13.67	1.0
10年	55.81	4.2	合计	1322.54	100.0

引自:国家工商总局企业注册局、信息中心.突破"瓶颈期"与"危险期"迎接成长关键期——全国内资企业生存时间分析报告[J].中国发展观察,2013,(9): 28-32.

　　报告也通过数据分析,揭示了企业经营规模与生存周期的关系。企业规模越大,存活率越高。企业存活率与注册规模呈正比的态势。大规模企业由于其抗风险能力比小规模企业强,其生存曲线较为平稳;并且由于行业进入政策、规模经济、技术等的壁垒,进入市场较谨慎等原因,较大规模的企业存活率比规模小的企业高。企业成立时间越久,企业越平稳。小规模和大规模企业生存危险期均为第三年。

　　企业的生命周期是指企业从成立到发展、成长、衰退和终止的过程。简单来说,一般分为以下五个阶段:①创业阶段:这是企业的创立阶段,企业所面临的挑战主要是确立市场地位和获得资金。②成长阶段:在这个阶段,企业开始快速发展,但仍需要解决资源和管理问题。③成熟阶段:在这个阶段,企业已经稳定发展,但需要面对市场竞争和技术进步带来的挑战。④衰退阶段:在这个阶段,企业的销售和利润开始下降,需要采取措施以恢复健康的经营状况。⑤终止阶段:在这个阶段,企业最终终止经营,退出市场。企业生命周期理论的一般观点认为,企业就是一个生命体,有其诞生、成长、成熟和衰退的持续发展阶段。因此，企业应针对不同发展阶段的特点，采取相应的组织架构、调整内部资源与能力、制定相应的发展战略，来适应企业特定成长阶段的发展。只有这样，企业才能够健康持续地成长和发展。

绝大部分的企业都经历或者正在经历这样的五个阶段。但企业的生存状况却千差万别。企业的生命是可以无限延续下去的，尽管企业所经营的产品在不断产生和消亡。世界上最长寿的企业——日本的金刚组已经有1400多年的历史，我国的同仁堂也经历了350多年的风雨变迁；而有的企业生命却极短，有的只有一两年，有的甚至根本还没有来得及过完五个阶段就突然倒闭，例如，三株、亚细亚、科龙等中国企业，它们似乎都是在如日中天时突然轰然倒地。长盛不衰的企业都有着持续的创新能力，能够不断创造出满足社会需要的产品和服务。企业能否继续生存，并不取决于它已经经营了多少年或者处于生命周期的哪一阶段，而是取决于企业的经营理念决策和监管制度以及是否达到了规模经济等。总的来说，任何大企业都是从中小企业演变而来，具有一定优势的中小微企业完全有可能在复杂多变的市场中生存下来，并不断发展壮大。

1.1.5　周期迭代下的企业发展生命周期

现在我们知道，任何企业都不能在经济周期、技术周期、产品周期等迭代下独善其身，或多或少都会受到一定程度的影响，不论这个影响是好还是坏。因此，研究讨论周期迭代下的企业发展生命周期，能够使得企业更好地结合外部因素和内部状况，从而对企业发展做出更准确的研判，以此帮助企业适应周期迭代、完成自我演变。

陈诗江2020年发表的《产品全生命周期评估与管理——基于多种理论融合视角》[①]，将产品周期、技术周期、企业生命周期等相关曲线相融合（图1-5），提出的融合视角下的周期叠加的影响，给我们提供了一个很好的范例，企业生命周期与产品市场周期、技术成熟应用周期基本是吻合的。基于此，我们可以从企业销售额、盈利情况等判断企业周期，也可以从企业周期预判经营走势，从而采取相应的价值管理和投资方式。

---

① 陈诗江.产品全生命周期评估与管理 ——基于多种理论融合视角[J].企业管理,2020,（1）：119-123

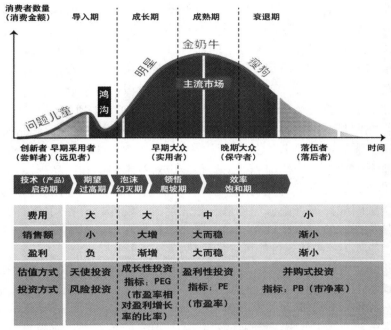

图 1-5 产品周期、技术周期、企业生命周期等曲线的融合

（摘自《产品全生命周期评估与管理——基于多种理论融合视角》）

一般来说，人们会更多关注企业所在行业是如何适应周期变化的，因为这更具普遍性。就经济周期而言，可以将企业所在的行业分成强周期、弱周期和中周期。①强周期：经济周期波动对行业起同步放大作用，二者关联性较高，呈现同涨同跌态势。在繁荣期，企业效益迅速增加、企业股价持续走高，其中股价增速慢于效益增速，股价繁荣峰期表现为超低市盈率；在萧条期，企业效益迅速减少、企业股价不断下跌，其中股价降速慢于效益降速，股价萧条峰期表现为超高市盈率。因此，若要对强周期行业进行估值，采用市盈率往往会制造假象，采用市净率更为合理。典型的行业种类是与生产制造相关及其他非日用必需消费品行业，如能源（煤炭、石油、钢铁、有色金属）、材料、基建、纺织、专业机械装备和制造等。值得一提的是，理论上存在一种发展与经济周期走势完全相反的行业，这类行业也可称作强周期行业，但由于情况过于极端，这里不作考虑。②弱周期：经济周期波动对行业影响较小，二者关联度较低，不论在繁荣期还是萧条期，行业走势都与经济周期关系不大。理论上，这类行业要么波动稳定，要么波动无规则，一般来说，行业波动稳定的占绝大多数，甚至在萧条期，对这类行业的需求还会增大。典型的行业种类是日用必需消费

相关行业，例如食品、饮料、医药、家用电器、通信信息交流和水电交通等公共事业。③中周期：经济周期波动对行业的影响介于强、弱周期行业之间。典型的行业种类是非必需消费相关行业，如金融、地产、乘用汽车等。

　　就技术周期和产品周期而言，同样可以将企业所在的行业分成强周期、弱周期和中周期。和经济周期有所不同，一个企业所持技术和产品多种多样，有的可能正处于成长阶段，有的可能已经在成熟阶段占有市场，有的可能还处于研发阶段，有的甚至已经进入衰退或淘汰阶段，它们之间或存在极强的关联性，或存在明显的冲突性。对企业来说，详细分析所持技术和产品所处阶段，统筹扶持企业的重点技术和产品、尽早舍弃或转型企业的淘汰技术和产品，最大化企业资本利用率和盈利能力，是积极应对技术周期和产品周期迭代的首要任务。随着市场变化，企业依靠技术和产品创造出的一时的竞争优势是短暂的，总是试图维持现有竞争优势是十分危险的，就像投资者们常说的——长久的安全是不存在的。企业只有主动、迅速地发掘和创造新的技术和产品的竞争优势，才能真正地维持这难能可贵的优势。

　　因此，企业在研判自身发展生命周期时，应该遵循三步法。首先，企业应当了解所处行业究竟是经济周期中的强周期行业、弱周期行业还是中周期行业。经济周期对企业生命周期产生重要影响，因为经济状况直接影响市场需求和消费者购买力，从而影响企业的销售状况和盈利能力。企业应当根据自身所处行业的类型以及当前的经济周期，判断企业未来一段时间较大可能的走势，从而初步决定是否需要调整经营思路。理论上说，存在企业与行业发展关联度较低的情况，一般出现于初创期或衰退期，这就需要企业管理者更加细致分析与行业间的关系，把握好市场动向带给企业的影响强度。其次，企业需要了解所持技术和产品正处于什么阶段。一方面，随着技术的不断进步，新的技术和产品将不断涌现，这对企业的竞争地位产生重要影响。如果企业无法适应新技术的发展，将面临生存和发展的困难。另一方面，产品周期的迭代会不断带来新的产品和需求，人们总是对产品有着更高的期待和要求，如果企业不能生产出更优的产品，同样也会对企业的生存和发展产生巨大的影响。最后，企业需要综合外部因素和本身所处的生命周期，最终确定是否需要调整发展方向、投入新的领域、构思兼并重组或者转型竞争赛道等问题，制定出详细的发展计划，从而可持续保持市场中的企业竞争力。

1.2　财务管理与资本投资的概述

　　彼得·德鲁克提出企业是一种社会机构，其目标是满足顾客需求，并为员工、股东、供应商、社区和整个社会创造价值。在企业运营中财务是反映价值创造的过程，而资本是驱动价值创造的原动力。企业经营活动的本质就是原始资本驱动下的资金活动。

本书将财务管理与资本投资一并研究，主要是因为在企业发展的全生命周期中，始终离不开财务管理和资本投资的策略，管理资源与获取和利用资源对企业周期性发展都非常重要。企业在不同的发展阶段，财务管理战略与投资发展战略都有着周期属性与特点，见表1-3所列。

表1-3　企业生命周期财资特征

企业生命周期	初创期	成长期	成熟期	衰退期
总体财务战略	稳步成长型	快速扩张型	稳健发展型	防御收缩型
筹资战略	权益资金筹资为主	债务资金筹资为主	债务资金和权益资金并举(结构合理)	前期留存收益
投资战略	集中投资核心业务	一体化投资	多角化投资	投资回收或转移投资
胜利分配战略	零股利分配	剩余股利分配	固定比例股利分配	全额股利分配

在我们全面展开全生命周期财资管理的实践相关的论述前，有必要先对财务管理与资本投资相关基本知识进行一个导入式的讲解。本书的重点不是财务会计和投资方面的基本原理，而更多的是从财务管理实践经验中总结梳理我们作为企业管理者对财务管理与投资管理的理解与运用经验。

1.2.1　财务与会计的关系

会计俗称"记账"，是对经济行为的计量和记录过程。作为一个企业，必然要发生许多经济行为，比如，产品销售了多少、货款收到了多少、存货变动了多少等。这些经济行为都直接或间接地影响着管理人员的决策，因而有必要将这些经济行为的状况报告给管理人，以帮助他们进行经营决策。可见，会计是帮助管理人了解企业和进行决策的一整套信息系统。

会计的主要职责是记录和报告企业的财务信息，以便于管理者、投资者、债权人和其他利益相关者做出决策。它涉及对企业财务交易的记录、分类、汇总和报告，旨在提供有关企业经济活动的准确和可靠的信息。

财务会计的基本功能体现为以下三个方面。

（1）记录：财务会计需要记录企业发生的所有财务交易，包括销售、采购、薪资、税收等。这些记录必须准确、清晰、详细，并且应该符合财务会计准则和法规。

（2）汇总：财务会计需要将各种财务交易进行分类和汇总，以便于了解企业的财务状况和业绩表现。例如，将收入和支出进行分类，形成资产负债表和利润表等财务报表。

（3）报告：财务会计需要按照一定的时间间隔（通常是每季度或每年）向内外部利益相关者报告企业的财务状况和业绩表现。这些报告需要提供准确、可靠、及时、全面的财务信息，并且应该符合财务会计准则和法规。

总体来说，财务会计的功能是提供有关企业财务状况和业绩表现的准确、可靠和全面的信息，以支持管理者、投资者、债权人和其他利益相关者做出决策。

虽然我们总是把会计与财务放在一起说，但是从本质上来看，我们认为会计是更倾向于记录、汇总和报告；而财务更倾向于管理，主要是围绕资金活动进行筹资、投资与分配方面的管理。

会计倾向于如何记录与反映，以及记录与反映的前提、方法、逻辑。表1-4是会计记录的语言规范，基本上所有公司的会计记录都是基于这些基本前提和逻辑框架，构建本地化的更细致或更多维的会计核算体系。

表1-4　会计基本规范和准则

基本规范	企业会计准则
4个假设	会计主体：会计服务的特定对象，确认、计量和报告的空间范围 持续经营：在可以预见的将来，企业会一直经营下去，不存在破产、退出、终止经营的风险 会计分期：将经营活动划分区间：1个月、1个季度、半年和1年 货币计量：企业的经济活动用货币来准确计量
2种方法	权责发生制：按收益、费用是否归属本期为标准来确定本期收益、费用 收付实现制：按收益、费用是否在本期实际收到或付出为标准确定本期收益、费用
会计成本	变动成本：成本随产量的变化而变化，如购买原材料、水电气费 固定成本：不受业务量增减变动影响，保持不变的成本，如办公费
6要素恒等式	资产=负债+所有者权益；收入-费用=利润

财务管理更倾向于管理评价、价值判断、决策支持。运用财务管理思维，对财务报告进行多维度、多角度的分析评价。纵向评价自身的发展情况，横向进行标杆对比，寻找竞争差距，提升企业管理。通过财务分析评价、企业价值评估，为公司投资、筹资决策提供有效的支撑。常用的财务评价指标主要有盈利能力和价值评估方面，见表1-5所列。

表1-5　常用的企业价值评估方法

净资产收益率(ROE)	净资产收益率=净利润÷净资产 反映股东投入回报率。指标越高,股东回报越大,投资人的投资意愿越强
市净率(PB)	市净率(PB)=市值(估值)/净资产 反映个股是否具有投资价值。指标越低,股票的投资价值越大;相反,投资价值越小
市盈率(PE)	市盈率(PE)=市值(估值)/净利润 反映股票价格的高低。指标越低,股票的投资价值越大;相反,投资价值越小 市盈率(动态)=总市值/预估全年净利润 例如,公布一季度净利润1000万,则预估全年净利润4000万 市盈率(静态)=总市值/上年度净利润
企业价值评估方法	收益法:通过将企业预期收益资本化或折现至某特定日期以确定评估对象价值 成本法:在资产负债表基础上,通过评估各项资产价值和负债确定评估对象价值 市场法:与可参考企业股东权益、证券等权益性资产进行对比确定价值

　　企业财务管理实践中可以根据实际需求,选取财务评价指标。我所在的企业集团,在总部层面的管理评价分析维度更细,涉及盈利、效率、能力等各个方面。

1.2.2　现代财务与业务的逻辑

　　财务是对业务活动的数字化表达。由于会计记录语言、财务报告语言的相对专业性,在过去很长一段时间,业务和财务存在很深的矛盾。财务人员认为财务报告不准确都是业务造成的,而业务人员认为报表都是财务会计编制的跟业务没有关系。企业财务会计活动与经营业务活动缺少深度的融合导致各说各话,财务管理的效果大打折扣。

　　现在随着信息化技术的普及,让业财融合成为可能。财务更加深入地参与业务活动中去,从源头强化财务数据治理。这样一方面让财务活动的产出结果,尽可能准确及时地反映业务活动,且贴近业务实际;另一方面可增强业务的财务思维,财务参与业务前端,可以更好地实现事前算账,有效指导业务前端的项目决策。

1.2.2.1 战略、业务、财务的关系

财务管理在企业管理中具有举足轻重的关系。财务管理贯穿于企业战略实现、业务运营活动的始末，是企业战略和业务实践的重要组成部分，成功的财务管理是企业长期成功的重要因素，三者的关系如图1-6所示。成功的企业经营管理者需要有财务思维。稻盛和夫曾经说过"不懂财务，不能成为真正的经营者"。

图1-6　企业战略、业务及财务之间的关系

我们将财务管理与战略规划有机地结合起来，可以通过全面预算管理、内部控制体系、内部信用管理等体系化管理支持企业或企业集团的战略目标实现。具体而言，战略财务管理包括以下几个方面。

（1）资本预算：对于长期投资决策，如新产品研发、扩建工厂等，进行资本预算分析，评估这些项目是否符合企业战略目标并能够带来足够的收益。

（2）经营风险管理：根据企业的战略定位和经营风险情况，制定适当的风险管理策略，减少不必要的财务风险。

（3）资本结构管理：优化企业资本结构，包括资产和负债的比例和种类，以最大限度地提高公司价值。

（4）财务分析：对企业的财务数据进行分析，评估企业的财务健康状况和现金流状况，为企业战略决策提供支持和建议。

（5）财务规划与预算：根据企业战略目标，开展财务规划和预算，确保企业在限定的资源范围内达成其目标。

战略财务管理是将财务管理与企业战略整合在一起，以支持企业的长期目标实现。其重点在于资本预算、风险管理、资本结构管理、财务分析和财务规划等方面。

我们将财务管理与业务活动有机地结合起来，可以将财务思维融入业务活

动中，从而提高运营效果。业务财务管理具体包括以下几个方面。

（1）现金流管理：把财务流程和业务流程相连接，加强预算、资金收付等工作的监控，优化资金头寸，匹配营运资金。

（2）成本管理：将成本核算与业务流程相结合，通过对业务成本的监管和分析，找出成本异常波动的原因，实现成本控制目标。

（3）利润管理：根据业务量、产品线等指标对利润进行分析，优化成本结构，提高产品价格和市场份额等，从而提升企业的盈利能力。

（4）绩效评估：将财务数据与业务绩效相匹配，建立全面的绩效评估体系，不断优化经营策略并追求卓越绩效。

（5）风险管理：将财务风险与业务风险相结合，通过风险识别、评估和控制，实现对风险的有效管理，确保企业的稳健运营。

将财务管理与业务活动有机地结合起来，可以实现现金流管理、成本管理、利润管理、绩效评估和风险管理等工作，从而帮助企业实现盈利增长、风险控制和战略目标的达成。

1.2.2.2　从"三流合一"看业财逻辑

现代财务与业务发展的逻辑实质就是融合的逻辑。我们看到很多先进的国际化大公司，通过强大的信息化系统，实现了财务管理组织的变革。财务管理组织不再是远离业务的计量核算部门，而是与业务一同在前端开展项目预算、成本估算，成本过程管控的财务管理BP（一种财务组织模式创新形式）。扁平化业务型财务成为企业财务管理的新的组织形式。

财务必须懂业务，才能提供更有价值的会计服务。例如，华为更懂得将财务放到业务一线去，发挥财务的业务管理价值。华为的做法是，从各业务部门抽调干部到财经管理部任职，加强财经组织的业务建设，这一做法改变了财务部门一直以来只埋头苦干，不懂得与业务部门沟通联动的工作方法。

业务与财务具有天然的融合管理的基础，业财融合是指将企业的业务管理和财务管理有机结合，形成一个整体化的管理模式，实现信息流、物流、资金流的"三流合一"，如图1-7所示。

（1）信息流：在业财融合过程中，信息流主要包括业务信息和财务信息两个方面：业务信息包括了生产、销售、采购等业务数据；财务信息则包括了会计科目、账户余额、资产负债表等财务数据。通过建立统一的信息系统平台，可以实现业务信息和财务信息的集成，支持企业对整个经营过程的精细化管控，从而优化运作效率。

（2）物流：物流是指从供应商到客户之间的物品流动过程。在业财融合的过程中，物流信息可以与财务信息紧密结合，实现物流过程的自动化管理和财务核算的同步进行。这样可以有效地减少人工介入带来的错误和延误，提高物流效率。

（3）资金流：资金流是指资金在企业内部和外部之间的流动过程，它是业财融合的重要组成部分。通过建立有效的财务管理制度和完善的资金监控机制，可以实现资金流的精细化管理和控制，从而降低资金运作成本、提高企业的盈利能力。

三流合一的实现需要在信息系统建设、流程设计、组织架构等方面进行有序规划和逐步推进。通过加强各项工作的协作，实现信息、物流和资金流的同步管理和优化，从而提高企业的运营效率、市场竞争力和财务稳健性。

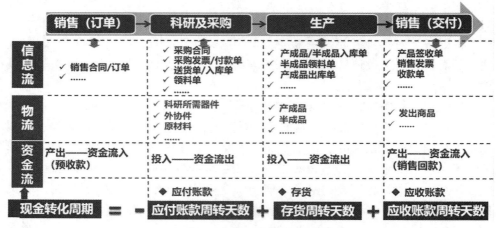

图1-7 信息流、物流、资金流"三流合一"

1.2.3 财务报表体系与解读

财务会计之所以能够成为通用的商业语言，主要源于会计的确认、记录、计量、报告都有相应的规则和标准，从而形成整个商业活动中大家共同遵守的报告规范。

财务报表，或称为"会计报表"，是按照会计准则规范编制的能够综合反映企业一段时期内的经营成果、现金流量，反映企业某一时点资产状况、权益结构的财务报表的体系。因此，财务报表常被称为反映企业经营状况的"仪表盘"。一般来说，企业的财务报表分为资产负债表、利润表、现金流量表、所有者权益变动表，这4个表能够在一定程度上反映企业在某个时间点或一段时间内的财务状况。

财务报表是按照会计年度进行编制，一般情况下会计年度与自然年度相重合，也就是每年的 1 月 1 日到 12 月 31 日，算一个会计年度。其实，企业也可以定义自己的财报年度，境外的公司会计年度和自然年并不完全不一致，如香港是每年 4 月 1 日至次年 3 月 31 日。

作为报表使用者，我们可以通过公司年度财务报告了解公司的全部财务状况，财务报告是企业的四表一注，也就是既包括财务报表还包括报表项目的附注说明。对于公众公司的财务报告我们可以通过官方或专业网站获取详尽的报告，如巨潮资讯网、新浪财经、东方财富网等。

我们看到的财务报表常常出现合并财务报表和母公司财务报表，例如，合并资产负债表、母公司资产负债表等，它们其实是企业集团型公司的报告主体的差异，合并报表与母公司报表之间的关系如图 1-8 所示。合并报表是跨越公司主体，通过会计方法抵消掉内部交叉持股、内部交易后，反映的控股范围内公司的整体资产和经营业绩的报表。集团内部各公司的交易，相互持股形成的资产和权益，不会形成合并报表收入、利润和资产，只有对集团以外公司的收入利润才会形成集团合并报表的收入和利润。

凡是通过长期股权投资，对其他公司形成控股和实质控制的都应当编报合并报表，反映通过股权关系联结在一起的企业联合体的资产状况和经营结果。

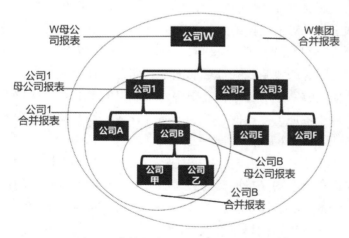

图 1-8　合并报表与母公司报表之间的关系

1.2.3.1　资产负债表及其相关要素

资产负债表是反映企业某一特定时点的资产和负债情况，报表的列遵循了"T"型记账的原理。报表结构就像一个字母 T，T 的左边列示资产，T 的右边列示负债和权益。就像天平一样，资产负债表左右两侧恒等，遵循"资产=负债+所有者权益"的恒等式。报表左侧资产端会按照资产利用的周期长短进行排列，分为流动资产、非流动资产。报表右侧会列示负债和权益，同样负债也是按照时间维度分为流动负债和非流动负债。流动和非流动主要是以一个自然年度为限，周转期间在一年以内的为流动性，一年期以上的为非流动。

理解资产负债表，需要先理解资产、负债、权益三个要素。

什么是资产？

会计准则定义资产是指由企业过去的交易或事项形成的、由企业拥有或者控制的、预期会给企业带来经济利益的资源。

从企业管理来看，资产就是公司掌握的资源。但是从报表上其实我们看到的资源是能够按照会计准则进行价值计量的资源，是确定性的资源。企业的人力资源、品牌价值、技术资源、社会影响力等无形的资源是不会反映在资产负债表当中的。同样我们手中的资源也会在经营中发生变化，形成风险，资产不确定性的风险同样不会反映在资产负债表当中，如担保风险、资产质押风险、涉诉风险等。

我们看到的资产负债表的流动资产项目一般包括货币资金、应收账款、应收票据、其他应收款、预付账款、存货等。应收账款是对供应商的权利，是基于经营活动发生的未来收款权利，对这类资产企业要承担可能无法回收的风险。预付账款主要是对供应商的收货权利，是预付的定金或货款。其他应收款主要是经营活动之外的企业收款权利，常见的有关联资金拆借、备用金借款等。对企业来说所有的收款权利都可能面临到期无法收回的风险，在发票记账的背景下，其他应收款中可能还存在很多尚未取得发票的费用性质支出。存货是企业采购获得或者加工生产的材料、产品等，在市场波动的背景下，存货价值也会波动，以历史成本计价的存货并不能反映其实际价值。

非流动资产项目主要包括长期股权投资、固定资产（在建工程）、无形资产等。长期股权投资对应的是投向其他公司的资本，长期股权投资的价值取决于被投资公司的经营效果。固定资产主要是房产、机器设备等价值高、使用周期长的资产，一次性购置持续释放价值，价值的损耗会以折旧的方式进入企业利润表。无形资产主要是土地资产、外购软件等，土地因为它的稀缺性往往实际价值高于账面价值。外购软件等无形资产类似于固定资产，因为使用价值的周期较长，一般会在使用期间内以摊销的方式逐渐释放价值。

什么是负债？

《企业会计准则》的定义为：负债是企业所承担的能以货币计量、需以资产或劳务偿还的债务。负债同样有时间上的区别，一年期以内偿付的债务为流动负债，一年期以上才需要偿付的债务为非流动负债。企业债务有有息负债和无息负债，有息负债主要是短期借款、长期借款、应付债券等企业从金融机构借入的资金约定还本付息时间。无息负债主要是企业经营过程中，形成的经营占用，主要有应付账款、应付职工薪酬、其他应付款等。预收账款现在叫合同负债，是一种比较特殊的债务，它是对客户的发货义务。例如，贵州茅台的债务端就是巨额的预收账款（合同负债），它反映了公司的市场地位高，在买方市场的议价能力强。

什么是所有者权益？

所有者权益是指企业资产扣除负债后由所有者享有的剩余权益，我们通常也称为"净资产"。所有者权益主要有三部分：所有者直接投入的，如实收资本、资本公积；公司经营赚取留存收益，如未分配利润、盈余公积；其他资产价值变动形成的直接计入权益部分的其他综合收益。

综上，资产负债表呈现了公司资源布局（资产端），资源获取来源（借贷或股东投入）的状况。为了更好地理解资产负债表，我们需要结构化地去对比分析，才能帮助我们获取更多的信息。

首先，资产负债表呈现了一个公司的资本结构，权益资本越充足，企业实力越强，越有能力开拓新的领域和市场；其次，企业流动性资产和非流动性资产的配置差异，可以区别出公司的性质是重资产还是轻资产，资产结构的不同可以判断企业面临的资产风险和竞争格局的差异；最后，企业资产与负债的配比结构，可以看出企业的资金实力和产业链地位。比如，短期资产与短期负债是否匹配，应收账款与应付账款是否均衡。

1.2.3.2 利润表及其相关要素

利润表是反映企业一段时期内经营成果的报表。利润表包含收入、费用、利润三要素。其会计恒等关系是：收入 – 费用=利润。

资产负债表与利润表的逻辑关系可以表达为：期末资产=期末负债+期初所有者权益+（收入 – 成本费用）。也就是说利润表是反映的企业当期利润形成的过程，是一个动态报表，见表1-6所列。

表1-6 利润表

项目	金额
营业收入	
减:营业成本	
销售费用	
研发费用	
管理费用	

续表

项目	金额
财务费用	
公允价值变动损益	
信用/资产减值损失	
……	
利润总额	
减:所得税	
净利润	

　　利润表中最重要的部分是营业收入,它反映的是企业的主要经营活动。不管是销售产品还是提供服务,只要这项活动是企业经常性发生的,能够给企业带来现金流、带来其他资产的增加(如应收账款),或者债务的减少,那它就是企业的收入来源,形成企业的营业收入。企业生产经营中的耗费统称费用,为了便于管理与控制,企业一般会分为营业成本和期间费用。营业成本是与企业收入直接相关的材料、人工等耗费,能够按照产品对象进行归集和划分的成本费用。期间费用是与企业运营管理相关但无法直接划分到产品对象上的耗费,按照管理类别分为销售费用、管理费用、财务费用。利润是企业在一定期间内生产经营活动的最终财务成果,也就是收入与费用配比相抵后的差额。它是反映企业经营成果的最终要素。

　　我们理解利润表要从以下方面予以关注。

　　一是利润表反映了一个公司一段时间经营结果的过程。从利润表中我们可以看到公司最终的利润是如何一步步实现的,它反映了公司期末未分配利润增加或减少的细节。

　　二是利润表的营业收入与营业成本的配比反映了一个公司最重要的盈利能力。营业收入 – 营业成本=毛利润,毛利润是企业实现盈利的源头,也是企业的主要利润来源。

　　三是期间费用是否合理要剖析来看,不能简单评价。有些看似是费用,其实是换取未来价值的投入,如研发费用、培训费用;有些费用是固定支出属于不可控因素,如折旧、摊销;有些费用是可以控制和压降的,要分析区别对待。

　　四是利润表中还有其他的资产/信用减值、政府补助等影响因素,这些都属于非经常性损益,需要正视其对利润总额的影响。

　　我们看待利润表一定要遵循二八原则,抓住关键问题,区分主要的利润和次要的利润,从而透过利润报表的表象看到企业盈利能力的实质,企业盈利能力分析框架见表1-7所列。

表1-7 企业盈利能力分析框架

项目	经常性	非经常性
主要的利润	比如,核心产品的销售利润	比如,停产产品的销售利润
次要的利润	比如,闲置资金产生的利息收入	比如,火灾保险理赔款

1.2.3.3 现金流量表及其应用

企业经营过程也就是资金周转流动的过程,资产负债表反映了企业的现状,利润表反映了企业盈利的预期实现情况,但是由于赊销的存在,实现利润的过程并不是现金实现的过程。现金流量表是基于现金流动的过程,按企业经营活动的性质,将现金流按照经营活动、投资活动、融资活动进行分类列示,从而更直观地呈现企业的现金流转过程,帮助企业资金决策。

现金流量表的基本结构通常分为经营活动现金流量、投资活动现金流量和融资活动现金流量三个部分。

经营活动现金流量部分,列出了公司经营业务所引发的现金收入和支出,包括销售收入、购买原材料、支付工资等。投资活动现金流量部分显示公司对固定资产、无形资产、股权等进行了哪些投资,以及从中获得或支付了多少现金。融资活动现金流量部分则涵盖了公司融资活动所带来的现金流入或流出,如借款或发行股票。

现金流量表对管理者非常重要,它可以帮助管理者了解公司的现金流情况,特别是现金流量来源和用途。通过分析现金流量表,管理者可以了解公司是否有足够的资金维持日常运营,并且能否承担新的投资或债务。此外,现金流量表还可以作为判断公司财务稳健性的一个重要指标。经营管理者可以使用现金流量表来评估公司的经营状况和财务健康度。

经营现金流量净额:这个指标显示了公司主要业务产生的现金流量情况,也是衡量公司盈利能力的一个重要指标。如果公司的经营现金流量净额为正数,则表明公司的业务产生了足够的现金流入,可以满足日常的经营活动,说明企业经营是良性循环的。

投资现金流量净额:这个指标反映了公司对固定资产、股票等进行的投资活动所带来的现金流入或流出。如果公司的投资现金流量净额为正数,则说明公司在投资方面取得了收益,有可能进一步推动公司的发展。

融资现金流量净额:这个指标显示了公司从融资活动中获得的现金流入和支付的现金流出。如果公司的融资现金流量净额为负数,则说明公司正在还债,这可能会影响公司的偿债能力和财务稳定性。

自由现金流量:自由现金流量是指公司用于投资、分配股息以及还债后所剩余的现金流入净额,这个指标显示了公司在日常运营之外所产生的现金流量。如果自由现金流量为正数，则说明公司有能力维持其日常运营，并且可能有余力进行新的投资计划。

通过分析这些指标和信息，管理者可以更好地了解公司的资金状况，以便做出合理的决策，如改善现金流、调整投资计划或优化融资策略等。企业靠利润发展，靠现金流生存。历史经验证明，企业从来不是因为没有利润而破产，却会因为现金流断裂走向死亡。

1.2.4　资本市场的发展与资本的崛起

1.2.4.1　资本运营和资本市场

资本运营是指企业或个人通过投资、融资、财务管理等手段，对资本进行有效的配置和管理，以获取更高的回报和利润的过程。资本运营旨在最大化资本的价值，通过不断地优化资源配置、提高效率、降低成本、增加收益等方式，实现资本的增值。资本运营包括股票、债券、房地产、商品期货等多种形式的投资，也包括通过企业的内部管理和运营来实现资本的增值。

为实现企业价值最大化，企业需要不断进行内外部的资源配置活动，对外实施权益或债权性的投资和融资活动，取得资产或资金；对有限资源通过权益或债权性投入方式进行再次分配，以取得投资或借款收益。

基于众多企业需求，资本市场营运而生，逐渐演变出多层次的资本交易市场。资本市场是进行股票、债券、期货等金融资产的买卖和交易的市场，主要包括：股票市场、债券市场、期货市场、外汇市场、金融衍生品市场，各投资者根据自身的风险偏好和投资目标选择适合的市场进行交易。

1.2.4.2　中国资本市场发展

中国的资本市场经历了从无到有、从小到大、从粗放到精细的发展过程，主要分为初期阶段、起步阶段、发展阶段、创新阶段。

（1）初期阶段（20世纪80年代初至90年代初）：中国资本市场始于20世纪80年代初，主要功能是发行国债和企业债券。90年代初，上海证券交易所和深圳证券交易所成立，中国证券市场从此发迹。

（2）起步阶段（20世纪90年代中期至21世纪00年代初）：中国资本市场开始逐步完善，证券市场的交易规模和市值逐年增长，但也出现了内幕交易、集资投资、财务造假等的投机行为和市场乱象。

（3）发展阶段（21世纪00年代中期至10年代初）：中国资本市场得以进一步发展，证券市场的市场化程度逐渐提高，证券交易所的数量和规模也不断扩大，比如，中小企业板、创业板、全国中小企业股份转让系统就是在这一时期成立的。同时，中国的有权机构加大了对资本市场的监督和管理，推出了一系列改革措施，特别是在完善法律法规、加强信息披露、建立投资者保护制度、加强市场监管、推动股票发行和市场化交易等方面进行了完善，极大地促进了资本市场的健康发展，有效维护了市场公平和投资者的权益。

（4）创新阶段（21世纪10年代至今）：中国资本市场针对内部发展需要进行多种创新，推出了中国金融期货交易所、上海国际能源交易中心、上海证券交易所科创板。同时，中国资本市场也逐渐开放，通过推出沪港通、深港通，实现了内地和香港资本市场的互联互通。在这一阶段，各资本市场在金融产品上也在创新，推出了如企业债、地方政府债、结构化衍生品等，为企业提供了更多的融资渠道，也为投资者提供了更为多元化的选择。

1.2.4.3 国内投资主体

伴随着中国资本市场的发展，国内也形成了多样化的投资主体，各投资主体基于不同的资金来源和投资目的参与资本市场投资（表1-8），在提高市场流动性，促进市场发展，为实体经济提供融资支持和创新动力方面提供了巨大动能，实现了资本市场和实体经济相互结合、相互促进、相互发展。

表1-8　国内常见的投资主体及其资金来源和投资目的

投资主体	资金来源	投资目的
产业集团	自有资金 设立产业基金	围绕产业链进行布局 服务核心业务 寻找增量产业、孵化等
资本运营集团	国家的财政 地方政府的财政	承担政府政策落地 政府重大项目
政府平台公司	债券融资	招商引资 落实地方建设
私募投资基金	向特定投资人募集	通过上市以后退出获取收益 选定特定行业领域投资
公募基金	向社会公众不特定 投资者募集	证券和债券为主要投资对象
社保基金	个人、企业、政府资助或 补贴等	克服人口老龄化所带来的社会保障基金支付的压力 加快社会保障基金与金融市场的互动,减少财政负担
OFII （海外投资主体）	外汇资金转换为 当地货币	直接投资国内证券,获取资本利得、股息
券商	自有资金	投资非公开发行公司的股权,通过企业上市退出获取收益
保险	资本金、保证金、公积金、保险保障基金等	提高自身的经济效益,使投资收入成为保险企业收入的重要来源
……		

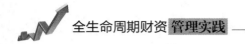

1.2.5　资本的募投管退

股权投资业务的运作模式一般分为"募投管退"四个阶段，即资本募集阶段、投资阶段、投后管理阶段、退出投资阶段。

1.2.5.1　资本募集

资本募集是指企业通过发行股票、债券等方式，向投资者募集资金的过程。资本募集是企业融资的一种重要形式，也是企业发展和扩张的重要基础。资本募集的方式多种多样，包括公开发行、私募股权、债券发行等。要考虑融资金额、融资方式、融资用途、融资期限等因素，同时需要根据市场情况和投资者需求，确定合适的融资价格和融资条件。企业募集资本主要目的有如下几点。

（1）支持企业发展：资本募集可以为企业提供充足的资金支持，支持企业的发展和扩张，提高企业的竞争力和市场地位。

（2）降低融资成本：通过资本募集，企业可以降低融资成本，减少融资压力，提高企业的盈利能力和财务稳定性。

（3）拓宽融资渠道：资本募集可以拓宽企业的融资渠道，增加融资来源，降低融资风险，提高融资效率。

（4）提高企业形象：成功的资本募集是企业实力的体现，在资本市场的亮相，是提高企业知名度的一个方式。

1.2.5.2　投资

投资是指企业将募集的资金用于投资项目，包括固定资产投资、股权投资、债权投资等。资本投资是企业实现资本增值的重要手段，也是企业发展的关键环节。企业在制订资本投资计划时，需考虑包括直接投资、合作投资、并购重组等因素。资本投资计划包括投资金额、投资对象、投资期限、投资收益等，同时需要进行风险评估和投资决策，确保投资项目符合企业的战略目标和风险承受能力。企业实施投资的主要目的有如下几个。

（1）实现资本增值：资本投资可以为企业实现资本增值，提高企业的价值和竞争力，为企业的长期发展奠定坚实的基础。

（2）拓展业务领域：资本投资可以拓展企业的业务领域，增加企业的收入来源，提高企业的盈利能力和财务稳定性。

（3）促进产业升级：资本投资可以促进产业升级和创新，推动经济的发展和社会的进步，为国家的发展做出积极贡献。

1.2.5.3　投后管理

投后管理是指投资机构在投资企业后，对企业进行跟踪、监督、指导和支持的一系列管理活动。投后管理确保投资企业能够实现预期目标，是保障投资回报的重要环节。企业在制订投后管理计划时，需考虑包括投资企业目标、管理团队、监督机制、风控措施等因素，并确保投后管理能够有效实施。企业实施投后管理的主要目的有以下几个。

（1）降低投资风险：投后管理可以对投资企业进行跟踪、监督和支持，及时发现和解决问题，降低投资风险。

（2）提高投资回报：通过帮助企业提高管理水平和市场竞争力，提高企业的价值和投资回报。

（3）积累投资经验：通过总结投后管理得失，在成功案例中积累经验，在失败案例中吸取教训，进一步完善投资论证和决策，提高后续投资成功率。

1.2.5.4　退出

退出是指企业退出投资项目，实现资本回收和增值的过程，包括股权转让、债权转让、上市等。资本退出是企业实现资本流动性和增值的重要手段，也是企业投资管理的关键环节。企业在制订资本退出计划时，需考虑退出方式、退出时间、退出价格等因素，还需要进行市场分析和相关法规研究。企业实施退出的主要目的有如下两个。

（1）实现投资回报：通过资本退出可以实现投资回报并回收资本，从而提高自身的资金利用效率和盈利能力。

（2）降低投资风险：投资项目存在风险或者已无投资价值时，及时止损规避风险，避免进一步损失也是一种选择。

1.3　建立CEO与CFO跨越周期的伙伴关系

在不确定性日益增强的当下，对于企业而言，CEO（首席执行官）和CFO（首席财务官）之间确定的、牢不可破的伙伴关系，将是面对挑战的"利器"。当前企业内外部环境面临深刻而复杂的变化，面对新情况、新问题、新挑战，CEO需要积极应对。而CFO是财会领域的高端人才，拥有专业的财会背景、卓越的战略眼光，以及谨慎执业等特征的CFO往往是CEO在进行投资决策时重要的左膀右臂。

然而，广大企业的CEO和CFO大多时候都不能以伙伴相称，甚至可以说是他们间矛盾很深。曾经，在美国纽约一个人力资本分析大会上，一位大型电信公司的首席学习官（CLO，指在组织学习发展过程中，具有充分的战略理解能力和组织学习资源的整合能力，通过建立和优化组织学习发展体系并领导组织学习活动，以实现组织不断适应变革与宏观战略的契合、驱动组织整体业务绩效的提升、打造持续性竞争优势的高级管理人员）对于自己和CFO之间的关系做了一个颇为有趣的评论。"两年前，我经常是躲着CFO，不想和他们发生任何关系。我真的不希望在组织中和他们打交道。而现在，随着我个人知识结构的变化和公司人才培养的需要，我发现CFO既是我的同事，又是我的朋友，更是我重要的合作伙伴。"这种与财会工作产生的关系，特别是与CFO在打交道过程中建立的友谊，可能在一些组织领导人眼中，存在颇多争议。在美国大多数组织中，CFO目前在参与其所在组织学习与发展过程中所产生的影响力比以往任何时候都要深远。

应该说，CFO是任何组织中重要的工作岗位之一，因为他们将带领所在的组织有条不紊地度过经济下行期。均富的一项最新研究显示，向CFO直接汇报工作的人力资源主管的人数呈现稳步上升的势头，目前的汇报率则稳定在了20%。在大多数组织中，CFO又成为可以替代CEO的有力竞争者之一。CEO要仰仗CFO来完成管理组织财务工作的任务。当然，公司利润可以通过增加投入、降低成本来完成。CFO对于增加公司投入的影响有限，但可以通过降低成本，达到增加公司利润的目的。有鉴于此，CFO可以在确保组织有效运行与精简组织结构方面起到非常重要的作用，特别是在宏观经济处于不确定的情况下，CFO更会在组织中行使其"杀伐决断"的权力。

在与组织财务负责人打交道的过程中，总会出现两种极端，要么是和谐相处，要么是针锋相对。一些CLO认为，CFO管事太多，特别不受公司同事的待见。以前的一些支出，不经过CFO的审批就过关了，而现在，则必须经过CFO的认可才可以执行。在他们眼里，没有CFO的审批，自己花钱购买学习管理系统会方便许多。其实，在宏观经济处于下行区间的当下，CFO特别关注成本的降低，而不是继续追加投资。例如，加拿大航空公司的CFO就要求所有员工对于控制公司成本提出合理化的建议与诉求。为了在开发航空产品上节约经费，CFO要求公司暂停所有培训、咨询、非现场会议以及招聘工作，并建议公司高层把注意力放在节约成本，而非追加投资上。很容易发现，在这种情况下，CFO肯定成为公司的恶人，而非同事眼里的朋友。但别急，公司能够正常运转会让CFO有更多的担当。而正是这种担当才会让公司同事了解到，公司的成败要靠很多指标衡量，这其中，CFO扮演着重要的角色。

1.4　跨周期的集团化发展之路

企业发展具有明显的周期特性，不同的时代背景下、不同的经济发展环境、不同的技术发展阶段给企业带来的既有机遇又有挑战。从经济周期看，在经济繁荣期，企业会借助市场机会扩大规模、增加投资，并寻求新兴市场的拓展。而在经济萧条期，企业则会采取降低成本、优化生产流程等策略来应对市场需求的下降。从技术周期看，在技术革新期，企业需要主动跟进新技术的发展趋势，以保持市场竞争力。而在技术成熟期，则需要注重产品质量和服务升级，以满足客户需求。对于处于不同生命周期的企业而言，在初创期，企业需要集中精力打造核心产品或服务，并积极寻找投资，实现快速发展；在成长期，则需要优化管理结构、完善内部流程，并培养人才，以支撑企业未来发展；在成熟期，则需要巩固市场地位、拓展业务领域，并维护好现有客户关系，以保持稳定发展；而在衰退期，则需要及时调整战略方向、削减不必要的费用开支，并考虑进行业务收缩或并购重组等措施。

对于企业集团的发展，则更多的是叠加了经济周期、产业周期、技术周期等各种周期性影响，借助多元化实现产业周期的交错发展，借助资本力量实现顺周期的资源积累和逆周期的产业再配置和平衡。对于单一的初创企业，在成长过程如果没有遇到大的顺经济和技术周期，则很有可能寿命更短。根据国家统计局的数据，中国小型企业相比大型企业集团拥有更短的生命周期。其中，约有 60% 的小型企业在成立前三年就结束了生命周期，75% 在成立前 5 年结束。而大型企业集团则更具稳定性，生命周期可达数十年甚至百年以上。企业在周期中得到发展壮大的关键在于把握市场机会、持续创新、提高效率和控制风险。此外，在经济衰退期间，企业可以通过降低成本、调整战略、拓展新市场等方式来保持竞争力，并为下一轮经济复苏做好准备。企业周期性发展与财务和资本的关系密切相关。企业需要根据不同阶段的需求，合理配置资金，优化财务结构，降低融资成本并控制风险。在不同的周期中，企业需要根据市场需求、内部资源和资本状况，灵活调整财务策略。

某集团公司是一个典型的跨周期的企业集团，集团通过资本实现了多元化的布局，以产业周期的叠加、技术周期的叠加实现了公司的稳步发展，集团内有成长的企业也有调整转型的企业，成长期企业积累资源，转型期企业寻找机会，通过产业的协调平衡发展，实现企业集团发展的生生不息。本书也将围绕集团发展过程中不同时期，不同子公司的发展经验来阐述企业生命周期下的财务与资本经营策略。

1.5　案例：Z 集团的产业经营与资本融合发展之路

2019 年 1 月，Z 集团开启了新一轮全面深化改革，将投融资改革作为四大改革内容之一重点推进。随后，公司更是将投融资作为集团重点业务，大力实施资本经营战略。自此，Z 集团全面开启了资本经营发展之路。

而在此十余年之前，Z 集团就已提出"一手抓产业经营，一手抓资本经营，资本经营助推产业发展"的发展思路，开启了产融结合的探索之路。进入"十三五"后，Z 集团明确提出要"资本经营常态化"，实现产业经营和资本经营良

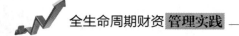

性互动。

所谓"起个大早，赶个晚集"，Z集团作为传统制造业企业，思想上想积极改变，但行动上却略显缓慢，一心将精力放在产业经营上，始终没有迈出资本经营的有力步伐。

1.5.1　公司简介

Z集团是专注于电子信息产业的高科技企业集团，始建于20世纪50年代，是国家"一五"期间156项重点工程之一。70余年来，公司从单一工厂发展成为高端制造、电子通信、软件与智能应用等多领域协同发展的大型企业集团，建有代表国家在某领域最高技术水平的"国家工程技术研究中心"和国家地方联合实验室，拥有国家级企业技术中心和博士后科研工作站，先后承担国家重点工程、国家发展专项等100多项重大创新项目，主持、参与制定国家、行业标准100余项，荣获包括国家科技进步特等奖、一等奖等在内的重大奖项100余项/次。

建业以来，Z集团在经历了长达20年的艰苦创业时期以及近20年的转型探索时期之后，逐步进入快速发展轨道，经营规模从1992年的1亿元出头，先后跨越10亿元、100亿元、200亿元、2020年跨越300亿元，保持近三十年的高速发展，复合增速超过25%。

公司连续20年跻身中国电子信息百强、中国制造业企业500强，是全国软件百强企业。现有总资产400亿元、净资产100亿元，员工20 000余人；拥有下属企业100余家。

1.5.2　财务管理的变迁

伴随不同的企业发展阶段，Z集团适时调整财资策略，以适应特殊时期的财务管理需要。

1.5.2.1　会计记录计量阶段

1993年11月，党的十四届三中全会提出建立现代企业制度，并把现代企业制度基本特征概括为"产权清晰、权责明确、政企分开、管理科学"。1994年，Z集团完成现代企业制度改造，1995年改制为有限责任公司，1999年规范为国有独资公司。这一时期公司遵循《工业企业会计制度》建立起了工业企业统一规范的会计核算基础，成本管理基础。建立了标准成本核算、车间二级核算等制度，满足了生产经营需要。

1.5.2.2　资产管理阶段

进入新世纪，Z集团步入发展快车道，经营规模迅速扩大，旗下子企业逐渐发展到数十家，成为名副其实的企业集团。为适应大型企业集团建设的需要，Z

集团按《中华人民共和国公司法》及现代企业制度要求建立并完善了法人治理结构，规范建立董事会、监事会和经营层，有效制衡，协调运转；通过向下属公司委派董事、监事、经营者，实施委派会计制度，在战略规划、财务、科研、经营者绩效等方面，实现对下属公司的有效管控。在财务方面，依据《中华人民共和国会计法》《企业会计准则》《企业财务通则》等法律规章等要求，结合公司实际，建立健全了各项财会规章制度，随着信息革命向会计领域渗透，实现了电算化，形成了现代企业制度下集团的财务管理体系，从单纯的记账向资产管理转变，随着产业扩张，实施委派会计制度，对投资进行监督。

1.5.2.3　管控财务阶段

自2010年跨越100亿元台阶后，Z集团开始调整发展，稳步推进落实集团管控优化、产业结构调整升级、资本经营、信息化建设、技术创新体系建设和品牌建设等措施，深入推进企业素质能力建设，稳增长、强核心、增效益，打破既有发展路径依赖，加快传统产业转型升级，做精做强核心主业。

为有效利用和优化配置资源，集团财务管理进行重大调整：一是成立了资金管理中心，实现全集团资金集中管理，按需调配提高资金整体运营效率，有效发挥规模效应，降低整个集团的财务成本，同时提升集团对产业公司财务风险评估和风险防控能力；二是将委派会计制升级为财务负责人制度，从监督型向决策型转变，委派财务负责人协助总经理做好财务管理工作，参与子公司的日常经营管理。他也是子公司管理层成员，这样可以加强集团对子公司经营决策的控制，更准确地取得子公司的经营成果信息，可以从集团整体战略出发，科学有效地促进集团整体战略的实现。

1.5.2.4　战略财务管理阶段

为深入贯彻落实国资国企深化改革，进一步提升公司管控水平、提高公司运行效率、增强公司核心竞争力，破除一系列制约公司永续经营和高质量发展的瓶颈问题，2019年，公司以"体制顺畅、机制灵活、决策科学、管理规范"为目标，启动全面深化改革。其中重要的改革举措之一就是优化管控体系，构建了以战略管控为主，财务管控为辅的管控模式，形成了"集团总部—BG（事业群）—BU（业务单元）"三级管控体系，匹配搭建起全面预算管理体系和内控体系。为适应改革发展要求，Z集团财务管控模式也发展创新为"以企业价值最大化"为目标的战略财务管控模式，将"战略"与"财务"深度融合，实现了"战略规划者"及"价值创造者"的角色转变。集团财务系统充分结合"投、控、服"职能定位及战略发展规划，通过明确目标、建设体系、打造平台等手段，构建了"1+5+3"战略财务管控模式，即以企业价值最大化为管控目标，建立完善财务核算体系、分析决策体系、资金管理体系、负责人管理体系、风险防范体系，深化打造财务数字化平台、资源配置平台、人才梯队培养平台，全方位规范管理、赋能发展、支持决策为企业战略目标推进提供价值支撑。

1.5.3　用资本经营寻求产业再发展

截至2020年，Z集团单纯依靠产业经营创造了辉煌的发展成就，但也发展得异常艰难。特别是规模上台阶后，随着发展基数越来越大，继续保持稳定增长甚至高速增长的压力也就越来越大，图1-9为Z集团截至2020年的营业收入增长趋势。

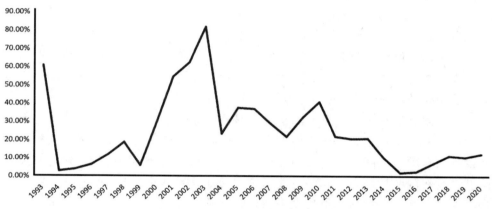

图1-9　Z集团1993—2020年的营业收入增长速度

如果说产业经营是爬楼梯战略，一步一个台阶，资本经营就是坐电梯战略，借力快速发展。此时此刻，Z集团彻底认识到，仅仅依靠自我积累式发展的模式已不能满足集团快速发展要求，迫切需要从"产业经营"向"产业经营与资本经营双轮驱动发展"转型。于是，就有了2019年以来的新一轮全面深化改革，将投融资改革作为四大改革内容之一重点推进，明确提出实施"产业经营与资本经营双轮驱动"发展战略。自此，Z集团正式开启了资本经营时代。

1.5.3.1　搭建体系，保障资本经营工作有序运转

1. 构建多层次的组织体系

Z集团将总部定位为以产业高质量发展为依托、以资本高效率运转为手段的国有资本投资公司，通过对核心支柱产业的再投入和重大成熟型项目的战略并购，推动产业发展，实现国有资产保值增值；在董事会下设"投资决策委员会"，专门负责资本经营业务的指导、评审和决策支持；成立资本运营部，负责集团资本经营的顶层设计、统筹实施和管控服务；成立创投公司引入市场化团队，坚定迈出实质化运作步伐，为集团战略并购业务提供专业的投融资服务，

并带动锻炼了一批年轻的专业队伍；以各职能部门为专业建议机构，为集团投融资项目提供专业支持和参谋建议；产业公司在集团指导下具体负责本公司的各类投融资活动；各上市平台为相关业务板块的资本运营平台。

2. 构建多元化的业务体系

对不同发展阶段的下属企业，Z集团采取不同的投融资策略，如图1-10所示。针对初创期的企业，主要是集团加大投入，或引入外部风投资金等方式，提高企业发展能力；针对成长期的企业，主要是股权融资，或并购整合上下游资源，提升企业发展能力；针对成熟期的企业，主要是推动其上市融资或上市后再融资，并购整合上下游资源，进一步做大做强企业；针对转型期的企业，主要是债券融资和并购重组，推动业务转型升级或选择新赛道，实现企业可持续发展；若转型不成功导致企业经营持续下滑，则选择退出。

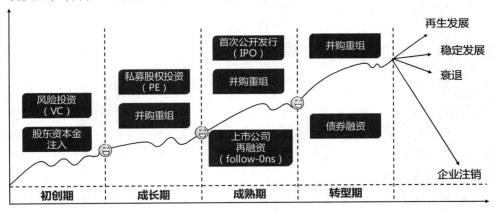

图1-10 不同发展阶段的企业投融资手段

Z集团高度重视企业投资，将投资分为对内投资和对外投资。对内投资为基于能力建设的产业再投入，对外投资分为并购投资和参股投资。并购投资主要以补链、扩链、强链为主，推动产业高质高速发展；参股投资主要是为未来发展储能，适时退出获取利润或孵化培育发展增量。区分集团公司、产业公司、创投公司、基金管理公司的投资重点，如图1-11所示。

（1）集团公司：定位对外并购投资和对内再投入，对外并购投资主要以补链、扩链、强链为主，推动企业高质高速发展；对内再投入主要是对现有核心及支柱产业的再投入，支持核心及支柱产业做强做大。

（2）产业公司：定位产业链核心能力打造，主要围绕产业发展目标，以能力建设、外延并购为主要形式开展投资，弥补自身发展短板，构建产业发展生态。

（3）创投公司：定位财务投资和孵化投资，侧重于新技术、新产品及新业态的孵化投资以及与Z集团主业相关的PE（私募股权投资）、VC（风险投资）等财务投资，为集团培育增量、贡献利润。

（4）基金管理公司：定位管理集团出资的各个股权投资基金，通过构建孵化投资+财务投资+Pre-IPO（上市前股权投资）的投资组合分散和降低投资风险。

图1-11　不同投资主体的投资重点

3. 建立标准化的工作体系

Z集团大力开展业务体系标准化建设，出台战略并购、新设投资、产业再投入、增资扩股、产权与资产转让、公司解散、基金业务、理财投资等八个业务标准化工作指引，指导资本经营团队及产业公司规范化、标准化、高质高效开展投融资业务。

同时，明确资本经营活动分工和流程，分前台、中台、后台具体推进和保障资本经营活动实施，如图1-12所示。

（1）前台：负责项目获取和交易方案设计，主要是根据投资画像通过产业链的经营负责人、外部专业机构、投资经理等渠道获取广泛性的项目，并在此阶段进行初步评价，对通过初评的，依据项目性质将项目推送到负责该业务板块的投资经理。在项目推进过程中，始终由前台负责主要对接被投资方高层，并就交易方案进行设计和沟通。

（2）中台：负责内调、外调和审批，此阶段集团总部各专业职能部门、产业公司专家、外部会所、律所以及券商均会参与到项目尽职调查，并分别经历项目初评、立项和决策三个项目审批环节，以确保项目价值和风险得以充分揭示。

（3）后台：负责股权交割和投后管理，负责协议签署、交易方案执行、工商变更、董事会改组等一系列过渡期内股权交割事宜；投后日常管理事宜按照集团对产业公司权责界面清单实施授权管理。

随着项目的不断推进，参与主体会不断增加，各专业职能部门、产业公司根据自身专业能力的优势各取所长，在不同的阶段，从不同研判角度及方向、各自职责分工下，提出科学、有效、宝贵的针对性意见或建议，确保了投资研判、投资决策和投后管理的科学性和准确性。

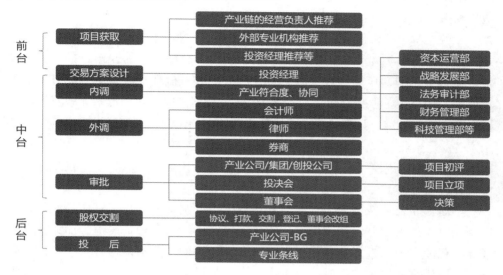

图1-12　Z集团资本经营活动分工和流程

1.5.3.2　赋能产业，践行资本经营服务产业发展

Z集团不断加强产融互动，服务产业发展，赋能产业发展。

1. 注重产业再投入的投资价值和投资回报

集团不盲目对产业公司再投入，要求必须充分论证募投项目的必要性和可行性，做实业务规划和效益预测，并由产业公司进行项目路演，集团公司审慎研判，既要支持产业发展，也要保障集团投资效益。没有产出价值的，都不符合投资逻辑。

2. 以补链、扩链、强链为重点开展战略并购

围绕集团现有重点产业开展纵向并购和关联横向并购，解决发展瓶颈，增强发展韧劲，提升市场竞争力，从而实现产业高质量发展。比如，看好某领域的广阔市场空间和发展前景，通过并购X公司，拓展了技术团队和市场渠道，实现快速切入新领域；并购Y公司，不仅为集团增添了新的民品支柱产业，还为集团增加了一个新的上市平台；并购A公司，为集团增加了一家拟上市企业。

3. 高质量推进混改和股权多元化

积极推进混合所有制改革和股权多元化，不断激发企业内生活力和发展动力，是国资国企改革的重点任务之一。近年来，Z集团积极响应国资国企改革号召，全力引入外部投资人，吸引社会资本投资旗下产业公司，以促进企业转换经营机制，放大国有资本功能，提高国有资本配置和运行效率，实现各种所有制资本取长补短、相互促进、共同发展。截至2022年12月，Z集团旗下已混改或股权多元化的企业占比超过60%。

4. 持续推进"处僵治困"和股权优化调整

按照"先易后难，先内后外，一企一策，因企施策"的原则，推动股权投资优化调整工作，压缩管理层级，减少法人户数，梳理不具备竞争优势、缺乏发展潜力的非主营业务（企业）、僵尸企业、长期亏损企业和低效无效资产、闲置资产，明确标准、列出清单，依法依规按照市场化方式实施分类处置，完成20余家"僵尸企业""空壳企业"及长期亏损扭亏无望的企业处置。这些股权整合或转让退出对营收规模而言更多的是做减法，但却让Z集团的资源配置更加聚焦。

5. 合理运用多元化融资手段

全面建立银行授信，为集团储备足量融资资源。进一步用好债务性融资手段的同时，加大权益性融资力度，优化融资结构，丰富融资渠道。加大债券市场参与程度，合理选择窗口期，发行中票、超短融及公司债等各类债券，提高直接融资比重。维护和用好已有上市平台，积极培育新的上市平台，利用上市平台融资功能，为产业发展融资赋能。Z集团与40余家合作银行建立授信，银行授信总额超400亿元；资本市场和银行间市场直融注册额度近100亿元。

通过以上一系列资本经营举措的实施，Z集团资本经营成效明显：有了更加健全的资本经营架构，更加完善的资本经营体系，更加成熟的资本经营团队，资本经营能力显著提升。特别是几个并购项目的成功落地，未来几年将每年为Z集团带来近40亿元的营收增量、3亿元的利润增量，净资产收益率也因此而提升约2.5个百分点，资产负债率下降近4个百分点，毛利率水平和两金占比情况都得以改善。可以说一系列投融资项目的实施，让集团的资产质量、结构和运行效率都进一步得到优化和提升，资本经营切实有效推动了企业高质量发展。Z集团在全面实施资本经营的第二年，产业经营与资本经营双轮驱动发展的成效就已非常明显，集团约一半的利润来源于资本经营。

1.5.3.3 坚定双轮驱动发展战略

鉴于前期"产业经营与资本经营双轮驱动发展"大见实效，Z集团在"十四五"初期提出将继续坚持"投融并举，产融互动"的总体思路，构建"多元化、多层次"的资本经营体系，培育"体系化、专业化"的资本经营能力，建立"高激励、强约束"的资本经营机制，打造"高效率、高素质"的资本经营团队，全力推进"投资常态化、融资多元化、资产证券化、产权合理化"，着力打造"资产结构合理、资金高效运转、资本高效运营"的企业金融微系统,构建集团资本经营生态链,赋能产业发展,助力战略实现。

企业立身之本靠产业经营,做大做强靠资本经营,高质量发展靠财务稳健。产业经营、资本经营和财务管理,三驾马车初步构建起Z集团自己的资本经营生态链,如图1-13所示。

图1-13 Z集团资本经营生态链

区别于私募、公募基金使用别人的钱生钱,Z集团实施产业投资有天然的优势,并形成可内生循环的生态链条。Z集团有持续的财务能力作为保障,内部产业项目和广阔的一级市场项目构成了丰富的项目来源,专业的团队可以时刻为交易方案谈判、方案实施、风险控制提供助力,各职能部门从技术、战略、价值三个维度评估项目的可行性,投后管理相互赋能、相互协同,以此建立独具特色的资本经营生态链,形成PDCA循环周而复始,生生不息。

1.5.4 尾言

未来十年,Z集团提出继续坚定走产业经营与资本经营双轮驱动发展的道路,实现产融深度互动、企业高质量发展,从而打造千亿级高科技企业集团,铸就产融互动一流示范企业。

综上可知:企业立身之本靠产业经营,做大做强靠资本经营。纵观世界上著名的大企业、大公司,没有一家不是在某个时候以某种方式通过资本经营发展起来的,也没有哪一家是单纯依靠企业自身利润的积累发展起来的。在企业规模上台阶后,随着发展基数越来越大,继续保持稳定增长甚至高速增长的压力也就越来越大。仅仅依靠自我积累式发展的模式难以满足企业快速发展的需要,有必要从"产业经营"向"产业经营与资本经营双轮驱动发展"转型,以资本经营赋能产业发展,助力企业战略实现。

第2章 初创企业——活下去

2.1 初创企业的战略、财务、资本特征

目前，学界对于初创企业的界定标准还未形成较为统一的认识，但是通过对学者的观点进行梳理可以大致归纳出目前学者认可的初创期企业的含义。一般来讲，初创企业在时间上表现为成立时间短；就企业发展状况而言，初创企业市场规模较小，市场占有率低；同时由于产品还未打开市场局面而前期成本投入高，导致初创企业盈利能力也低。

初创期是每一个走向成熟壮大的企业必经的阶段，同时也是企业生存能力最弱的阶段，很多企业都未能走出这一阶段就直接消亡了。因此，制定这一阶段的战略目标，掌握财务和资本特征对初创企业是至关重要的。

2.1.1 战略方向和目标的选择

不同发展时期的企业的特征是不一样的，处于初创期的企业成立之初风险抵御的能力不足，应该先求取生存，稳定之后再求发展，寻求战略优势，制定长远发展计划。战略优势是企业在激烈的市场竞争中的获胜法宝，是指企业在未来较长一段时期内拥有的能影响全局经营成败的能力、资源和地位。那么，如何寻求战略优势呢？

企业的生存发展一定要拥有自身的战略优势，才能在激烈的市场竞争中脱颖而出，并持续保持发展优势。要想形成自己的战略优势，就必须充分认清自己，适应内外部环境变化，选择正确的战略目标和战略重点，及时把握各种市场机会，方能行稳致远。

首先，应正确认清本企业的状况。充分梳理和分析企业自身的资本投入、产品优势、技术能力、社会资源、团队人员组成等要素，快速地打开市场，获得一定销售份额，逐步建立自己的营销渠道，建立起品牌和企业的知名度。企业创初期通常来说实力较弱，一是初创企业经营规模较小，承受冲击能力弱；二是信息网络不健全，要迅速、全面把握市场的动向有一定困难；三是销售网尚未建成，对销售商依赖很大，缺少与销售商讨价还价的能力；四是社会声望

不高，融资困难较大。但是，初创企业也有其优势，与成熟企业相比它有两点优势：一是初创企业具有强烈的危机感，有着强烈的求生存欲望，为了消除或减小危机带来的压力，不得不努力追求技术或是产品创新，发扬艰苦奋斗精神苦苦拼搏；二是灵活机动性好，"船小好调头"，公司规模小，只要发现了更好的机会，可以立马调整业务，舍弃原有业务代价不大。企业架构简单，内部信息通畅，反应迅捷，统一思想较为容易。

其次，因机而变，走在变化的前面。变化不是坏事，往往意味着更大的发展机会，成熟期的企业往往不敢轻易思变，因为好不容易建立起来的优势可能转瞬成空，而迎接新的变化需要承受较高的风险。但对于初创企业而言，反而更愿意也更容易接受变化、抓住机遇，快速调整部署，赢得未来新市场的先机。在当今充分竞争的市场环境下，唯一不变的是变化本身，新技术、新材料、新工艺的发展，顾客需求多样化的变化，政策法规的改革，各国产业与经济导向调整等，各种因素都在产生变化甚至相互叠加，要想在变化中取胜，必须要保持高度敏感性，善于及时发现机会，并利用机会，快速反应，分析制定对应的企业发展战略，借机形成自己独有的产品和服务优势，一旦投入市场就有很大可能性超越竞争对手。

最后，选择适合自身的企业发展战略。企业初期的战略应特别突出专业化和核心竞争力。初创型企业通常为中小微企业，人力、物力、财力等方面的资源有限，不可能同时进军多个领域并都保持竞争优势，基于此，企业必须专注到某一专业化板块，集中内部优势资源进行投入，以此来打造企业的核心竞争优势。切忌胃口大能力小，进行盲目扩张或多元化，有限的资源一旦进行分化，其结果就会导致企业核心竞争力难以形成，每样都做但样样做不好，企业最终失去市场乃至生命力。初创企业要选择好深化的细分市场，明确目标客户。企业在创立时期对于发展战略的制定与选择，一定要综合考虑各方面因素，符合自身情况和所处生命周期。

企业战略通常是指企业在公司层、业务层和职能层等方面形成的一个发展系统。不同阶段的企业，在战略方向选择上呈现着不同的特征，这主要是因为处于不同生命周期阶段的企业，需要重点解决的问题并不一致，企业一般可选的战略方向大致有四种，分别为增长型战略、发展型战略、稳定型战略和紧缩型战略，其具体战略特征见表2-1所列。

表2-1　企业不同生命周期战略选择

战略类型	战略特征
增长型战略	增长型战略的企业急需从竞争中获取市场,从而实现增加市场份额和市场总量的目的,增长型战略适合初创阶段企业
发展型战略	实现发展型战略企业主要的目的在于能够在现有发展基础上,实现更高水平的发展,这包括市场占有率、企业的盈利能力。实行这一战略的企业,通常为发展势态良好,是行业内比较有影响力的企业。处于成长阶段的企业会选择发展型战略
稳定型战略	稳定型战略是相对温柔的战略策略。实行该战略的企业,通常是为了稳定现有业务基础,开展的业务也都是企业熟悉的领域,企业对于风险较高的行为采取的是规避态度。处于成熟阶段的企业会选择该策略
紧缩型战略	企业在市场竞争中采取防守态势,甚至在原有优势领域采取主动撤出的行为。这主要是因为企业在这一时期应对市场风险的能力下降,现有运营体系已经无法为企业发展提供支持。通常处于衰退阶段的企业会采取紧缩型战略

初创型企业一般市场占有率不足,并且抵抗风险能力弱。因此,从表2-1可以看出,初创期企业适合的发展战略是增长型战略。

增长型战略在战略形态上呈现如下特征。

第一,非价格优势的竞争手段。增长型战略的企业,需要在市场开拓等方面迅速赢得市场,但是由于他们本身在生产规模、市场渠道上不具备优势,在同等条件下他们很难再与现有企业形成价格优势。但是,并不是说初创期企业没有市场机会,恰恰相反,初创企业能够更为清醒地找到现有市场存在的问题,能够通过差别化优势帮助顾客解决痛点、难点问题。初创期企业通常的做法就是利用新产品开发、流程的再造赢得市场的信赖,从而打开市场局面。

第二,创新需求导向。初创企业往往都是对现有市场进行细分,然后找到自身优势领域,从而向市场发力,那么意味着初创企业必须能够在人力、管理、内容、服务等方面进行创新,只有创新,才有机会谋求更大的风险回报。

第三,适应环境的需要。初创企业抵御风险的能力较低,它们要实现业务的增长,不太有能力去撼动现有市场体系,即便是改变再小的市场规则,需要付出的成本和代价也是极为昂贵的,因此,作为理性的初创企业,它们通常不太会挑战环境规则,而是从规则中发现机会。

因此对初创型企业来说,要因地制宜、因时制宜、因势制宜,做出有比较优势的产品,占领某一细分市场,让顾客满意,获取可观的销售利润,这才是企业初始的生存机会。

如何根据企业自身情况制定合适的发展战略呢？以下将阐述制定发展战略的四个步骤。

第一，分析市场环境和竞争对手。初创企业要分析市场环境、宏观经济政策，明确自己的发展目标、具体推出的产品和服务，找准竞争对手并分析其优劣势，综合所有因素，分析企业内外部环境、优势和短板，以及在外部机会和威胁。

第二，制定发展战略并进行细化分解。先制定公司层面总战略，确定企业的定位和发展方向、目标；然后制定业务层面战略，明确业务竞争与合作策略；最后制定职能层面战略和运作层面战略，确定内部资源的配置和日常工作运作方式。

第三，集中优势资源重点突破。根据内外部环境分析和竞争对手分析，结合企业发展战略，制定对应的实施计划，安排部署，集中企业优势资源，重点切入，单项突破，迅速占领细分市场。

第四，快速反应，灵活应对。初创企业对环境变化具有较好的敏锐性，当环境发生变化时，可以快速反应，调整策略，灵活应对。战略制定好之后并非一成不变，还要保持高度的洞察力，随机应变，方能维持战略优势，立于不败之地。

实际上，初创型企业的现实战略是生存至上。作为初创期企业，应制定符合公司实际情况的战略。下面介绍几种常见的战略，它们都体现了初创型企业的战略特点。

第一，快速占领战略。基于小企业资源有限，难以同大企业直接开展竞争，最好的办法就是找到一个具有广阔前景行业的薄弱环节或是缝隙，找到一个足够小众的细分市场，在里面产生相当大的影响并迅速占领。不要在大市场去寻找商机，因为你看得到的商机，大公司也看得到，很快就会成为红海，而资源少的小公司多半会成为"鲨鱼吞食"的牺牲品。在缝隙中求发展，凭借自身灵活小船好掉头的优势，进可以扩大缝隙延伸发展，退则可以迅速撤离寻找新的市场机会。而一个具有广阔前景的行业，判断其是否还有机会，不能只看其现在的竞争是否激烈，企业是否拥挤，更要看在这条赛道上，是否还有未被人占领的战略基点，找到这个基点，就是找到了市场缝隙。

第二，特色创新战略。在已有前期企业进入的赛道，后进的小企业如何拥有竞争力？可以发挥自己的比较优势，运用特色创新，生产个性化的产品，或是提供创新性服务，或是运用创新性的商业模式，"人无我有，人有我优，人优我特"，从而形成自己特有的竞争力，来获得市场占有率。

第三，依附大企，协作配套战略。所谓依附就是寻找大企作为靠山，将自己的生产经营活动纳入大企业中，成为其生产大链条上的一个组成部分，为其最终产成品提供协作配套的零部件或是专业化服务，建立起稳定的合作关系，凭借大企业的品牌和市场优势，为自己在市场竞争中争取一席之地。

第四，成本领先战略。当企业生产的产品属于标准化产品，实现差异化竞争的途径很少，市场地位由价格竞争决定时，可以选择成本领先战略。通过优化管理、整合产业链降低成本获取利润补偿，或是提供低价低值产品或服务，挖掘收入水平低的人群消费。

第五，抱团取暖战略。抱团取暖即小企业间建立协作关系，形成联合体，共同面对市场竞争。这种方式可以实现取长补短，弥补单个企业经营资源的不足，通过联合增强竞争优势，在市场上占领一席之地。

2.1.2 创业期企业的财务特性

初创企业期在刚刚起步阶段，由于业务规模较小，人员较少，企业的资金流不足，销售从零开始，增长迅速。这一阶段企业招聘的财务人员不够高端，专业能力不足，甚至有些公司不设置专职财务人员；在财务核算制度、内控管理制度等方面不完善或是缺乏，公司重心在抓外部市场，内部管理相对不足，企业整体竞争力相对较低。但如何走好这一阶段对于企业来说至关重要，关系到企业的存亡，并保证企业能够顺利进入成长期。初创期企业的财务特性如下。

第一，资金需求量较大。企业初始阶段，需要投入大量的资金用于新产品的开发和市场的开拓，业务增长很快，需要持续投入的现金量非常大，特别是某些企业以低价、补贴等营销手段快速抢占市场、争夺客户的方式，更是烧钱。初创期企业的资金主要来源于创始人投入和风险资本投入的权益性资本金。初始资金用完后，因创业企业本身未形成稳定的盈利和现金流，资信水平不高，偿债能力弱，往往在银行很难融到资金，只有创始人继续投入资金，或是寻找天使投资人。

第二，风险抵御能力弱。初创企业面临的风险主要有技术风险、政策风险、产品风险、财务风险。技术风险指的是随着社会不断发展进步，技术革新会引发需求和产品革新，对企业的发展可能产生一定的威胁；政策风险指的是企业所在地的国家或政府出台的法律法规、行业限制政策等，对企业的发展造成约束的风险；产品风险是指企业研制生产推出的产品偏离市场用户的实际需求，从而威胁到企业的发展的风险；财务风险指的是企业的资产追求投入产出比，当没有得到期望回报，而投入的资产又没有较好的退出渠道，不能实现变现的时候，则会使企业产生重大损失。初创期企业规模较小，积累不足、产品单一、内部管理薄弱，虽然船小好掉头，但也经不起大风大浪，当面临以上任一风险时，都可能翻船，风险抵御能力弱是小企业的先天不足之处。

第三，资产负债率较低。处于初创期的企业，企业的经营风险相对其他生命周期阶段是最高的，这种高风险的经营特质，能够吸引那些从事高风险高回报投资事业的风险投资家，但却常常被厌恶风险的银行拒之门外，因此这时期的资金大多来源于权益性资本，来源于债务性融资的资金很少，财务报表呈现出的资产负债率处在同行业中的较低水平。

第四，现金周期较长。初创期企业的现金周期也往往较长，由于是新进入者，对上下游均缺乏谈判力，应收账款周转天数、存货周转天数较长，而对应的应付账款周转天数却相对较短，一增一减之下，企业的现金周期就比较长。这一时期的财务管理的重点就是合理安排现金投放，加强监控现金流向，及时预警现金缺口风险，并做好一定的风险预案。

第五，利润低且不稳定。初创期的企业，作为市场新进入者，尚未站稳脚跟，销售收入具有很大的不确定性，且为了拿下市场，往往低价销售，毛利率很低，甚至不惜亏本销售。此外，公司创立伊始，各方面都需要花钱，费用开支也比较大，综合下来，公司的利润非常不稳定，拉通一算往往都是利润极低甚至亏损状态。

第六，经营活动和投资活动现金流量净流量均为负。初创期企业，销售情况相对较差，回款较慢，而购货、人工成本等却往往需要付现；此外，由于初始投资较大，短时间内难以收回。因此，经营活动和投资活动的现金流均处于流出大于流进的状态，唯一的现金来源是筹资活动。这种情况会持续一段时间，随着经营的好转，逐步开始盈利，产业链上下游议价能力加强，资金流将逐步好转，经营活动现金净流入趋向于零，并会逐渐增加。

2.1.3 初始的资本和资金活动

很多企业创始人在创办企业时都详细地规划了公司未来的业务，但对后续资金的消耗和补充来源却没有计划，只有一个大概的想法和概念。因市场机会稍纵即逝，很多初创企业都是先把业务开展起来，先占领市场，然后跟随着业务发展的脚步来安排和计划资金支出，只有当资金快要用完，公司运营出现困难的时候才开始着急，寻求资金渠道，但是往往到了这个时候，公司谈判筹码不足，陷入被动，资金投资者可能会趁机要价或提出较为苛刻的条件，让创始人不得不接受。初创期的资金是非常有限的，只够初创时候使用，最理想的状态是在创始人投入资金使用完之前，获得一轮天使投资或风险投资，或者是商业模式成功、业务能快速发展，企业自身已具备充分的造血能力，只靠内源性融资，不依赖外部融资也能生存和发展下去。一般而言，平台型企业和产品型企业对资金的要求较高。比如，很多互联网平台项目，需大量烧钱，如果没有达到一定量的资金是无法启动的，而这些项目一般先自筹资金作为种子轮资金，做成模型，具有一定的商业运用基础后再去融天使轮。而服务型项目型企业对资金要求不高。初创企业的主要问题，一是筹资问题，主要指的是创业启动资金的筹集和使用；二是融资问题，探讨融资对企业发展的影响；三是筹措到的资金使用问题。

2.1.3.1　初创企业筹资与融资

启动资金是开始创业的条件，其募集渠道多种多样，有的是靠自己工作或做项目积攒的，有的是靠父母家人支持的，或者是混合式的，各种渠道都筹集一点。初创企业主要依靠融资的方式来保证企业发展。关于财务与融资的问题，是创始人或初创企业管理者必须了解的知识。有创业者说道："创业者可以出身于任何背景，但必须要懂财务、看懂财务报表、懂得财务战略管理"。许多初创企业一开始没有认识到资金的重要性，没有积极融资，认为企业目前现金流充足，没必要拿投资，结果发现拿了投资的同行，发展更快、体量更大。但是，不是说每一个创业企业都必须要去融资，而是要根据自身的业务经营状况、资金情况，结合公司未来的经营发展规划，来进行融资的前瞻性安排及部署。

根据优序融资理论，企业的融资决策是参考成本最小原则，依次选择不同企业外部融资方式：在进行融资时，企业往往会首先考虑内源融资；若内源融资无法满足企业的资金需求，才会转向寻求外源融资。在债务与股权两种外源融资的选择上，不同生命周期的企业选择不一样。

内源融资和权益融资是初创企业的主要融资方式。很多初创企业有一个错误认知，那就是普遍认为债务融资比权益融资风险小，不会造成股权稀释从而导致企业管理权流失问题，因而更加倾向于债务融资。这种思想是想当然的，未经过仔细思考与推敲，用这种思路来指导实际融资活动的话，会导致财务风险增加。债务融资的选择过程中，由于未能提前对企业的资本结构进行全面分析，增加债务融资就提高了企业资产负债率，同时融资需要按期支付利息，给企业增加了资金成本。此外，在经营过程中，企业往往需要预留一定量的储备流动资金，准备到期债务的偿还以及市场的突然变化带来的资金影响，无形中增大了企业的偿债压力及经营压力。这种情况下，企业对资金的利用率进一步降低，致使财务风险进一步增加，如果投资收益小于融资成本，资金无法回流，那么企业很大可能性失去偿债能力，现金流血液中断，最终导致破产。不仅如此，初创企业拥有较高比例的债务，还对其企业信誉有非常大的影响，外部信用评级降低，可能会影响到企业的市值也随之降低。最后，由于缺乏专业知识和细致规划，很多初创企业存在盲目融资，表现为由于对自身实际资金需求缺乏测量，要么筹集过量的资金，使得资金用不完，部分资金闲置得不到利用，又要么资金筹集不足，影响企业的各项业务活动的顺利开展。

初创企业刚起步，未来业务发展和收益的不确定性和风险较高，当内源融资不满足企业资金需求时，就需要寻求外源融资，初创企业在外源融资上更适用于无偿债压力的权益性融资。但并不是说只能选择权益性融资，在权益性融资暂时未取得时，或是资金存在短期缺口时，也可以选择债务性融资。初创企业的融资模式一般为：优先以内源融资、权益性融资，辅以债务性融资。

2.1.3.2　初创企业内部融资

内源融资指的是企业将生产经营产生的净利润不用于股东分配，而是用于企业再投资。相对于其他融资方式，其优点有两点。一是融资成本低。利用自身的留存收益进行再投资，在所有的融资方式中，这种方式的融资成本通常是最低的。二是融资程序简单。外部融资无论是哪种形式的融资，对于融资程序均有不同的要求，通常会包括尽调、估值、担保、条款、限制条件、权属登记等等，较为复杂，一般涉及中介机构、金融机构和政府相关单位等，流程多且时间长。而内源融资通常只需要内部决策一般是股东会通过即可，程序简单快捷。尽管如此，对于初创企业来说，前期投入大产出小，商业模式还未形成完整的正循环，往往尚未获取真正的净利润，因此，内源融资是很难的。大部分初创企业资金需求要靠外部融资解决。

2.1.3.3　初创企业外部融资渠道

（1）股权融资。股权融资与债权融资相比，最大的区别是股权融资对企业的风险有更高的容忍度，更加看重企业未来的经营和发展，同时本着高风险高回报的原则，对投资回报率有更高的要求。初创企业股权融资可以直接引入股权投资者，但通常以私募股权融资为主。私募股权投资的载体是基金，由专业基金管理公司来负责管理与运作，基金的资金来源比较多样化，可以是政府、企业、机构、自然人等出资。对于初创企业来说，采用私募股权融资具有极大的优势。第一，有利于优化企业的治理结构。一般来说，初创企业的所有权、经营管理权在创始人手中，这在创业初期有利于决策效率提升，但随着企业规模的逐渐扩大，这种方式逐渐暴露出各种问题。而私募股权组织的加入，凭借其优秀的投资决策能力，让公司从专人独断到集体决策，考虑因素更周到完善，从而优化公司治理结构。第二，在管理及技术等方面经验丰富。私募股权投资机构不仅可以提供企业的资金需求，还拥有丰富的投资管理经验，可以为投入的企业提供管理经验、技术经验，可以在组织架构、发展战略、内控管理、用人机制等方面帮助企业优化公司治理结构。从而帮助企业成长和提高市场竞争力，通过长期合作，私募股权投资机构也可以获得高额的利润回报。第三，优化财务结构，股权融资可以降低企业的财务杠杆率，优化财务结构，降低财务风险。

在私募股权融资中，除了优势，当然也存在一定的风险。第一，控制权会分权稀释，私募股权机构通过投资将获得一定比例的股权，并参与到企业的管理，对经营决策具有一定的影响力，由于机构和企业的发展理念和目标不同，两者极易发生冲突，有的甚至与外部机构串通，恶意窃取企业控制权。第二，企业价值低估。在私募股权融资中，公司估值是一个重要的谈判筹码。评估方法多种多样，每种评估方法都是基于业务假设、时间点固定、折现制度等因素，会影响企业的评估结果，其实质是考虑企业的发展前景，一旦估值过高，会使后续融资更加困难；反之，一旦估值过低，则会损害原始股东的利益。第三，泄露商业秘密。在私募股权融资中，机构需要对企业进行调查，包括公司的专利、技术、商业模式等。通过调查结果进行评估。在这个过程中，如果创业公司缺乏保守商业秘密的意识和能力，如果投资意向书或投资协议中没有设置保护条款，商业秘密可能会被泄露。私人股权机构对企业的经营业绩通常有一定的要求。通过签署"对赌协议"，他们要求企业在规定的时间内完成承诺的业绩目标。如果企业经营不好未能完成，必须支付本金和约定的利息，对应的利率通常情况下会高于同期银行贷款的利率，从而转化为比银行贷款成本更高的明股实债。

（2）债权融资。债权融资是指企业通过债务方式进行融资，融资获得的资金需要承担相应的利息，贷款到期后，需要偿还本金给债权人。债权融资能够提高企业所有权权益资金的收益率，具有较好的财务杠杆效应；债权融资通常情况下对企业的控制权没有影响。

债权融资主要是银行贷款。在现实中，有两个主要因素使初创企业难以从金融机构获得贷款。第一，在金融机构层面，金融机构贷款的首要考虑因素是资金安全性。金融机构在为初创企业融资时，会充分考虑初创企业的还款来源、还款能力等因素，特别是对于科技型公司而言，在初创企业的发展阶段，其核心资产往往是自己的发明、专利、创意等，这些非实物资产，在评估价值和抵押方面有很大的困难。与此同时，由于社会资源有限，初创企业难以获得第三方担保，这也限制了银行提供贷款。第二，在创业阶段，初创企业在发展初期需要大量资金，金融机构在提供贷款后需要定期偿还本息，这对企业的现金流造成很大压力，降低了企业向金融机构借款的动力。此外，由于初创企业的核心资产基本上都是技术、专利等无形资产形态，社会上没有专业的价值评估体系，因此无法科学地估算其价值，从而大大增加了债务融资的难度。

2.1.3.4 初创企业的资金活动

获得启动资金只是第一步，之后如何用更是关键，资金使用不当可能会给公司带来灭顶之灾。不少初创企业成本控制意识淡薄，操之过急，盲目扩大规模。启动资金是公司发展的火苗与种子，必须用在刀刃上。使用得好，就像星星之火，可以燎原；使用得不好，就像一颗种子烂在地里，永远没有发芽和生长的机会。如何评价它是用好用不好呢？关键看资金的使用效率所带来的效能。

创业者要管好资金，这包括"收"和"支"两个方面。公司要扩大收入，可以增加业务能力，或是融资扩大业务规模。也要合理支出，需要制订公司支出计划，包括人力支出、物料支出、办公场地等。值得注意的是，在企业初期阶段，资金一般要用于支持企业实现产业化，主要是支付厂房办公室租金、水电、设备租赁、职工工资费用、售前铺路费用等。许多初创企业倒闭的一大原因是资金链断裂，从设备和办公空间的成本，到营销预算和工资单，如果初创企业想要做大做强的话，就需要非常注意他们的资金投向。"烧"钱对于初创企业来说并不是件坏事——这是他们成长所需要做的。换句话说，如果企业不进行增长驱动型投资，可能仍然会盈利，但不太可能抓住机会，将公司做大做强。早期融资周期为22～27个月，因此初创企业需要清楚在下次融资之前如何使他们的钱至少能维持两年，或者在特殊情况下，维持一个过渡性融资周期。所以，财务管理对于初创企业来说尤为重要。注重以下四大成本，加之精准的预算准备，可以最大限度地提高资金的使用效率。

（1）建立适配的团队。初创企业的创始人经常会犯这样的错误，就是给自己支付过高的薪酬，除此之外，一些人可能会选择组建一个相对于公司目前的发展阶段来说规模过大的团队，而一些人则会对那些可以让公司走得更远的人才支付过低的报酬。理想情况下，在聘用优秀人才时，初创企业不应锱铢必较，尤其是那些处于较高级别的人才，创业公司不应该在金钱上吝啬。与其建立一个对自己在做什么都感到困惑的大型团队，还不如与更少、更有能力的员工一起工作。企业在初创阶段做出招聘决定时，并不是所有的职位都需要马上招人。重点应该放在雇佣那些对增长和生存至关重要的人上，给他们优厚的薪酬，同时为其余员工寻找成本更低的替代方案。而解决这个问题的方法之一是将公司的一些工作外包出去，当员工权益和福利被加上时，工资是公司内部最大的成本驱动因素之一。将某些角色外包给外部代理机构或软件，可以减少这方面的成本负担。

（2）加强产品的研发。寻找并保持产品与市场的契合度是初创公司需要解决的最重要的问题之一。而这个方面是最不需要节省的，很多人都以为创业公司会随着时间的推移想出产品，并在时机成熟时转向。这个想法往往是错误的，而且可能会导致不好的后果，特别是如果公司已经有付费客户的情况下。创业公司如果想继续经营下去，就需要找到适合自己的产品市场，而从研究阶段开始，这个过程会无意中吸收公司的大量资本。首先你必须了解：公司能够适应哪些市场缺口？基于目标客户偏好的解决方案，需要改变哪些内容？然后花时间构建最基本的可行产品、对其进行测试、根据需求多次研发。初创公司不需要在早期就拥有产品的最终版本，但一个运行良好、能令人满意的、满足客户需求的产品才是一个好的起点。一旦出现这种现象，公司就可以利用这些经验中的数据，通过一系列产品和客户管理工具来完善他们的解决方案。

（3）专注客户的需求和体验。相比数字技术还只是一个小众市场的时候，现在的用户期望有更多的透明度、速度和个性化的体验。这不仅是企业建设的挑战，而且需要资金的投入。在理想情况下，与其全力以赴，试图立即获得尽可能多的市场份额，不如专注于培养客户群。在保持定价的同时，从小部分客户开始培养。而不是通过折扣或降价来瞄准整个客户群体，这最终会变得不可持续，损害公司。在创业初期，倾向于获取尽可能多的市场份额的想法往往是致命的错误，尤其是当市场很大的时候；相反，团队应该专注于建立一个用户乐于尝试的创新解决方案。

（4）关注具体的费用。不同类型的公司费用支出将截然不同。因此，这份清单在任何方面都不是详尽无遗的，这取决于创始人希望公司发展到何种程度，以及他们希望保留多少控制权。然而，尽管上述成本很可能会在所有公司都发生，但也有一些费用应该尽量避免的。例如，豪华的办公空间。虽然人人都期望在一个舒适优越的空间内办公，但对于初创企业而言，比起一间豪华的会议室，一个让客户和投资者愿意押注的创意和解决方案，才对他们是否认同公司愿景的影响更大。好的软件和高级设备也是如此，如果公司没有足够大的客户基础来证明或验证这些设备是必要的，就不要花大价钱投资于深度数据工具。最明智的做法是在投资前三思而后行，使预算尽可能精简，并考虑到可能发生的意外事件，可能需要大量支出。你要充分了解你的公司每个月烧多少钱。再者，使用高效的现金流管理工具，不仅可以帮助你进行现金流分析，还可以进行预估评判。然后，思考哪些任务需要员工做、哪些可以通过软件完成、哪些不需要做。不断地重新审视这个分类，以适应公司不断变化的需求。最后，不要害怕寻求建议，承认你的创业公司需要帮助，通过寻求如何度过财务困境和正确管理资金的建议，你的公司很可能会因此活下来。

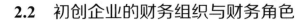
2.2　初创企业的财务组织与财务角色

对于初创企业来说，财务组织是企业一切财务和资金活动的管理和执行机构，负责企业的日常财务管理、投融资管理、财务分析、风险控制等。其中，财务管理渗透于企业日常经营管理活动中，涉及研发、供应、生产、销售全产业链条的人、财、物等要素，是整个企业管理的核心。其主要任务是实现财务预算、核算及税务三大基础功能，重点保障企业建立及业务发展所需资金，完成现金流管理及税务风险管控两大工作。在本节中，笔者拟探讨初创企业如何搭建自己的财务组织架构和会计核算体系。

2.2.1　基本的财务组织与会计核算体系建设

与那些成熟的大企业相比，初创企业无论在远期战略层面还是近期目标方面，都存在很大的不确定性，在做出任何改变的决策前，财务指标都将是最有力的支撑，如预测销售目标、制订招聘计划、调整营销费用等，如果没有财务指标的支撑，决策就变成了"摸着石头过河"，现金流的风险骤增。因此，为了确保企业日常财务管理活动的顺利进行，初创企业有必要设立日常财务管理制度，建立会计核算体系。

2.2.1.1　财务管理体系建设

财务管理在企业发展中的地位和作用越来越重要。财务管理工作需要与时俱进，打破传统思维，财务要融合到业务中去，财务人员也要有市场观念和效益观念，从以前单纯的会计核算向事前预测、事中控制、事后分析方向努力，充分发挥财务工作的强渗透特性，积极参与经营管理。要完善财务管理体制，努力加强和优化财务管理，提高创业企业的综合竞争实力，发挥企业生产要素的潜力，为企业获得可持续的核心竞争力，实现长远发展护航。

第一，建立合理有效的财务制度。在企业成立初期，为了生存，企业必须努力开拓市场，重心在外部，而往往忽略了内部的财务管理工作。财务管理对初创期企业来说往往不需要像成熟期企业那样非常细化和专业，但基础的财务管理对初创企业来说非常重要，需要建立一套适应企业发展阶段的合理有效的财务制度。非财务型企业家应充分意识到财务工作和财务内部控制的重要性，对财务工作提供充分的支持是财务管理工作能够有效开展的前提。

第二，建立合理的预算制度。初创企业的特点是要抢占市场和用户，盈利并不是首要目标。此阶段因市场地位不高，现金流入很不稳定，需要做好财务预算和计划，最重要的是包括资金预算。初创企业正在经历一个后野蛮增长时代，市场的快速变化降低了过去"烧钱"扩张的边际效应。初创企业面临的最大问题是开源节流，这需要更精细的数据运营、更专业的财务管理。因此，创始人应掌握总体预算和资金使用方向，做出决策前应明确企业资金周转情况和现金流量平衡收支的情况。

预算工作虽然琐碎复杂，但必须认真扎实地做好，并根据企业的特点，运用灵活简单的预算管理方法来完成预算。此外，财务人员还需要学习业务，熟悉业务模式，审核业务预算数据是否合理，是否可行。

例如：①每天编制资金报表，及时掌握资金动态变化和资金结余情况；②在预算制度实施之初，首先从短预算周期开始，先编制单月预算，经过一段时间的经验积累，可以编制双月预算或季度预算，然后过渡到半年预算、全年预算；③及时对各项活动进行事后效应分析，对关键指标进行预算与实际比较找差异，提高预算准确性，减少偏差。

第三，实行规范化标准化的核算管理。在设立会计账户之初，应按照国家企业会计制度或会计准则的要求使用标准会计科目，根据常规经验可以设立简单的二级或三级会计科目，不要照搬其他单位使用的全套会计科目，细分到4级或5级。这将导致大量闲置的终端科目长期用不上且编号数量增多，整套科目体系显得十分凌乱。等企业处于稳定状态时，科目调整设置将会非常困难，会增加大量的人力和物力投入。随着业务的发展，财务应不断完善细化科目或者辅助核算项目，以适应业务的变化。初创企业还需要建立标准化的财务核算制度，例如，成本核算办法、发票管理办法、会计档案管理办法、差旅费报销制度、费用报销管理办法等，以应对财务人员的频繁变动。进行标准化后，新进财务人员不需要老员工手把手带，仅需看制度及操作手册就可以进行标准化操作，缩短了财务人员的工作交接时间，也可减少工作差错率。当企业发展进入稳定期时，调整科目设置就会很麻烦，会带来巨大的不必要的工作量，也不利于数据的纵向分析。财务人员应根据企业的业务发展情况，随时增加需要细化的科目或辅助会计项目，使整套会计账目清晰合理。

2.2.1.2　会计核算体系的构建

会计核算方法是用来完整、连续、系统地记录和计算会计对象的经济业务，并为管理提供必要信息的方法，一般包括会计科目的设置、复式记账、填写和审计凭证、登记账簿、成本核算、财产盘点、编制会计报表七个方面。上述方法相互联系，密切配合，形成了一个完整的方法体系，即财务会计核算体系。

当发生业务交易时，经手人填写或取得原始凭证，并相应地登记账簿。生产经营过程中发生的一切费用均应计入成本。对于账簿记录，要定期开展资产实地盘点进行核实，保证账实相符，并在此基础上定期编制会计报表，这是传统的模式。

如何规范企业的会计核算体系呢?

第一,建立规范的会计管理制度。会计管理制度是一个集会计人员、档案、核算于一体的管理系统。一般来说,包括会计岗位管理、会计人员管理、会计工作转移管理、会计档案管理等制度。

第二,规范的会计政策。会计政策是指企业在会计核算中所遵循的具体原则和采用的具体会计方法。许多企业重视会计科目设置,但往往轻视会计政策,这在一定程度上对企业会计核算工作造成了不好的影响。会计政策不规范和不连续,内部会计信息缺乏可比性,在预算评价考核时缺乏合理的依据。

第三,统一的会计科目。在许多企业的预算管理中,预算科目与核算科目的一致性,以及各预算单位使用科目的相互统一是加强预算考核的前提。如果各部门编制预算使用的预算项目与会计科目不一致,财务上就难以将数据汇总,并难以进行评价考核。因此,为了规范预算管理,必须实现会计科目的统一。

第四,固定的会计报告制度。管理会计报告是企业预算分析和控制的基础。企业必须对各责任中心的预算执行情况进行跟踪和定期分析,并编制分析报告,对预算执行偏差深入分析其原因,以指导和纠偏后续业务。但对于初创企业来说执行一整套会计核算体系或者内控体系成本太高,初创期的业务量不大,为了节约人力成本和提高管理效率,不少初创企业只有出纳,而会计师则雇用兼职人员甚至将会计业务外包给中介机构,会计核算制度非常不完善。

2.2.2 财务的基本职能

财务职能是指企业财务在企业经营运行中具备的功能,表现为筹资、投资、生产、销售、费耗、分配等涉及资金运动过程中的财务管理职能。对于初创企业来说,创始人的重点主要是产品和企业发展等方面的企业管理,财务管理往往不会引起企业管理者的重视。在新公司成立之初,为了节省人力成本,很多公司把财务公司外包给了代理记账公司,很多企业主都不知道财务工作包括哪些内容,更不用说如何对公司进行财务管理了。然而,财务管理水平的高低直接影响到企业未来的发展,决定了企业的存亡。初创企业,财务主要职能就是反映资金情况和资金管理职能。

第一,经营信息反映:财务管理具有最全面的反映职能。通过对企业生产经营的一系列活动以货币的形式表现出来、形成财务报告,通过对财务报告的分析,可以反映出企业发展战略正确与否,反映产品在市场上是否有销路,反映人力资源调配是否得当,反映生产管理是否最有效,反映营销战略是否,等等。简而言之,财务管理的反映职能就像企业经营的成绩单,将企业运营的方方面面都以货币的形式在财务报告上反映出来，人们从财务报告的这个"点"，可以观察到整个企业发展的整个"面"。

第二，资金筹措和调配：资金是企业发展中的核心资源。在现代经济社会的竞争中，从一定程度上说，资本已经超越了产品本身和其他要素，成为企业的最核心竞争力。对这种核心资源调动，一定要配置得当、管理得当、使用得当，保证现金流量充足，企业经营就有了蓬勃发展的基础；反之，资金链条一旦断裂或资金被错误应用，都会使企业遭受巨大的损失甚至走向灭亡。史玉柱的"巨人"大厦的轰然倒塌，便是因为资金链的断裂。

2.2.3　财务与业务的关系

财务与业务在企业经营管理中是相辅相成的，两者之间缺一不可。业务是一线先锋，财务是二线后勤，并不能说谁更重要，两者只是职能不同、分工不同、专业领域不同，在公司经营管理活动中同等重要，必须都要重视。如果只抓业务疏忽财务，则公司内部的财务管理可能会出问题，拖累业务，甚至"后院失火"给公司造成重大损失；反之，如果把焦点都放在财务，而不敢决策业务时，则可能会造成公司发展停滞不前。

财务与业务在企业运营中最好的关系是你中有我、我中有你，最好做到相辅相成、相互促进。一方面，随着公司业务的发展，需要财务不断适应业务需求，不断改进、完善流程管理和内部控制；另一方面，财务应当主动参与业务，走进一线，帮助业务发现、分析和解决风险问题，促进业务改进，这样反过来也会促进最终的财务结果实现甚至是提升。

财务与业务之间的关系主要体现在以下两个方面。

一方面，财务与业务都有自己的行为规范和标准，并侧重不同的任务和责任，但两者的共同点就是都围绕企业的绩效来开展工作，其最终目标是一致的，那就是提高企业的经济效益，实现企业的生存、发展、盈利，促进企业的稳定和可持续发展。

另一方面，企业财务通过对资金流动的监控、对财务活动及相关数据的分析与整合，为企业管理者提供相关的财务信息和相关建议，帮助其对生产经营事项进行相应的调整与决策。财务充当的是参谋的角色。有效的财务管理可以最大限度地降低企业的经营成本，提高资金使用效率，从而提高企业的整体效益。

财务与业务之间存在着某种程度的共生关系，它俩一起成为企业经营能够顺畅运转的基本条件。但是，在实际工作中，财务与业务在工作职能、工作流程和标准要求等方面不同，也会产生一些矛盾。

第一，财务与业务沟通的矛盾。两个部门的工作职责、工作流程、工作标准、工作目标不一致，加之专业能力互不相通，这就容易导致双方在沟通时容易产生冲突。财务部门对业务不够了解，财务管理方式和财务信息的提供不能满足业务部门的需要，不能有效地利用财务管理帮助业务部门提高业务的效率和质量。

第二，财务工作与业务工作标准的矛盾。企业的财务活动是按照税法、会计法、会计准则、会计制度等有关法律法规开展的，具有一定的强制性和刚性。但对于业务部门来说，业务活动需要具备灵活性，能够随时根据市场变化进行动态调整。工作标准的不同，就必然导致双方合作中出现矛盾和问题。例如，业务部门为了提高办事效率，常常希望财务部门灵活办理相关流程，但对财务部门来说，严谨比灵活更重要，所有的财务活动都必须按章办事、按规矩执行，不得随意变更。

初创公司，受限于业务的快速变化、财务自身能力的不足，并且在企业初期常常过于关注业务的拓展，没有把财务管理和风险防范提到跟业务战略同等的位置，认为财务只负责报销、记账、报税的基础工作，甚至外包给代理记账企业，缺乏内部财务管控的意识和手段，导致财务与业务脱节，数据不一致。财务按开票或者收付实现制进行会计处理，脱离实际情况。业务系统没有与财务系统对接，导致业务系统数据与财务不一致，且差异未被及时发现和解决。这样一来财务其实是很难发挥"管理"作用的。

在初创阶段，企业就应该明确财务定位应该融入业务，为各项业务发展提供支撑和保障，从"引领、协同、平衡"角度，做到服务业务，协同发展，平衡矛盾，财务融入业务相辅相成，推动业务发展。企业是一个不断发展的个体，如果创始人在企业没有配套相应的财务组织，财务就永远无法实现与企业的协调发展。在整个企业发展过程中，财务必须首先做好自我定位，通过自身的职能引导企业发展。在对财务业务各自定位后，首先要做的就是推动财务引领作用，做到核算精准，然后考虑业财一体、财务 BP 等。核算是财务管理的基石，如果做不到精准核算，财务管理就会地基不稳、摇摇欲坠。因此，为了会计核算的准确性，就要提高数据输入的可靠性，不能只是被动地接收数据，而是成为数据产生的介入者。在传统会计中，财务人员充当数据接收者，即各部门将凭证和数据传递给财务，然后财务按照会计准则，进行数据处理。在这种情况下，财务人员没有作为数据介入者，参与业务前端，参与对数据源的控制。因此，财务人员收到的数据中有虚假数据，或是数据颗粒度较粗，导致会计核算结果不能真实反映企业业务实际情况，更不用说促进业务发展了。从这个方面来说，我们必须改善业务流程，将财务控制嵌入业务前端。

2.3 初创企业的资本萌芽

2.3.1 有限的资金渠道

初创企业大多面临"融资难"的问题。公司的发展、运营都需要成本来维持，本节从六个方面来浅析初创企业如何获得资金来源渠道。

1. 自融资

自融资，即创业者自己出资启动创业或者从家人、朋友和亲戚那里筹集资金，国外常称之为 self-financing 或者 bootstrap-financing（自力更生）。自融资的好处是相对比较快速、灵活，投资者的自我约束和激励动机是非常巨大的。但现实中的主要问题是，很多创始人缺乏自筹资金的能力和渠道，这往往难以满足初创企业快速增长的资金需求。因此，创业者必须寻求外部资金。

2. 股权融资

股权融资是企业放弃一部分股权作为代价，从投资者那里获得资金，使投资者能够持有股份，成为股东而不是债权者。它是具有一定风险性质的融资，投融资双方共同分享利益和分担风险。对于那些无法获得银行融资或进入资本市场的初创企业来说，这是一种方便快捷且易于操作的融资方式。

3. 债权融资

债务融资是指以借款形式向银行等金融机构或非金融机构（民间借贷）融资，规定的借款期限届满后，借款企业必须偿还本金并支付利息。金融机构发放贷款很难单纯使用信用，一般需要企业具备抵押、质押、信用、担保等其中一个或多个条件。而民间借贷更多地依赖于信用和第三方担保的形式。

4. 政策性贷款

政策性贷款是政府为支持某一特定群体的创业企业而发放的小额贷款政策，同时也设立了大量的基金支持创业企业的发展。这些政策性贷款都具有低息的特点、对微利企业进行政策贴息，甚至是无息，且借款期限长。但是，需要注意的是，获得这些基金必须满足一定的政策要求。

5. 金融租赁

金融租赁是指承租人（即需要融资的企业）先选定设备，由出租人（即提供融资的企业）出资购买，然后承租人与出租人签订融资租赁合同，以支付租金为代价长期使用设备。对承租人而言，采用这种方式，避免了一次性购买设备而消耗大额自有资金，以融资货物的方式实现了融资的目的。

6. 天使投资

天使投资主要是指拥有一定资本的个人或家庭对预期有潜力的创业公司的

早期投资。天使投资也算是一种风险投资，但与大多数风险投资不同，风险投资以长期、上市阶段的项目为主，而天使投资看重独特的创新计划理念、创新个人和种子阶段企业，对未孵化的种子阶段项目"雪中送炭"。种子期项目一旦孵化成功，后续继续生长、长高长大则需要风险投资机构的资金来提供"养料"。

2.3.2 发现未来的价值

2.3.2.1 感兴趣的行业与产品

俗话说得好，"三百六十行，行行出状元"。任何人，只要有创业的信心和决心，只要肯努力、不屈不挠、永不言败，那么他做什么都会成功。初创企业不要在具体做什么行业和产品上花费大量时间考虑，现代经济五花八门，商机无处不在，没有人一生下来就注定该做什么不该做什么。世界上很多初创企业所涉足的让它们崛起、给它们带来收益的行业和产品，经常有很大的偶然性。创始人们考虑得比较多的是喜欢什么行业，喜欢什么产品，什么时候进入市场，什么时候撤出这个市场而转战其他又引起他们兴趣的市场。这些对于市场的贯彻，对于自己兴趣和实力的评判才是他们主要的精力所在。月有阴晴圆缺，行业有潮起潮落，但只要有创业的实力和潜质，看准时机和客观地评价自己，创始人们完全可以在多种行业和产品之间挪转自如。也就是说，任何一个行业和产品都可以成为创业者的创业起点。再好的行业和产品也有人做得一塌糊涂，再差和行业和产品也有人做得风生水起，最重要的是有没有用心去做。

因此，创业者创业初期选择的行业和产品最关键的是既能产生利润又是自己感兴趣的，因为创业是需要付出长时间的努力的，如果不喜欢这个行业和产品，包括创业所涉及的工作内容，那么最后失败的可能性极大。

2.3.2.2 产品价值链的部分环节

根据产品价值链理论，一个产品从原料投入销售至消费者手中要经历一个比较长的链条，一个企业既可以选择整条产品价值链，也可以选择其中一段产品价值链，如何选择需要根据企业自身的资源条件和能力大小而定。产品价值链的各个环节，其经营特点、资本投入、风险大小是不一样的，在产品价值链的前端和后端，如原料供应和产品经销，企业需要更多的市场营销能力，因为企业需要直接面对市场采购原料和推销产品等，而在产品价值链的中间环节，如生产环节，企业则需要更多的资本投入和管理能力，如需要投入机器设备、厂房、人力等。一般来说，投入越大，风险越高，收益也越高，但也有例外。在产品价值链上，收益与投入就不一定成正比，制造商的投入要大于销售商等生产性服务商，但它们经常被超级经销商，如沃尔玛、家乐福等"绑架"

和搜刮利润。产品价值链上的利益分配完全取决于产品价值链上各个链商的力量。

创业初期的创业者绝大多数一穷二白，如果创业，则完全是白手起家。因此，创业初期一般不选择产品价值链的中间环节，这样不仅可以避免巨额投资风险，而且可以加速资金回流，大大降低创业风险。如经销产品，完全可根据市场需求进货，快进快出，卖出产品就可以有收入。而如果选择生产产品，由于生产商离市场较远，而且有一定的生产周期，生产出来的产品不一定适合市场需求，一旦产品大量积压，企业往往就会于创业初期夭折。

所以，目前初创期企业主要选择成本低、周转快、收益高、科技含量低的产品价值链环节，应该说是明智的，也是一条基本的产品价值链环节选择原则，必须坚持和遵循这条原则。创业不同于风险投资，风险投资通过投资很多项目而降低投资风险，尽管投资的大多数项目可能是失败的，但只要少数几个项目赚钱就行。企业在创业初期，受资金、人力、经验、能力等限制，把所有的鸡蛋都放在了一个篮子里，创业者只能紧紧地盯着这篮子里的鸡蛋，而无法分散风险，虽然这违背最重要的投资组合理论，但也并非没有道理，毕竟盯住一个篮子比盯住很多篮子更加有效率。

世界上很多伟大的企业家，他们创业初期都是从产品价值链的低端环节起步，如日本的经营之神松下幸之助，美国的比尔·盖茨，中国的任正非、牛根生等。他们都是从销售产品开始，都是采用"先建市场再建工厂"的模式进行初次创业和二次创业的。对于创业者而言，创业初期市场就是一切，只要有市场，很多问题都可以解决；没有市场，解决了其他问题也没有用。所以说，创业者创业初期从产品价值链的低端环节起步，等将来发展壮大了再向产品价值链上端延伸的发展路径符合创业者的自身条件变化和创业发展路径难易程度的变化。

至于政府、专家和创业教育者们所大力倡导和大力扶持的高科技项目、生产制造型项目，因为处于投入大、风险高、周期性长的产品价值链的中间环节，所以并不适合创业初期的选择，这些项目应该是创业者过了创业初期有了一定的创业经验后，进行二次创业时对产品价值链延伸后的选择。

2.3.2.3 选择"小而美"的创业项目

通常情况下，人们的视线容易被大的东西所吸引，殊不知，那些容易被忽视的小事物却在角落里以最顽强的姿态成长，有时甚至能够出人意料地释放出不可估量的能量。就像互联网产品，从 Blog（博客）到 Twitter（推特），从博客到微博，它们所蕴含的空间看似越来越小、越来越有限，但就是这越来越小的平台所承载的内容，有时却可以轻易而直接地击中用户的内心。

创业机会无处不在，就看你是不是一个有心人。事实上，创业初期选择那些小而美、贴近地气的项目更有可能成功，而不必选择流行的"风口"项目。许多人忽视了从传统行业（如食品和饮料零售业）进军切入的可能性，其实这也是一种较好的创业思路，这些项目很容易"现金流为正"，小本经营即使亏损也不会很大，风险能够承担得起，还可以从头再来。从传统行业入手，不仅容易上手和积累社会经验，也能在尝试中对创业有基本的了解和认识，通常还能在较短的时间内完成资本的原始积累。

企业初创期选择项目，不仅仅看是否很流行，更要看是否有市场。找到一个充满巨大潜力市场的项目自然是好事，但不是每个创业项目都具有这样的市场。如果整体市场规模只有500万，无论如何也无法创造更多的产值，那进入这个市场的创业就有天花板，很多创业者看不上。当然，需求市场规模大，竞争也往往更为激烈，准入门槛也高，而需求市场规模小往往不会引起任何人的兴趣。所以，一个好的"小而美"的市场可能是初创企业最佳的选择方向。

2.4　生存选择下的财务与资本策略

2.4.1　聚焦资金与业务周转

2.4.1.1　初创企业的财务战略选择

企业只有制订合理的财务战略规划，合理配置资源，才能提高整体竞争力。企业的财务战略需要以企业的发展规划为基础，结合企业的总体战略制定财务战略。企业在制定财务战略时，应先明确企业的发展战略目标，按照企业整体的发展方向进行财务管理，实现企业资源的合理配置，做强企业的产品和服务，以实现企业战略规划目标的达成。

企业的财务战略必须服从总体战略，要有利于企业整体战略的实现。在制定财务战略的过程中，应把企业的总体战略放在首位，如两者出现偏差，要以企业的总体战略为准绳，优化和调整财务战略。同时，企业的财务战略也应为企业的整体战略提供有力的保障和支持。企业在进行财务战略配置的过程中，需要结合企业的规划对企业管理工作的各个方面进行全面的了解，通过制定科学的管理机制与管理体系，为企业总体战略的开展提供支持。

企业财务战略必须与企业经营发展需求相匹配，通过企业各项业务上的指标和财务上的指标进行综合分析，以此判断企业的生命周期。同时，企业需要知道不同行业的生命周期有所不同，财务战略管理的重点也会不同，企业需要结合自身的内外部环境，深入分析和制定企业的财务战略，才能匹配公司总体战略并为公司发展服务，保证财务战略管理体系发挥应有的价值。财务战略目标需要细化分解，制定详细的财务规划。首先，在企业的创业阶段，企业刚刚成立，这一阶段企业的现金流出量大于现金流入量，企业的财务风险很高，因此在这一阶段企业应尽量降低风险，尽可能使用股权资本。创业的主要目的是生存下来，企业要充分利用外部机会和内部优势，扬长避短，突出重点，将企业的基础工作做好，实现稳定发展，注重内部资本的逐渐积累。

初创企业的要谨慎选择财务战略。可以建立一个矩阵式的项目组，来集中管理一体化投资，以最大限度地减少风险。一体化投资的内涵包括以下几个方面：第一，所有的资金支出权限要高度集中，由企业总经理等专人负责。初创企业本身规模较小，实力较弱，如果它们不能严格控制资金支出，钱很快就会耗完；第二，初创企业的投资项目必须要进行严格的市场分析，以获得投资者的共识，最大限度地避免投资风险；第三，严格执行预算，每月跟踪检查预算执行进度，及时发现企业经营中的偏差。就融资而言，股权融资是主要方式，债权融资是辅助方式。此外，还应特别注意债务融资的偿付能力，以避免资金链中断。在利润分配方面，由于初创企业收益低且不稳定，且未来发展需求高，应尽可能利用税后利润转增资本，为企业进一步发展充实资源。

2.4.1.2　初创期财务与业务的协调运行

企业财务与业务之间的协调运作对企业的稳定发展起着重要作用，财务与企业业务千万不能脱节，只有协调好财务与业务的关系，充分发挥财务与业务的优势和互助作用，才能有效地促进企业的稳定发展。

第一，充分认识企业财务与业务的关系。企业应充分认识到，业务的发展离不开财务支持，财务的本质是为业务服务。企业财务为业务经营投入大量资金，最终目标是通过业务为企业赚取更多的资金，实现企业价值最大化的财务目标。业务是财务活动的主要服务对象，业务部门通常被视为企业的利润中心，是资金来源的渠道，也是投放资金的重要出处。财务部门和业务部门不仅要明确各自的职能和业务标准，而且要进一步加深对彼此职能和业务标准的了解，以便更好地衔接工作。

第二，根据业务需求合理制订财务计划。财务部门在制订一定时期或某个项目的财务计划时，切忌闭门造车，应先与业务部门进行事前沟通，了解业务的目标、实现路径、需要财务提供的支持等，并了解业务活动的运行逻辑，结合业务活动的实际需要，以最大程度促进其目标实现的原则来制订合理的财务计划。

第三，结合企业业务分析财务数据。企业生产经营过程中产生的财务数据是很多很庞杂的，各项财务指标也种类繁多。财务部门做分析不仅是要分析表面上的财务数据信息，更要透过数据看实质，需要挖掘每个数据背后隐藏的业

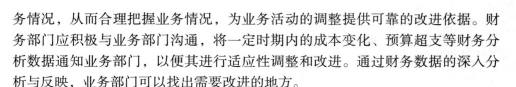

务情况，从而合理把握业务情况，为业务活动的调整提供可靠的改进依据。财务部门应积极与业务部门沟通，将一定时期内的成本变化、预算超支等财务分析数据通知业务部门，以便其进行适应性调整和改进。通过财务数据的深入分析与反映，业务部门可以找出需要改进的地方。

2.4.2 建立资本思维，展示未来价值

资本其实是对资源的"支配权"，通过对资源的支配，从而带来更多的支配权就叫作"资本运作"。

初创企业在做强公司主业的基础上，要学会善用资本，用资本来推动企业的发展，站在投资人的角度思考，更好地提高企业质量，展现企业价值。资本就好比一把利器，你利用它的目的，就是要突破一些障碍，让企业顺利发展，不能被它束缚，更不能完全对它产生依赖。企业发展的目标永远是盈利，在初期阶段，可以暂时不盈利，有资本支撑也不会破产，但必须有一个未来能盈利的商业模式和详细计划，资本愿意投资也是看中了企业的未来潜能。资本经济和市场经济之间最大的区别是多了一根杠杆，也就是说，初创企业先不要急于生产制造，租厂房搞规模，眼光要向外，先要做的是跑模式，把一小块业务跑通了，通过资本的杠杆快速复制，这就是资本的思维方式。创业者付出的就是资源的支配权，资本和资源叠加在一起，会产生复合性的价值，才会更加地值钱，才能快速地膨胀。因此，投资界有一种说法，即投资实际上是购买或整合资源并在经济中获得权力的行为。

善用资本的三大战略为：会计战略、财务战略、金融战略。

第一，会计战略。作为管理者，并不需要精通会计，但一定要懂得"会计策略"。会计策略的关键点可以总结为"三本当家"：资本、成本、人本。先说资本。资本对应的是资产负债表，它包括公司的投资活动、融资活动，说得通俗一点，就是"怎么花钱""怎么找钱"这两件事。再说成本。成本对应的是利润表。利润表包括两件事：经营活动和管理活动。很多企业家在看利润表的时候，往往特别关注收入，但笔者建议不要太关注收入，重点要看成本、看费用，看过程；利润表背后反映的不仅仅是一个结果，而是一个过程。因为利润表所对应的经营动作不是"开源"，而是"节流"，它所揭示的管理意义是"降本才能增效"。最后说人本。人本指的是公司经营团队的财务风格。"投的不是项目，而是人"，这句话很好地诠释了人在企业运行中所发挥的重大作用。

第二，财务战略。财务战略的最大特征是对存量资源的优化配置，正所谓"用好存量"。财务战略是以提高公司资金使用效率为目标的管理。企业家们看财务状况时，应首先关注现金流的状况，从而建立一个现金流和利润的平衡关

系。作为一个管理者，当他看利润的时候，脑子里头得有三个关键词：未来、发展、预期。所谓利润，不是让你关注过去多么赚钱，而是要关注未来公司还能不能赚钱，以及靠什么来赚钱。而当提到现金流的时候，企业家们也需要关注三个关键词：当下、生存、风险。现金流讲的是当下企业能不能活下去，以及靠什么活下去。对管理者来讲，利润和现金流问题，分别代表着战略和战术的问题。"战略上我们藐视别人，在战术上就要重视敌人"，用今天管理的语言来讲，细节决定成败。利润大开大合，需要的是你的眼光，而现金流注重的是细节，千里之堤毁于蚁穴，尤其在今天的背景下，现金流甚至比利润更重要。

第三，金融战略。金融战略实际上是一个外部资源的整合的能力，是一个技术加理念的问题。我们先不讨论技术，先重点关注三个理念上的转变。第一个转变是财务管理的转变。也就是说，从利润管理到价值管理的转变。财务管理更强调通过管理手段来提高资金使用效率，获得多少利润。但是公司金融强调资源整合和公司投资的价值的多寡。由于企业可能有利润但可能没有投资价值，企业没有利润也不一定没有投资价值，正所谓"有钱的公司"与"值钱的公司"之间的区别。第二个转变是管理者的转变。从内部管理到外部整合都需要转变，也就是说，作为一个管理者，不仅要履行职责，对企业内部进行管理，而且还要承担对外整合资源的责任。因此，眼睛必须向外，去整合资源。第三个转变是企业模式的转变。公司模式应由产业经营向产融经营转变。作为一个管理者，我们不仅要做好产业，还要做好金融工作。企业家应深入挖掘产业中的金融特征，运用金融手段进行经营；反之，金融支持产业发展，这就是产融结合。

2.5　案例：L公司初创期财资之路

L公司是由Z集团发起成立的控股子公司。

Z集团是一家地方国企，是一家有着60多年发展史的大型电子企业集团，在电子行业内实现了产业多元化发展，近二十年来，公司发展迅速，营收增幅几乎每年保持两位数增长。然而，当公司增长到一定规模后，持续保持高增长率变得越来越困难。Z集团在2020年决定拓展新的产业赛道，寻找新的增量。

经过充分的论证，Z集团最终选择了新能源汽车电子产业，并选择了其中两个细分领域。

2021年，Z集团成立了L公司，开始了汽车电子产业发展之路。

2.5.1　创组织、建体系——打下财务基础

"兵马未动，粮草先行"，为了实现总体战略目标，必须要有强有力的财务团队和与战略匹配的财资管理策略，做好大后方保障，才能让公司打赢一场又

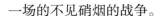

一场的不见硝烟的战争。

2.5.1.1 创立财务部，设计岗位

小陈——作为集团选优委派到L公司的财务总监，始终记得临行时集团负责人的殷切嘱托："公司发展得好不好，财务要起关键作用！作为集团派驻的财务负责人，你要担起重任，L公司是资源投入型的制造类初创企业，你一定要做好成本控制，并注重现金流管理。"

带着集团公司的期望，陈思远到了重庆。

财务部只有他一个光杆司令，第一步就是得马上招募人手，组建财务团队。

小陈想到初期业务规模不大，财务岗位设置尽量精简，设岗位人员5人：财务负责人、财务部副部长、成本会计、费用会计及出纳各1人。经过紧锣密鼓的招聘，财务部于2021年10月成立，直属经理层。

2.5.1.2 确定财务目标和角色定位

小陈组织团队结合公司的战略目标和初创企业特点，讨论并确定了L公司的财务目标和定位，分别如下。

初创阶段，财务管理主要任务是：实现财务预算、核算及税务三大基础功能；重点保障公司建立及业务发展所需资金；完成现金流安全及税务风险管控两大风险管控工作。

在初创阶段，财务定位是融于业务，为各项业务发展提供支撑和保障。从"引领、协同、平衡"的角度，做到服务业务，协同发展，平衡矛盾，财务融入业务相辅相成，推动业务发展。

2.5.1.3 "从无到有"建设财务管理体系

第一步：建立基础体系，保证财务的基础功能。

小陈参照集团财务管理体系，结合公司自身情况，建立了一套财务管理基础体系，保证财务的核算、预算、税务三大基础功能。

建立金蝶ERP财务信息系统，按月核算企业经营成果，编制财务月报、季报、半年报，满足基础核算功能；组织牵头编制公司年度财务预算；及时按法律法规进行税务申报。

第二步：税务拜访和优惠争取。

小陈到任后，及时去拜访了管辖税务局领导和专管员，建立联系，在依法合规纳税的同时，也积极争取税务优惠政策。L公司作为一家新落地公司，符合当地招商引资相关政策。

第三步：建立财务制度。

参照集团各项管理制度，逐步建立自身适配汽车行业运作的制度和办法，规范公司经营，见表2-2所列。

表2-2　财务相关制度统计表

顶层:财务管理制度	
资产类	成本类
固定资产管理制度	成本管理制度
应收账款管理办法	成本核算办法
存货管理制度	发票管理办法
无形资产管理办法	
资金管理办法	
费用类	其他类
差旅费报销制度	全面预算管理办法
费用报销管理办法	会计档案管理办法
研发准备金制度	

2.5.2　求生存、扎下根——财务管理历程

小陈深深地知道：作为一家初创企业，第一目标是生存。能生存下来，才谈得上后续发展。但生存哪有那么容易啊！创业之多艰，他在接下来的日子里，真正地体会到了。

2.5.2.1　销售回款慢于采购付款，周转之痛

2021年1月，公司正式营业。

公司很快拿到了第一笔订单，但遗憾的是，这笔订单不但毛利率为–10%，而且收款条件异常苛刻——交货后3个月才收款，而且还是付承兑汇票！也就是说公司做了一笔亏损业务，还要9个月才能回笼资金。

小陈找销售部门了解到，由于公司是新进入汽车市场，相当于抢别人的蛋糕，必须靠给客户让利才能进入客户供应商的门槛，否则连进入的机会都没有。销售部只能先做战略性亏损业务，先挤进市场，徐徐图之。

作为公司CFO，小陈知道基于财务风险的管理要求，必须将客户苛刻的付款条件转嫁到供应商头上，这样，公司才不会垫支太多款项，从而发生资金链风险。

对于小陈的要求，采购部在几天后予以了回复：由于公司采购批量太小了，寻了多家供应商，都不同意9个月的账期，最多同意1个月。而且有些芯片供应紧俏得很，需要全款现货，否则不保证供货。

基于此，他马上查了下对标企业的情况，做了对比表，见表2-3所列。

表2-3　与对标企业周转对比表

项目	L公司	对标企业		
		D公司	H公司	B公司
应收账款周转天数/天	270	87	112	113
存货周转天数/天	30	85	93	148
年销售收入/亿元	2	149.3	44.88	38.16
年采购资金量/亿元	1.4	119	32.23	26.95
注:对标企业数据来源于最近一期公开披露的报表数据。				

从表2-3上可以看出，对标企业收款和付款的账期差距都不大，而L公司作为行业新进企业，收款速度远远慢于采购付款速度，也就意味着：要完成采购-生产-销售一个完整的周期，需要垫付比别人更多的资金。按照销售2亿元（毛利15.5%）来测算，需要垫付1.75亿元资金8个月。

接下来的几个月，小陈让采购部持续建立与供应商的合作关系，保持长期稳定合作关系，最终努力将账期从30天延长至48天，且重要芯片保证付30%预付款就可以供货。

提升周转率有了小小的一点进步。小陈相信未来随着公司规模的扩张，面对客户和供应商会越来越有话语权的。

2.5.2.2　毛利不能覆盖成本费用，利润之痛

1. 亏损及盈亏平衡点分析

除了第一单是战略性亏损外，后面的订单都开始有毛利，从刚开始的3%、5%，逐步上升到10%，一年后，达到15.5%，基本达到行业当时的平均水平了。

2022年7月，公司的毛利已经达到了15.5%。在开经营分析会时，某些非财务领导对报表仍处于亏损提出了异议。小陈对公司亏损的原因和盈亏平衡点进行了汇报。

首先测算开门费。L公司固定成本费用为5600万元/年，平均到每月为467万元，平均到每天为15.5万元。这就是所谓的开门费用，包括人工成本、厂房租金、设备折旧、办公区装修分摊、物业低耗安保等。即只要公司开业一天，哪怕不进行任何销售生产，都要消耗这么多钱。

其次再算最终盈利。公司7月实现了销售收入2500万元，毛利润388万元；公司除了上述的固定成本费用外，还有变动成本费用100万元，如研发耗材、销

售业务费、差旅费、水电、办公用品等，固定+变动成本费用共计567万元，显然毛利润388万元是覆盖不了的，就会造成利润亏损179万元。

最后做总结。公司目前仍然亏损是因为固定成本费用高，而销售收入还未上到一定量，毛利不能覆盖成本费用，产生不了边际效应，因此最终还是亏损。

要达到盈亏平衡点，公司的营收规模必须达到一定量，毛利总额才能覆盖固定成本费用。测算出全年需要实现4.4亿元的营收，平均到每月是3654万元，现在的营收规模还差距很大。根据规划，估计到2024年才会实现。

2. 未来盈利预测

小陈对于财务指标了然于心，他认为很有必要再给公司领导汇报下未来几年的盈利预测情况，以便领导进行全局掌控和决策思考。

公司成立之初投放市场的产品由于是老产品简单改制，技术含量并不高，市场竞争激烈，量和毛利率都做不上去，因此达不到盈亏平衡。预计到2024年，公司正在研发的新产品上市后，会占领更多的市场，毛利率也会提升到20%，公司才会逐步开始盈利。预计到2027年，公司实现年营收20亿元，利润2亿元。

3. 初期提升利润措施

L公司等不到第3年盈利，因为Z集团在2021年——公司开张的第一年就下达了营收2个亿、利润400万的指标。

L公司高层经过认真分析，认为营收指标是有望达成，但听了CFO小陈对盈亏平衡点的分析后，对利润是无论如何也完成不了的事实有了一定理解，但都期望财务总监能有办法将指标优化。

小陈站在财务管理的角度上提出了三条解决措施。

一是进一步加大市场开拓，公司的生产线目前还有剩余生产能力，可以接一些代加工业务，虽然毛利率低一些，但总归会增大营收，提高毛利总额。

二是开展成本费用控制，提高生产效率，不该花的钱绝不能花，要花的钱也要尽量节约实现少花钱。

三是积极争取新创企业的地方优惠政策和税费减免。

经过公司上下齐心努力，公司年末亏损控制在了100万以内，虽然无法盈利，但做到了减亏。

2.5.2.3 各方争资源投放，聚焦之痛

初创期企业，资源有限，而想法很多。

2022年年初做预算时，针对研发项目立项，小陈作为评审人员之一，参加了公司的立项评审会。会上公司评审组成员争执不下，左右为难。大家都明白

未来发展得好不好，要靠现在的研发来打造核心竞争力，研发投入一定要舍得！但是面对研发部列的20多个项目，总预算额近1亿元时，都对如何选择犯了难。

每个开发人员对自己负责的项目进行了挨个介绍，都希望争取到资源能被公司立项。评审人员发现20多个项目，各有各的好，有些是改进型开发，能很快投入生产销售带来现时收入；有些是应用型开发，能在未来1—2年内进行生产转化并带来收入；有些是预研，研发周期都需要2—3年，能不能研发成功，未来市场需求有无变化都很难预计……

但是公司资源有限啊！不可能像财大气粗的成熟期公司一样，只要有价值有意义的项目都去搏一搏。

小陈站在财务投入产出比的角度，提出与其分散资源到各个"小土豆"，还不如聚焦资源重点打造几个项目，将技术和功能反复打磨，要出就出精品，这样的产品在未来的市场竞争中才最有可能脱颖而出。评审会最终选取了6个项目进行立项，且对短、中、长期都进行了搭配组合。

2.5.2.4 能力建设投入大，资金之痛

1. 资金缺口及首期融资方式

能力建设是L公司初创的重要目标。L公司作为重资产型公司，为打造未来的百亿产业，在一开始就定下了重视建设、打牢基石的计划，在建设生产能力、研发能力等方面计划投入很大。

根据规划，L公司建设期跨越4年（2021—2024年），总投入5亿元，将建成年产不低于500万台套供货能力、保障年销售收入超20亿元的产研一体化基地。

但是，公司的初始资本金只有2亿元。

小陈上任后，就知道他在这个公司最大的压力就是筹资压力。

L公司前3年都要烧钱的，根据规划，建设期第一年就要投入2亿元到能力建设上，加上公司运营资金，初始资本金甚至连一年都支撑不了。

小陈压力很大，资金筹划成为他面临的重大任务。

第一步：算清资金缺口。

首先，做好资金测算，摸清短、长周期资金缺口。

采用类比分析法，选取与公司具有较强业务相似性的3家上市公司，分析其相关财务数据，以此推算L公司的长期资金需求，见表2-4所列。

表2-4　部分上市公司财务数据

公司	营收规模/亿元	资产规模/亿元	总资产周转率/%	资产负债率/%
D公司	149.3	137.6	1.25	52.44
H公司	44.88	60.49	0.81	35.57
B公司	38.16	76.09	0.52	36.73
平均数	77.45	91.39	0.86	41.58

注：以上数据来源于上市公司公开年报。

参照同行平均水平，L公司要实现2027年营收规模20亿元，按总资产周转率0.86测算，需要匹配23亿资产规模，在减去初始资本金2亿元和成立之日至2027年累计获取的预计经营净利润6亿元后，预计尚有15亿元的资产缺口。

从短期看，前3年的能力建设资金5亿元，加上运营周转资金1.7亿元，也是近7亿左右的资金缺口。

第二步：能力建设重新规划分期。

将原规划第一年的建设目标进行调整，以建立基础的产品研发能力和满足客户审厂要求为建设标准，将计划建设的10条生产线压减到3条、达到年产能100万台套的生产能力调整到50万台套；投资总额从2亿元调减到1.5亿元。压减的建设项目放到后面的年份，待筹资到位后进行建设。

经过重新规划分期，大大减小了第一年的资金压力。

第三步：根据资金缺口，做好融资规划。

重新规划分期后，L公司2亿元的资本金可以多支撑一段时日了。但钱总有用完的一天。

小陈与多家银行进行了接洽，积极寻求贷款。但几乎所有的银行都拒绝了他，原因就是L公司是初创型公司，没有历史业绩支撑，未来业务的不确定性较大，风险较高，银行不敢冒这个风险。

小陈也深知作为初创企业在融资上处于劣势，必须从资本金和战略融资入手争取出资人和风险资金的扶持。于是，在更详细地测算公司发展资金缺口后，定好匹配战略的融资规划后，积极开始了开拓融资渠道的工作。

2. 融资策略

L公司作为重资产投入的初创型公司，从事新产业、新业态业务，属于较高风险和不确定性的创新业务领域，最适用的融资战略是：主要以股权融资为主，关联方借款、信用担保贷款、债券发行等其他方式为辅。

因此，小陈联合整个经营层团队，也借助集团公司的力量，积极主动寻找战略投资者。一年过去，已寻到3家意向投资企业和2家意向投资基金，为公司的后续发展资金需求提供了一定的保障。

2.5.3　尾言

L公司运营1年多，建立了较为完善的财务核算体系，在财资管理的过程中也面临利润低、周转慢、资金缺乏筹资压力大等问题。

"应该好好总结并分析问题了！"小陈明白，公司运营经历一个完整的财报年之后，需要总结经验和问题，才能更好地指导未来。

小陈心里已经有了思路，L公司财务的下一步重点在于依托于战略规划，制定完善相应财资规划，辅助战略目标的落地实现；同时提升财务团队的专业能力和综合素质，打造一支学习进取型的优秀财务人才队伍。

第3章 成长的阵痛——立规矩

企业克服初创期万般艰难险阻后，在竞争激烈的市场环境中生存下来，即进入企业发展的成长期阶段。在成长期，企业市场份额不断增加，规模经济开始发挥作用，实力快速增强。成长期企业能感受到高速增长的成就感，也体会着发展过程中的种种苦涩，尤其是背离发展过程中应遵循的"规矩"，将会给企业经营带来巨大的风险。

3.1 成长期企业的战略、经营特点

增长，几乎是所有企业的一致追求。

在企业经营者看来，增长是他们最喜爱的经营特征：增长意味着产出更多，资金周转效率更高，企业价值处于快速积累阶段。在经营过程中具体表现在多个方面，成长期企业业务量及收入在短时间内复合增长率较高，体现为较陡峭的增长斜率，经营规模扩张比率呈现出两位数甚至三位数的增长；现金源源不断地流入企业，转瞬间资金又被投入购置厂房、设备以及新增人员中，进行生产力-销售扩张的经营循环。

但如同硬币的两面，企业经营者在享受增长带来的良好业绩和成就感时，自己身后所处的企业可能正在发生细微而持续的变化，影响着企业在成长期后进入成熟期（或是第二发展曲线），甚至不幸落入衰败期，如图3-1所示。

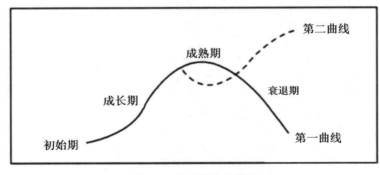

图3-1 企业发展曲线图

3.1.1　增长的特性

　　麦肯锡的三位资深顾问梅尔达德·巴格海（Mehrdad Baghai）、斯蒂芬·科利（Stephen Coley）与戴维·怀特（David White），对世界上四十个不同行业的增长型企业进行深入研究后，在《增长炼金术——企业启动和持续增长之秘诀》一书中提出关于增长的三层面理论。

　　三层面理论指出：增长有三个层面，第一层面是确保并拓展核心业务的运作，第二层面是开展即将涌现增长动力的业务，第三层面是创造有生命力的未来业务。企业要想实现增长就必须同时管好增长的三层面。通俗来讲，就是要有现金流业务、增长型业务和种子型业务，如图3-2所示。对于企业而言，要实现持续增长，就要充分考虑的增长特性，结合成长期企业实际经营状况选择合适的发展路径。

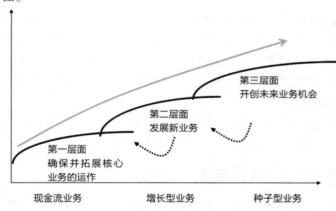

图3-2　麦肯锡的增长三层面理论

3.1.1.1　内生式增长与外延式增长

　　企业发展可概括为内生式增长和外延式增长两条路径，多数企业通过内生式增长带来发展，而当企业具备相应的资源整合能力后，以内生式和外延式并行的状态实现增长，推动企业进入下一周期阶段。

　　企业内生式增长理念来源于20世纪80年代中期西方宏观经济学中以罗默为代表的新增长理论，理论核心内容为知识和技术研发是经济增长的源泉。引申到企业内生式增长理念可概括为企业通过技术进步、产品创新、商业模式变革来实现内生式增长。可以把内生式增长理解为可持续发展，可持续发展是企业，尤其是成长期企业发展的核心能力。

　　与内生式增长相对应的是外延式增长，企业主要依靠外部经营资源的追加投入从而实现增长发展。当企业成长到一定规模时，出于优化资源配置、打压竞争对手、提升产业协同能力等目的考虑，往往会通过纵向并购整合产业链、横向吞并竞争对手或者混合并购方式，实现经营扩张和快速增长。企业在并购后能否实现资源整合与协同，进而强化增长力量是外延式增长的关键所在。

3.1.1.2　成长型企业不同的发展动力

第一，经典型。在这种企业发明并提供某项新产品之前，市面上并无该类产品，更没有消费者知道该项产品可满足他们的需求。这类新产品是企业技术创新成果。经典类成长型企业通常都是来自新兴行业，新产品一旦投放市场，将会给企业带来高速增长。

第二，市场份额型。这类企业通常涉足于成熟行业，企业通过商业模式创新，采取较同行更为优越的市场推广或更好的客户策略，从竞争对手那里夺取市场份额。

第三，整合型。整合型企业通常处在高度分散化、竞争激烈化的成熟行业，企业不是通过新产品研发，也不是通过市场拓展，而是通过购买整合其他同类型企业实现快速增长——每收购、整合一家竞争对手意味着更多的市场份额，对行业市场的定价权在逐步加强，同时合并还会带来协同效应，降低总体成本，实现利润的增长。

综合看来，企业发展过程中选择内生式增长路径带来的增长持续性更久，而选择外延式增长路径产生的增长效果在短期内更加明显。

3.1.2　战略是企业发展增长的定力

成长期企业面临的机会多、选择也多。选择发展方向并坚定走下去，最考验一个企业的发展定力。很多成长期企业在高速成长过程中，由于战略上的不明晰导致发展选择出现失误，错失发展机会，难以在经营道路上走得更加长远。

1976年美国企业家兼学者安索夫第一次提出了战略管理概念：战略管理是指将企业日常业务决策同长期计划相结合而形成的一系列经营管理工作。后续关于企业战略可归纳于一点：战略管理的目的是要通过优化资源配置方向，提高企业发展能力，实现经营增长；战略管理关注的核心问题是企业成长方向。

3.1.2.1　战略管理上的"不可为"

第一，举棋不定错失发展良机。每个行业有着自身的发展逻辑，都有巨大的市场潜力和商业机会。随着行业不断发展，参与该行业发展竞争的企业日益增多，企业间竞争日益激烈；并且企业在经营过程中还要考虑到供方采购议价对企业利润的影响，客户议价能力对销售价格的冲击，以及行业替代品对现有行业参与者的威胁。

很多时候就是行业初期看似市场机遇很多，每一个细分领域都有发展机会。但要么企业摊子铺大了，分散资源，无法在特定细分领域实现精耕细作；要么举棋不定，在某一细分领域浅尝辄止后，又把资源投放另一领域，战略方向存在摇摆，导致经营资源极大浪费，最终企业在行业快速发展中败退，错失良机。

第二，战略方向选择失误。成长期企业如果方向选择错误，那么它越努力发展越会与目标背道而驰。企业干什么、如何干、能不能干、有没有干的价值，这都是企业战略需要研究的问题。科学而又清晰的定位，对一个成长企业来说至关重要，战略性的选择失误对企业的成败是致命的影响。同时，战略方向选择后需要持续进行评估判断，当识别到战略方向上的错误要下决心承担沉没成本，及时调整战略方向。

3.1.2.2　总体战略分类

成长期企业总体战略主要包括单一经营战略、纵向一体化战略、多元化战略三类。

类型一：单一经营战略。

企业单一经营战略是指企业将全部资源集中使用于最能代表自身优势的某一技术、某一市场或某种产品上的一种战略。在企业成长期的初级阶段，企业规模比较小，企业自身核心竞争力还没有构建起来。企业经营者要从企业自身的成长基因出发，发挥优势采用单一经营战略做精做专以积蓄力量。单一经营战略可以集中各种资源优势、创造竞争优势提高企业价值创造能力，实现规模经济。但单一化经营战略也有一定劣势。例如，有可能造成资源浪费；与产业兴衰密切相关，存在较大行业风险等。若成长期企业所处行业市场规模较大、所进入产业盈利空间大、产业发展可持续性强，而企业经营特点适应专业化经营，那选择单一化经营战略将是这类企业在成长期的首选。

类型二：纵向一体化战略。

纵向一体化战略是体现在成长期企业在其业务链、产业链上的延伸。纵向一体化实现方式有两种。一是通过兼并企业产业链上下游相关企业来实现，二是以内部业务拓展的方式进入上下游企业。通过纵向一体化战略实现协同效应，降低经营成本，抢占重点市场节点等经营目的，推动企业经营快速增长。但同时也面临着整合成本增加、管理困难加大的风险。

纵向一体化战略又可分为前向一体化和后向一体化两种。

前向一体化是指成长期企业通过获得与其相关经销商、零售商的所有权或加强对经销商、零售商控制，让企业更加接近市场消费者、能更好地满足消费者需求的战略。前向一体化能拓展更多销售节点，进一步拓展市场规模。当成长期企业所处行业发展前景良好，企业自身也具备发展业务所需各类经营资源时，企业可采用前向一体化战略确保业务规模高速增长。

后向一体化是指成长期企业为获得对供应商的所有权或加强对供应商的控制权，以加强企业自身采购议价能力，保障供应链安全的战略。后向一体化可为企业提供足额、稳定的材料供应，并能发挥规模效应压缩采购成本，实现利润的增长。当成长期企业所处行业发展潜力巨大，企业自身也具备发展业务所需各类经营资源时，企业可采用前向一体化战略实现利润规模进一步扩张。

类型三：多元化战略。

当成长期企业所在产业扩张力度已缺乏弹性、外部经营环境也随产业市场饱和转向恶劣时，踏入其他行业领域将成为企业首选。成长期企业采取多元化战略可以分散企业经营风险，创造协同效应，进一步扩大企业控制市场规模，实现新的增长。但企业推进多元化发展除了具备相应的经营资源外，还要防范多元化分散企业发展精力，既有经营经验无法复制到新产业领域发挥相应作用，导致企业在新行业领域发展受挫，使成长期企业陷入经营困境。

3.1.3 成长期企业经营策略

在选定战略方向后，成长期企业可结合自身实际经营状况选择并实施相应的经营策略，经营策略按不同侧重点可分为成长型策略、竞争性策略两大类。

3.1.3.1 成长性策略

成长期企业为实现经营规模增长，需要把精力和市场资源投入市场开发工作中，通过市场开发来挖掘产品潜力，从而实现规模更快增长。同时还要加强产品开发，企业要从市场需求出发，改进老产品或开发新产品，以此扩大市场占有率并增加销售额。成长性策略可再细分为市场渗透策略、市场开发策略、产品开发策略。

第一，市场渗透策略。市场渗透策略就是成长期企业把现有产品更大量地投放到现有行业市场中，以进一步增加销售量。市场渗透策略实施的具体做法包括扩充销售人员、增加广告开支、采取更为广泛的促销手段或加强公关宣传。采取市场渗透策略主要是为稳住老顾客，同时吸引新用户；由于熟悉产品和市场，所以采取该策略对企业产生的经营风险相对偏小。

第二，市场开发策略。市场开发策略是指成长期企业面临现有行业市场饱和的情况，把现有产品放到新行业市场中去销售做法，具体做法包括寻找潜在用户、拓展新的销售渠道。

第三，产品开发策略。产品开发策略指成长期企业用改进型老产品或通过技术研推出新产品来扩大市场占有率、增加销售额。当企业具有一定技术创新能力，可通过产品开发的方式满足主市场需求，适应市场变化。

3.1.3.2　竞争型策略

企业竞争型策略主要是指企业产品和服务参与市场竞争的方向、目标、方针及其策略。主要分为低成本策略、产品差异化策略、市场集中策略。

第一，低成本策略。低成本策略是指成长期企业在较长时期内保持行业范围内的低成本地位，通过控制产品价格的方式来扩大市场占有率，从而取得竞争优势。企业可通过组织结构调整、提升改良现有生产能力来降低产品成本，也可通过扩大对供应商的控制力，获得具有价格优势的原材料，进而降低产品成本。实施低成本策略要注意技术替代、市场需求变化等风险。

第二，产品差异化策略。产品差异化策略指成长期企业向客户提供产品在行业市场中具有独特性。使其更能赢得客户信任，客户对该类产品价格敏感度下降，企业从中获利较高。成长期企业在实施产品差异化战略时，应及时掌握市场需求变化，及时调整应对。

第三，市场集中策略。市场集中策略指成长期企业通过满足特定客户的产品需求，或者集中服务于某特定区域市场，来建立企业竞争优势以及实现经营增长。该策略多用于市场容量大，细分程度高的行业，企业在实施过程要注意客户需求变化对经营带来的风险。

3.2　成长期财资特征及表象

成长期企业在经历高速增长后，其经营状况、资产规模、负债结构、资本构成、现金流量均发生较大变化，点状数据背后的财务管理体系与企业各利益相关方的关系面也较企业初创期发生较大变化。

3.2.1　主要财务指标

第一，经营状况。成长期企业处于业务高速增长阶段，企业市场占有份额快速增加，并逐渐形成自身的核心竞争力，因而销售收入快速增长，从而带动利润额同步快速增加。毛利率、销售利润率、资产报酬率、权益报酬率均处于相对较高的水平。

第二，资产规模。在资产规模上，随着成长期企业经营规模的增加，企业应收账款、存货等流动性资产的投入和存量金额将会增加，同时这些用于经营的流动资产周转效率也高于平均值。由于企业扩产对厂房、设备需求扩大，账面上固定资产、无形资产等非流动资产项目金额增加，并消耗了企业业务高速增长产生的部分经营性资金净流入。

第三，负债结构。负债变动情况与企业经营增长和资产总额的扩大呈现出正相关关系，流动负债与非流动负债均有不同程度增长。一般而言，成长期企业流动负债增加金额大于非流动负债，主要是企业为开展高流动性业务从金融机构借取短期借款，并运用与供应商占有优势的议价能力和与客户积累的合作关系适时扩大应付账款和预收账款规模，用别人的钱助力企业自身发展，发挥财务杠杆作用，企业资产负债率通常处于较高水平。

同时成长期企业相对良好的经营状况使得金融机构有意愿向企业投放长期借款，可部分满足成长期企业需在非流动资产上投入的资金需求。

第四，资本构成。企业成立时获取的投资人资本投入助力其度过初创阶段，企业经营者已用尽初始投资的每一分钱，成长期企业因业务增长面临更大的资本投入需求，而投资者在看到企业高速增长的业绩也倾向于扩大资本投资以获得更多资本回报。资本总额在企业成长期阶段将会大幅增加，资本来源呈多元化。影响资本构成的因素既有业务扩张对资金的需求，也有企业经营者希望通过引进资本带来其背后能为企业所用的经营资源的想法，以及以资本为媒介实现员工激励的考虑。资本构成的任何细微变化都将会对成长期企业发展产生深远影响。

第五，现金流量。成长期企业现金流量可分为经营类、投资类、筹资类。这三类资金流量分别有各自的特征表象。

在这一阶段企业销售收入持续增长，与业务活动相关的存货周转天数和应收账款周转天数相应缩短，应付账款周转天数相应延长，经营活动产生的资金流入普遍大于流出，形成资金净流入。既可用于企业经营业务再循环，也可用于购买部分设备，进而扩大经营规模。

投资类现金流量在这一阶段呈现出资金净流出的特征，主要是成长期企业为满足市场需求扩大经营规模，进而需要补充经营所需的固定、无形资产，甚至需要并购企业。这类长期资产的投入具有单项金额大、回收期长的特点，因此成长期企业投资类现金流量普遍呈现出净流出的特点。

筹资类资金流量是企业在不同生命周期阶段，尤其是成长期阶段对企业发展有着重大影响，成长期企业依靠快速扩张的业务增加了经营现金流量净流入。但这并不能完全满足资金需求，企业还需要进行外部融资，融资种类可主要分为直接、间接融资两类，资金来源包括金融机构、战略投资者、财务投资者、企业内部员工。由于成长期企业要求经营规模与资金实现同步增长，且该生命周期企业普遍不进行股权分红或股权分红金额偏低，筹资类资金在此阶段特征主要为净流出。

3.2.2 成长期财务活动表象特征

第一，持续高增长带来财务指标之外的价值提升。成长期企业各类财务指标增长背后的附加价值为企业下一阶段发展进一步赋能。成长期企业能让利益相关方在其增长找到业务机遇，与各利益相关方形成良性、互动的增长循环，给成长期企业带来如下附加价值

供应商对成长期企业信任的增加，可为企业带来更多信用价值，能使企业有信用背书占用更多供应链资源，如可降低采购价格、延长对供应商付款的账期、获得稳定的采购供应能力等。

取得并扩大稳定、优质的客户资源。随着成长期企业经营增长，所服务的优质客户数量扩大，客户需求稳中有升，在企业经营效益增长的同时也让企业有更强的能力和更多的方式回馈客户，形成一个良好的循环。

获得更多市场参与者，尤其是潜在投资者的关注。资本市场更会关注高增长的行业和企业，高增长往往代表着高成长性和乐观的前景，投资者乐意投资参与其中并分享企业高速增长的经营成果。

争取更多政府机构的扶持。成长期企业经营上规模、上台阶能够更好地带动企业所在地经济发展，创造更多就业，同时也更容易获得来自政府的政策扶持。

第二，成长期企业投资人的宽容度更高。如果初创期企业更多的是需要具有慧眼的投资人给予天使投资的话，那么对于成长趋势显现，企业模式、产业领域价值得到认同的企业，投资人宽容度会更大。一旦成长期企业以及其所在行业的发展被投资者所认可，未来经营增长成为经营者与投资者共同的期待，借助对企业高增长的预期，成长期企业融资能力表现将会越来越好，形成良性循环。

第三，财务现状无法精准反映企业投资价值。财务指标特征只是投资人对企业关注的一个方面，因为主要基于历史成本的财务指标不能完整、准确反映企业未来价值。投资者更看重企业主业发展的环境，公司的发展目标、商业模式、人才储备、技术储备、客户资源等影响未来持续发展能力的要素。而这些发展能力最终在企业发挥作用的效果是由企业经营者实现并展示出来的。企业经营者与投资者之间应建立起良好的沟通机制，使得双方能对企业价值判断更准确。

3.2.3　成长期企业财务及相关经营问题

3.2.3.1　企业战略偏离主航向

成长期企业战略方向应逐步由争取生存上升到争取有利发展机会和各种发展资源这一层级，把握机遇使企业高速、健康成长。这需要企业经营者要保持清醒头脑，认真分析企业内外部形势，全面估计自身实力。不能仅因前期取得

的阶段性经营成果而沾沾自喜，把企业经营链条拉得过长，造成经营上的顾此失彼，使企业陷入发展困境。而全面、准确、及时的财务信息以及透过现象直达经营本质的财务分析，将是企业经营者把握发展机遇、做出理性判断决策的重要工具。

3.2.3.2　经营资金需求与供给的结构性矛盾

"现金为王"是企业经营者耳熟能详的一句话，但在具体经营过程中仍会产生资金管理失误进而拖累企业经营的现象。成长期企业经营高速增长可产生相应的资金流入，但不能忽视同时间段的资金流出，其中刚性资金支出比例较高，会使得企业到期偿付资金压力偏大。若企业高速发展趋势出现波动，经营过程中应收客户款项短期内骤增，导致经营资金流入金额低于预期；抑或是已通过研发活动、固定资产投入花费大量资金，而经营产出和资金回流低于预期，都将会造成企业流动性紧张甚至是形成流动性风险。不仅抵销掉前期留存的经营性资金盈余，还需要从外部融资来填补资金缺口。

尽管成长期企业高速增长的业绩为其在金融和资本市场创造了一定的知名度，但短时间内直接或间接融资方式取得资金仍是有限的。银行或其他金融机构通常会更加倾向于向规模较大、信用评级较高的企业（多为成熟期企业）提供间接融资支持，对成长期企业而言间接融资无法有限满足其资金需求。而转换到采用股权融资、债券融资等直接融资方式，又会陷入硬性条件要求高、融资工作周期长的困局，使得短期内企业在这一方向上的融资工作颗粒无收。

当成长期企业内、外部环境对资金链造成任何细微的冲击时，都应引起企业经营者的高度重视，放置不管或处置不当轻则影响企业短期经营业绩，重则葬送企业发展前途。

3.2.3.3　财务管控体系与企业发展所需存在差距

成长期企业经营规模扩大，需要构建与之相匹配的组织架构与管控体系，提升与之相适应的组织运行能力。但企业从初创期发展到成长期，企业本身未能及时应对这种变化，各类经营资源、组织架构建设主要集中在销售、研发、产出等方面，财务管理部门可获取的经营资源偏少。显著特征是财务人员偏少，财务管控内部岗位设置不全面；财务管理部门内部职责分工缺乏科学性，一人身兼数职甚至是互不兼容职位；财务人员能力素质无法胜任企业高速发展期间的工作需要；财务管理部门缺少引入外部专业机构开展提升财务管理水平的经营资源。

由于资源缺乏，部分成长期企业财务管控无法有效服务企业发展，造成管理短板拖累企业发展。体现在以下几方面：财务数据全面性、准确性、及时性均低于预期，在具体业务层面上无法为企业产出部门提供指导建议，在公司确定战略方向、选择经营策略时无法提供有效的决策支撑。财务数据质量上的薄弱、人员素质参差不齐导致财务管理部门很难运用好如全面预算、内部控制等现代化财务管控手段，拖累企业整体管理水平提升。缺乏与外部利益相关方（与财务管理相关）的沟通、协调经验，在为企业争取外部良好经营环境时存在角色缺位的状况。财务部门可以解决企业短期资金需求，但缺乏从企业高速发展需结合资本市场的角度整体考虑企业获取资金及从资本市场获取其他经营资源的能力。

3.3 成长企业的财务组织与职能转变

随着成长期企业快速发展，财务管理在其中发挥的作用越来越重要，企业财务管理目标和企业经营目标保持高度一致性。

财务管理要分层级发挥自己的作用：要发挥好自身财务数据的掌控者、经营决策的支持者、资本市场的参与者这些角色职能。而这背后需要企业经营者提升对财务工作的重视程度，对财务组织进行解构重建，匹配相应经营资源，明确其职能职责，工作内容要专业对口。

3.3.1 财务组织建设

3.3.1.1 组织架构

成长期企业业务基础变广，管理幅度变宽，必然对财务管理提出更加全面和细致的要求。单一流水记录式财务会计已经不能满足其需求，简单的会计组织结构也不能适应企业经营发展需要。企业在该生命周期的财务管理工作更加细分为不同的业务条线，构建精细化管理模式。客户层面的应收管理、供应商层面的采购管理、税务层面的税务管理、内部管理的费用控制和融资层面的资金管理等都是企业必须关注的方面。同时对财务的管理需求会逐步增加，即从基础核算派生出预算管理、财务分析、内部控制等管理要求。一般发展期财务组织职能及基本结构如图3-3所示。

图3-3 财务部门组织架构图

成长期企业必须设立独立的财务管理机构。财务管理机构首要职能是健全和完善财务核算基础。财务管理机构设置要充分考虑企业业务开展状况，例如，针对销售收入设置应收管理岗、采购设置应付管理岗，研发类企业还可以设置单独研发财务管理岗。围绕具有共性的企业经营活动设置财务管理岗位，如企业费用管理管控，财务管理机构需设置费用管理岗、职工薪酬管理岗。要结合财务对外工作设置相应岗位，如与金融机构打交道的资金管理岗位，协调税企关系的税务管理岗位，负责财务报告及应对审计的总账管理岗位，财务管理机构职能分布如图3-4所示。财务管理机构下设岗位要根据企业规模的发展，可设置为一岗多人或者一人多岗，但是要坚持不相容岗位分离原则。

初创期企业财务机构主要承担财务核算职能，而成长期企业财务机构就要担负核算和管理的双重职能。该生命周期企业财务核算工作与财务管理工作基本是交叉进行，在不断健全企业财务核算基础上，通过专业化的分工提升财务活动的效率和效果，以适应企业发展财务管控要求。

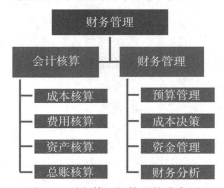

图3-4 财务管理机构职能分布图

3.3.1.2 财务组织人才建设

随着成长期企业规模扩大，财务管理机构人员数量需求增加，且人员需具备更加专业的综合素质，才能高效、规范地开展财务管控工作。这需要对企业财务工作人员综合能力体系进行系统性建设：财务人员在具备财务核算知识基础上，要了解所在企业业务情况和发展方向，要清楚企业各部门的职责和工作流程，要善于从外部专业服务机构配合解决企业问题时从中学习相关知识及经验，帮助企业提升财务管理水平。同时，为快速提升财务队伍综合素质水平，新招财务人员需具备专业的财务知识和技能，同时还要有沟通、协调和领导能力。

3.3.1.3 完善财务信息系统

随着成长期企业规模扩大，财务信息数据量和复杂度也会随之增加，企业需要建立与之匹配的财务信息系统，以便进行财务数据收集、分析和报告；同时财务信息系统也需要不断扩展和升级，以适应成长期企业高速发展的需要。例如，企业掌握及运用市场信息的优劣程度将直接影响企业经营成效，这要求信息从高层管理人员流转到中、基层管理人员以及基层员工这一过程高效、顺畅，且传递过程中信息不失真。不仅需要参与人员具有相应的高素质，还要有信息系统进行辅佐支持。其中，财务信息系统在企业信息化体系中具有重要地位，不仅要全面、准确、及时反映各项财务信息，还要能为各类需求人群提供相应的财务数据。财务信息系统需要各类硬件设施作为基础，更需要投入人员进行系统架构及持续维护，上述投入将会持续产生成本尤其是人工成本；而随着企业规模扩大，经营信息量增加，相应也会增加财务信息系统运维成本。

而随着大数据、人工智能的快速发展以及5G通信技术的进步，有助于成长期企业运用新技术更新财务信息系统，既能更好满足企业信息需求，也能降低信息系统运维成本。通过新技术加持的财务信息系统有助于构建企业经营决策、评价、激励以及监督"四位一体"机制，推动企业各部门、各业务流程高效、有机运转，为企业各类经营活动做出最优决策提供支持。

3.3.2 企业财务职能转变

3.3.2.1 从财务管理方向提升风险应对能力

成长期企业面临的各类风险在其高速增长过程中不断增加，同时企业风险管控体系也在不断提升、完善中。企业财务部门参与的风险管控活动也从单一的费用报销、资金支付等风险控制点扩展到全面构建运行风险管控体系，体系主要涵盖风险评估、预警和控制活动等方面，从多层级降低运营过程中的风险。

要提升风险应对能力需加强财务信息的披露和透明度，不仅能让外部投资者和利益相关方了解企业经营状况和风险情况，还能促进企业持续做好规范性工作和合规管理，提升财务信息质量，并为实施各项风险管控铺垫基础。

结合企业实际经营状况，财务层面加强风险管控应突出开展资金风险管理和全面预算管控，避免资金无效使用和资金损失。企业应完善资金管理制度，内容上包括资金使用审批、流动性控制等方面，杜绝再次出现在初创期仅凭个别人员指令就可调动企业大额资金的情况。在此基础上逐步建立企业全面预算管控体系，强化企业资金支出项目的合理性，并与资金管理制度联动，提升企业资金运行效率，避免遭遇企业流动性危机和资金低效运行风险。

成长期企业对外投资和融资活动均是其发展过程中的重大专项活动，财务管理部门在其中扮演非常重要的角色。在企业投融资活动落地实施过程中，财务管理部门应格外注重其中的高风险环节：融资成本过高压缩企业利润空间的风险、融资期限错配影响到期偿付而造成流动性短缺的风险、投资项目因选择失误影响企业经营发展的风险等。财务管理部门要与企业其他业务部门做好协同，对投融资项目进行全面准确的风险评估，建立相应的风险防范和应对机制，并选择在合适节点介入风险管控活动中。

财务管理部门作为企业经营链条中的重要环节，除了要做好自身工作领域的风险管控工作，还要协助企业其他部门开展风险管控，从制度建设、流程优化、岗位职责划分方面入手，提升企业整体风险管控能力。

3.3.2.2 让财务管理赋能企业经营决策及实施

成长期企业财务管理部门的一项重要职责就是站在全局层面为企业决策提供支持，包括战略方向及经营策略等方面。支持内容不是简单的数据陈列，而是要从企业经营内外部环境、经营业务特点、已有经营业绩与规划偏离程度等多方面进行分析，并提供具有可操作性的建议，为企业经营层决策提供全方位的支持服务。同时财务部门要根据企业已确定的战略方向和发展方向，制定配套制度，实施相应财务战略，包括资金筹措、资本结构优化、投资决策等；协助企业经营层把纸面上的经营决策落实成具体经营活动。

3.3.2.3 提升企业业财融合能力

成长期企业财务管理与业务活动同属企业经营过程中的重要环节。通常情况下企业财务管理就是对企业筹资、投资、盈余分配等环节进行管理，业务活动就围绕企业经营过程中的生产、研发、销售、市场推广等专业环节开展工作。

任何企业都是先有业务，再有财务，两者相辅相成，缺一不可。从业务角度来看需要财务管理发挥支持作用，而财务管理通过业务活动来呈现企业经营状况。财务管理以资金运动为对象，推动企业实现价值最大化，而业务活动是企业经营运行的具象形式，以资金运转为支撑，是实现企业价值创造和价值增值的主体。两者虽然各有自己的运行规范与标准要求，侧重的任务职责也各不相同，但两者最终目标是一致的：都是为了提高企业经济效益，促进企业稳健而可持续增长，实现从初创期到成长期的发展跨越。二者相互融合发展是成长期发展的最优选择。

财务管理通过业财融合方式全方位、全过程地参与到企业经营过程中的精益化管理，进一步拓展财务管理深度。把财务管理向业务前端延伸，从后台走向前台，深入参与各项经营管理活动；财务管理工作内容从事后数据展示、分析监管向事前规划及事中跟踪管理转变；把身份从旁观者转化为参与者，提供更有价值的专业服务。进一步加强财务部门与各业务部门联动协同，让财务管理工作贴近客户和市场，沉浸式地参与到一线经营活动中，并从经营的角度重构财务管理的内涵和外延，充分发挥财务管理在预测预算、辅助决策、精准核

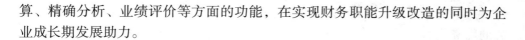

算、精确分析、业绩评价等方面的功能，在实现财务职能升级改造的同时为企业成长期发展助力。

3.4 成长期企业财资策略

不同生命周期企业，发展壮大是共同方向，但因所处生命周期不同，处理问题的方式方法亦有很大差异，财务战略的制定与实施必须考虑企业发展所处周期。成长期企业所处行业市场规模急剧扩张，留给各企业发展空间大，企业多以高速扩张、谋取利润最大化为其首要经营目标，对此通常选择扩张性财务策略。扩张性财务策略以销售为导向，推动包括财务管理体系在内的企业各部门把经营资源有效投入业务活动中，进一步提升企业经营效率，在风险可控的情况下扩张资本规模，形成从投入扩大到产出增加的经营正反馈循环。

3.4.1 资源提升——为企业发展做好资源准备

此阶段着眼于成长期企业内部，企业进入高速发展通道，成长期企业经营能力随发展推动而迅速强化，对各类资源的整合能力增强，企业内部资源与经营能力匹配程度进一步提高，与外部经营环境资源匹配程度要强于初创期，相应的对资源需求总量也高于前期。

3.4.4.1 外部融资提升企业资源整合能力

企业财务资源整合是指通过对企业财务资源的各组成要素进行有序的配置、调整，使财务资源各要素，包括内部资源与外部环境之间发挥更大的协同作用，从而形成高价值的整体财务资源，提升财务管理对企业发展的支持力度，进而提高成长期企业发展质量。整合财务资源是企业生命周期中不断进行物质、能量和信息交换、协调的过程，具有动态性。

成长期企业面临不同程度的资金短缺情况，在银行、券商等金融机构进行间接融资可以缓解这一情况，有助于提升企业价值。成长期企业经营规模逐渐扩张，销售能力逐步增强，业绩增长进入快车道，现金流量逐步改善。与此同时行业市场中竞争对手数量增加，竞争程度加剧，短期内围绕市场拓展投入的资金大于拓展活动可收回资金，极易形成阶段性的资金短缺风险。为了持续保持甚至提升竞争优势，企业需要大量增加生产设备等固定资产的投入，并投入资金用于技术开发，间接融资无法完全满足资金需求，企业应考虑直接融资方法。

这里所提及的直接融资方法包括使用债券发行、中期票据发行、运用短融及超短融工具（但不包括股权融资），该类融资方法对企业既有经营业绩有一定要求。直接融资方式可优化企业资产负债结构，增强资金供给的及时性与多样性，进而提高财务运作效率，更重要的企业是用自身经营收益来弥补资金供给方的用资成本，而不是出让企业所有权，让企业丧失经营独立性。

3.4.1.2　提升企业资金使用效率

通过有效管控企业资金流向及资金使用效率，能更好地提升成长期企业盈利水平及流动性水平，提升企业整体抗风险能力。而要实现这一目标，需要在以下几方面做好相关工作。

第一，构建高水平管理流动性的机制架构。管理企业流动性现金流量的组织结构必须与企业整体组织结构有机结合。若企业流动性管理过程中极易出现问题，就表明企业组织结构还需完善。针对流动性管理可按现金流量流向确定相应的业务、管理及控制岗位。流动性管理应建立在严密的内部控制制度基础上，从制度上确保流动性管理这一企业核心管控领域少出差错、杜绝舞弊。在流程层面就应赋予关于流动性实施、管理、控制岗位相应的职权，保障相关岗位能充分、有效履行职责。而落实到具体业务层面应要求任何一次现金收、支业务的办理必须严格履行申请、审批、记录、支付、审核等必要手续，做到最末端的现金流动环节处于合规可控状态。

第二，时刻保持合理高效的资金使用意识。资金流动贯穿于成长期企业各项经营环节，经营活动脱离现金支持将无法实现预期效果。因此，企业必须确保随时都有资金用于必要的经营活动上。这就要求资金主管部门（一般是财务管理部门）要动态监控企业资金流向，统筹管理阶段性资金收、支金额及发生节奏，在资金有限的经营节点考虑应将资金优先投放在何种经营环节。同时资金使用应与企业经营层决策保持有机互动：既要满足经营层合理的资金需求，也要防止资金投入冒进、非理性的经营活动中，要防止过多的费用性、福利性支出和无必要的非生产投资。资金主管部门要协助企业经营层合理制定税后利润分配政策，把有限资金用于扩大再生产和促进企业综合发展；要全方位参与到企业投资项目事前比选、事中监管、事后评估管理过程中，规避高风险投资项目，防止投资资源无谓浪费，减少在投资上"交学费"对企业带来的消极影响。

企业资金流动性管理涉及面广、参与部门及人员多等特征使得单凭财务管理部门来管理、提升资金使用效率很难达到预定目标，需要通过资金预算管理手段让相关部门、人员有效参与到资金管理工作中。资金预算管理是企业全面预算管理中的重要组成部分，全面预算工作的管理刚性、全员参与性能让企业在各类细微经营活动、在任何经营时点上做到资金高效管理，提高企业资金使用价值。

第三，着眼于经营活动细节，优化资金使用效率。企业依托资金管理预算开展优化资金使用效率工作，在财务指标上确定了工作目标，并把财务数字性的工作目标再分解到各项经营活动甚至是工作操作要求上。一是要求企业充分运用好财务管理和财务调控手段，助力各业务部门在开展业务活动的过程中加速资金周转，减少资金占用，妥善安排各类资金收支活动；二是要求企业合理调度货币资金，根据其自身资金运动的规模和生产经营特点，优化调整外部借取资金额度、期限及资金使用成本，避免阶段性资金短缺风险；三是要做好留存资金分块使用的规划工作，把资金总量分为经营（含偿债）、投资、利润分配及风险准备四类，以经营类为最优先使用级，依次向后确认各类使用级次，尽量保证各类存量资金在其分类范围内进行高效使用，在平时保证经营活动顺利开展的基础上，满足企业扩大再生产的投资需求，并在满足前述资金需求上向股东分红。企业可用留存资金建立风险准备资金，有计划地提取一定金额且独立于企业运营资金之外，作为损失发生时的资金补偿来源，防止经营危机发生对企业正常运营资金的影响。

3.4.2 双轮驱动——实现产业和资本并肩齐进

企业成长期阶段类似于人的青少年时期，正在快速成长。此时企业已初具规模，积累了一定的综合实力，包括盈利水平在内的各项经营指标趋向良好。这一时期也让企业有基础、有能力积累资本、塑造企业形象，为提升企业成长期发展质量，步入成熟期发展阶段做准备。

3.4.2.1 成长期企业股权筹资工作

股权筹资工作是企业经营战略落地实施过程中的重要部分，也是企业投资工作与利润分配工作的前提，从解决企业资金筹集问题出发，扩散性解决企业成长发展过程中的其他相关问题。比较企业股权筹资与债务筹资两种方式可发现：债务性筹资成本较低，筹资速度更快，并且具备财务杠杆效应，但是风险较高，同时因其具有固定还款节点与固定利息支出，会导致企业偿债压力大；权益筹资风险低但是成本较高，且可能导致企业控制权分散。成长期企业需要的稳定、长期的资金补充，以及通过股权筹资带来的经营资源和提升经营能力。这使得成长期企业更偏向于选择外部股权筹资方式，而选择引入战略投资者的方式应引起企业经营层的重视，并在条件成熟时择机开展相关工作。

方法一：引入战略投资者。

战略投资者一般指拥有资金、技术、管理、市场、人才优势，能通过持续增强企业核心竞争力和创新能力，进一步提高企业所在行业市场占有率，致力于长期投资合作，从而在谋求获得长期利益回报的同时也可以助力企业升级发展的投资者，可以是公司主体或个人。一般情况下战略投资者都拥有丰富投资经验，并且在一定程度上为了谋求长期战略利益尽可能与企业形成利益捆绑共同体，通过积极而非被动方式进行投资，以形成横向战略联盟或者是纵向联盟来实现形成多样性资源共享与优势互补，最终形成企业双赢与战略协同的利益回报。企业引进战略投资者需要双方有一致的战略利益和长期持股计划，同时也需要战略投资者主动作为，积极参与到被投资企业从公司治理到经营管理的各环节中，为企业发展提供资金以外的各类支持。

战略投资者对于成长期企业的重要程度显然高于普通投资者，企业在选择投资者时一定要谨慎，考虑事项要面面俱到。在选择过程中一定要考虑到企业自身需求，要符合企业自身长期可持续发展需求。一般而言企业备选的战略投资者要具备这几项特征：第一，综合实力强，企业体量大，在本行业排名靠前，经营状况良好，资金充足，实力雄厚，具备丰富的投资经验和管理经验，值得被投资企业学习与采纳；第二，基于引入战略投资者能够与自身发展进行互补的预期，被投资企业希望投资合作双方关系紧密，对于已经存在业务往来的企业，双方已经形成较好合作机制，相互熟悉对方经营状况，且存在相似目标方向，能更好发挥其对于被投资企业的优势；第三，注重长期发展，相较于短期回报战略投资者更注重实施战略投资行为在未来给被投资企业所带来收益。在投资过程中由于在被投资单位中的股权占比较高，能对被投资单位产生足够的影响，积极参与经济决策和公司治理，通过自身行业影响力、先进管理经验推动被投资企业在长期发展过程中不断壮大。

成长期企业引入战略投资者的首要目标为获取资金支持以满足发展所需，企业引入战略投资者是一种股权融资行为。第一，可使企业在短期获得大量资金，并能控制企业债务融资规模，优化资金来源结构，降低企业到期偿债风险并为加速扩张提供资金支持。第二，通过引入战略投资者能平衡企业大股东在股权数量上的优势，并可以帮中小股东监督控股股东行为，在一定程度上保护中小股东利益；战略投资者委派董事实际参与企业治理，在企业董事会层面对大股东形成制衡，加强董事会独立性，推动董事会决策更加科学合理，提升企业治理水平；被投资企业可学习、运用战略投资者先进的经营理念和管理经验，提升自身经营软实力，助力企业保持高速增长趋势。第三，企业引入战略投资者可更有效、更低成本使用到企业发展所需的各种战略性资源，如可能是核心技术资源或是稳定优质的供应链，又或者是新的客户资源和销售渠道。成长期企业与战略投资者发挥协同效应，增强企业整体经营实力，特别是进入经营瓶颈期的企业充分利用好战略投资者带来的优势资源，有助于企业突破经营困境。第四，企业引入战略投资者可提升企业品牌价值，战略投资者普遍具有良好的市场信誉和口碑，投资成长期企业这一举措在其他市场主体看来无疑是对其进行背书，被投资企业将得到其他市场主体认可，在短时间内提升企业形象和市场关注度。

方法二：员工持股计划。

员工持股计划是指让激励对象（本企业核心员工）持有一定数量本企业股权，该类股权可由企业无偿赠予、也可按价出售给激励对象，激励对象凭此取得企业相应股权并享有相关财产权益及管理权利。近年来员工持股计划逐渐成为企业对员工激励的重要方式，该方式侧重对经营层以外员工进行股权激励，在增加企业股权融资额的基础上，让更多企业员工与企业所有者构建为利益共同体。进一步加强企业员工、经营层和所有者之间的联系，增强企业，尤其是成长期企业的凝聚力与竞争力。具体表现为：一方面，被激励企业员工具有"劳动者"和"股东"双重身份，并通过授予员工股份的方式把员工薪酬与企业绩效进行绑定，员工更愿意努力工作来提高企业整体绩效进而获得更多自身绩效；另一方面，员工作为企业决策执行人，直接参与企业生产经营环节，能够利用自的信息优势缓解企业委托代理问题，减少企业代理成本，约束企业高管防止其做出短视决策。

成长期企业发展需要多种经营资源投入，既有资金需求也希望人力资源发挥出更大的作用。员工持股计划可让被激励对象按照一定价格购买企业增持股权，企业借此补充资金用于发展，并在后续经营过程中可有效控制向员工支付薪酬费用金额，减轻企业发展中的资金压力；通过向员工授予股权的方式进行员工激励，强化员工与企业的联系程度，进一步激发员工在工作中发挥主观能动性推动企业发展，促进人力资源效用最大化。成长期企业开展员工持股计划时要注意两点：一要谨慎确定被激励对象，要有能力、有激情，同时能长期服务于企业；二要选择合适的股权激励价格，在能发挥激励员工的基础上，尽可能最大化获取通过员工持股计划增加的资金额。

3.4.2.2 成长期企业投资策略

投资策略本质是企业如何把一种类型的经营资源转化为另一类型经营资源、进而转化成经营业绩的思路方式，意在解决企业资金如何配置这个问题（投资策略是这个问题的其中一个答案），投资策略的最终目的是要通过投资行为提升成长期企业自身企业竞争力，保持在行业内的领先优势。

成长期企业投资策略的核心思想在于"如何在风险可控的前提下，选择合适的方向进行资源配置，并尽可能保持资源转换为经营效益的效率"。其中风险可控要求企业投资活动支出不影响当前日常经营活动资金收支状况，投资失败产生的影响不会拖累企业整体向上的发展趋势，正如人类个体在青春期成长过程中要制定行为底线约束其成长。同样，选择合适的投资方向可类比于个人成长过程中所选择的发展道路。个人从选择自身发展道路到取得人生成就需要耗费大量精力和时间，成长期企业从确定投资策略到逐步落实到位也将历尽漫长经营周期，并投入大量经营资源。

投资方向可集中归纳为内生性投资和外延式投资两大类：内生性投资主要包括构建并使用固定资产、无形资产以及内部孵化新产品项目；外延式投资包括对企业产业链进行补链、强链的控股式长期股权投资、对行业中潜在发展机遇的权益性投资。投资活动对成长期企业经营产生的影响会体现在扩大产能、提高科研能力、压降成本、强化产业链控制、开拓新市场及利润增长点等方面。一般而言，企业在其成长期高速发展的初级阶段倾向于选择内生性投资，而企业处于发展瓶颈期时更希望通过外延式投资打破发展僵局。

制定并落实投资策略需要财务管控工作参与到各环节中，在初始投资环节，需运用财务分析评价各项投资标的，并通过财务数据与分析协助企业经营层确定是否投资，若进行投资应选择何种投资规模、投资节点；投后需要财务部门进行跟踪管理，评价投资效果，提示投资项目运行过程风险，协助经营层决定是追加投资还是及时止损。

3.4.3 成长期企业投资者回报政策

股利分配是投资者对企业投资的目的之一，按照股东与企业利益均沾原则，企业每年会按照一定比例向股东分配累计利润。利润分配政策受多方面因素影响，要结合自身经营状况与投资发展环境，针对企业所处生命周期阶段进行合理评估，并要立足企业具体财务状况。其中重点考虑因素是企业资金状况，成长期企业虽然营业收入、销售回款增长迅速，但新产品研发、内部管控、市场拓展、投资等经营活动均需大额资金投入，企业自有现金流量不足；同时成长期企业一般伴随着经营状况波动较大、经营风险高低不定等特征，债权融资金额偏少，股权融资难度较大，资金短缺风险时有发生。因此对成长期企业而言，可考虑减少或不发放现金股利，将现有资金用于对外扩张上，如此才能更好推动企业健康发展，保持自身的发展活力。

而企业投资者基于成长期企业发展的预期，也能接受成长期企业低比率分红甚至不分红，企业在与投资者在股利分配方面所关注利益诉求达成一致，可以同步采取相关行动。

3.4.4 规范管理——不要让内部管理问题拖累企业高增长

开展财务管控与资本运营工作带来的风险存在于企业生命周期各个阶段，对企业经营造成不同程度的影响。所以要实时跟踪评估风险状况，制定切实可

行的管控措施，降低或消除风险影响。

3.4.4.1 完善内控体系建设，落实制度实施

众多经验教训表明，内控制度的建设与完善是企业抵御财资风险的有效屏障。企业应该结合自身实际情况，建立切实有效内控机制。初创期企业发展考虑的是生存问题，企业经营层精力未放在风险管控上，而成长期企业经营工作是为了发展得更好，理应建立健全的财务管理制度和内部控制机制，确保财务信息全面、真实、有限，能准确反映出经营趋势和风险状况。要运用好财务数据加强财务分析和预测，及时发现问题并提出解决方法。通过运用企业内控手册，确保各项经营活动起到有章必循、违章必究的作用。企业内控机制不是一天建成的，需要不断完善企业内部控制相关制度，并在各项业务活动中落实到位，要严惩徇私舞弊，减少非经营性损失；要充分运用好内控机制构建出的企业决策机制，提高企业经营与投资决策的科学性、高效性。

3.4.4.2 做好资金管控，防范资金风险

成长期企业应注重企业整体资产、负债结构的调整和优化。合理的资产、负债结构是高效配置运营资金的前提。只要控制好总体负债规模，选择适当的负债比例，优化企业资金来源结构，重点控制大额资金调配，可有效防范资金风险。

成长期企业应建立资本运营管理制度，制度包含资金筹集、投资等方面。要优化资本结构，合理配置资本，根据企业自身经营特点和发展需求，制订合理的资本运营方案，避免因资本不当使用而导致的风险。在资本筹集方面，应制订合理、有效的融资计划，避免过度依赖单一融资方式，增加融资渠道多样性。在资金使用和投资方面，应根据企业经营特点和风险偏好，制订明确的资金使用和投资规划，避免盲目跟风和过度冒险。同时，成长期企业应结合内部控制建设，建立完善的资金风险管理体系，包括市场风险、信用风险、流动性风险等方面。要加强资金风险评估和控制，及时发现和解决潜在相关问题。

3.4.4.3 助力企业确定战略方向，协同经营策略落实到位

成长期企业应选定正确的战略方向和经营策略，这涉及市场营销、产品研发、财资活动等方面。要加强战略规划与执行，确保企业战略方向与行业发展趋势相符，避免企业暂时的高增长掩盖战略选择失败的问题。成长期企业应根据战略方向，并结合自身发展愿景、战略目标，来制定财资策略，以确保企业财务资源能够支持企业长远发展。同时，结合企业全面预算合理规划企业的财务预算和资金需求。企业需要根据自身的实际情况，制订合理的财务预算和资金需求计划，以确保企业资金得到高效配置。此外，成长期企业应该在综合考虑企业内外部环境的情况下，积极寻求外部融资渠道，优化资金结构。企业可

以积极寻求外部融资渠道，优化资金结构，以提高企业融资能力和资金使用效率。

3.4.4.4 切实提升人员素质，推进以人才强财务

第一，增强财务风险意识。在市场经济的激烈竞争中，树立风险意识，勇于承担并善于分散风险是企业成功的关键。在市场竞争中，收益与风险同时存在且成正比关系，高收益同时伴随着高风险。因此，成长期企业应遵守风险收益均衡的原则，树立风险意识，不能只顾收益而不考虑发生损失的可能性。财务人员应在工作中格外强化风险意识，建立起全面整体的风险观，将风险防范思想贯穿于财务管理工作的始终，并不断加强学习与培训，及时调整知识结构以适应复杂的环境，培养财务人员及时捕捉风险、衡量防范风险的能力。

第二，提高财务人员业务素质。企业财务与资本管理工作的主要运作主体是企业财务管理部门。财务人员的工作表现在一定程度上决定了各项管控工作实施的成功与否。成长期企业中财务人员要时刻关注财务数据及分析情况，要善于在经营过程中发现问题，确定业务中的风险点，深入了解原因并提出行之有效的处理方案，发挥财会人员在企业经营中的"参谋"作用，体现财务人员在企业发展中的价值。

3.5 案例：H公司经营目标责任制下的财务管理

3.5.1 公司发展简介

H公司为研-产-销一体化运营的制造型企业，2006年收入规模为3000万元且连续多年亏损。2006年3月，所在集团对H公司进行重组，H公司承接了原公司的核心业务及对应的不良存货与应收账款将近1亿元，重组后公司转变经营思路，调整业务布局，2008年扭转多年亏损局面初步实现盈利。到2016年，H公司逐步消化完历史遗留不良资产经营步入正轨；2017年之后，公司收入利润逐步增长，到2020年，H公司注册资本1.8亿元，总资产近7亿元，净资产约5亿元，职工将近1000人，实现收入5.7亿元，利润总额1亿元。

3.5.2 行业简介

从H公司所处行业发展历程来看，20世纪90年代以前属于导入期，国内生产企业、经销商、工程商大量涌现，品牌混战、产品质量良莠不齐；随后，行业进入整合期，呈现出优胜劣汰的特征，实力不够、产品质量较差的企业逐步被淘汰；到2001年，生产企业数量急剧减少，品牌相对集中，产品质量逐渐规范；目前，行业进入平稳发展阶段，竞争格局相对稳定。整体来看，直到2020

年，行业基础关键共性技术主要依靠国外，高端市场集中化趋势明显，国内众多企业仍以中低端产品为主，大都采用代工生产经营模式，在技术水平、创新能力、资本实力等方面与行业国际巨头之间存在着一定差距。

H公司基于自身在该领域的技术积累、生产能力及品牌效应，依旧保留研、产、销一体化的运营模式。H公司处于行业某细分赛道，主要产品在国内处于细分市场第一梯队。2017—2019年国内市场占有率8%，排名前三；省内市场占有率22%，排名第一。

3.5.3 公司组织架构及主要业务模式

H公司经营层面设置研发、采购、生产、销售、管理等多个部门，如图3-5所示。

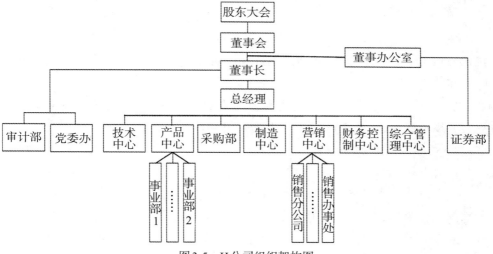

图3-5 H公司组织架构图

研发：H公司设置技术中心负责基础共性研究，同时设产品中心，下设8条产品线（后改为事业部）负责所属应用场景的产品开发。

生产：在生产方面设置制造中心。产品涉及多个工序，生产现场有多条生产流水线（2022年增长到20条），生产方面，H公司的历史可以追溯到20世纪60年代，有一定的技术积累。2011年H公司进一步加强产能建设，提高生产能力，2022年公司产能饱和率为60%左右。

销售：H设置营销中心，在全国各省、市有几十家销售分公司、办事处及区域营销服务中心（到2022年，在全国31个省、120个市建立自主销售网络）。主要采取"直销+区域经销+工程商销售"模式：一方面直接面向业主，为业主直接提供系统解决方案及相关产品；另一方面，通过销售机构与区域经销商、

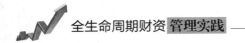

工程商开展销售会，产品终应用于具体项目中。

3.5.4　打造财务护城河路径

2007年开始，H公司为求生存，在内部推行经营目标责任制，这给财务提出新的需求。财务部门对公司主要业务情况进行了深入分析，结合公司组织架构、主要业务模式及相关部门的需求，H公司财务部逐步明确方向，并提出经营目标责任制在财务方面要解决的核心问题。

第一，怎样算清楚账，让每一个部门知道自己投入的资源是多少，产出了多少，应该得到多少。这对于销售部门来说，比较容易计量，但是对于不直接对外的部门，要设置怎样的计算规则？

第二，要设置怎样的机制才能将成本责任压到具体业务层面？

第三，公司销售网络分布较广、客户分散，应收账款与销售办事处存货管理难度非常大，要设置怎样的规则让销售办事处主动管理促进"两金"低风险、高效率地运转呢？

从以上三个问题出发，H公司财务部从2008年开始逐步摸索，探索通过建立财务规则推进经营目标责任制，助力公司发展。主要路径如下。

3.5.4.1　精细化财务核算

1. 划小核算单元

为了算清楚内部各部门的账，H公司财务部首先打破原有的核算体系，将各部门均作为单独的核算主体，按业务流程及职能职责，明确各核算主体占用资源及关键产出（对内产出及对外产出）。2008年公司共确定20余个核算主体，到2022年，已有30多个核算主体，同时，对应也设置了30多个财务账套，做到账套之间独立核算，公司层面再按各核算主体报告编制合并报表。目前，H公司财务部门有60余名财务人员，负责内部核算（包括分公司）的人员将近40人。

2. 制定内部市场化结算规则

内部各核算主体之间严格按市场化机制运作，财务层面制定了统一的结算规则，在独立核算基础上，各核算主体自负盈亏。

2009年初步制定结算规则时，公司的产品成本较为粗放且信息化程度不高，无法将成本差异逐项分摊到产品，因此，内部以材料成本为基础，按"材料收益法"确定内部结算价格。以产品材料成本加成一定比例划定各部门收入，按实际成本结算部门成本，两者差额为部门利润，具体思路如下：设计定型的产品，按其材料成本的20%作为生产部门收益；材料成本的10%作为产品线的收益；20%作为市场部门收益，相应的成本为各部门在生产经营过程中实际发生的成本。通过划定收益的方式，各部门为确保利润，主动关注成本及资源投放。

内部结算规则在实施过程中，同时随着财务系统逐步完善，成本核算更为精细也在逐步调整，到2020年，内部结算规则做出调整的部分有：生产环节，事业部与生产部门双方参照外部市场行情，制定内部结算结构，只针对生产部门的加工费开展内部结算，生产部门的内部成本仅为与产品生产相关的人工、折旧、能耗等；产品线（事业部）结算环节，除了产品加工成本外，还包括材料成本，事业部对产品BOM成本（产品的物料清单）及材料采购成本负责，事业部的收入则为出厂价格。通过调整，让生产部门将重心聚焦于生产过程本身的精细化管理，事业部则参与采购控制，从设计阶段强化成本管理。

3. 按业务环节分解毛利率，确保平均毛利，下沉成本压力

2016年，在划小核算单元及内部市场化运作的基础上，财务进一步将产品毛利率目标进行分解，确保公司整体利润可控。首先，在生产环节要确保5%的利润（平均），对采购生产部门要求最低利润为该环节占用资源总金额×5%，确保生产环节的毛利贡献额；其次，在产品（需求及研发）环节要确保25%的毛利率（平均），对其考核的方式则是按收入收取固定比例的管理费，剩余的利润用于保障自身运转；最后，市场环节要确保10%的利润（平均），主要通过价格控制实现，该环节的利润加成主要是为了确保市场开发投入的资源保证，确保市场费用不侵占其他环节的毛利。如图3-6所示。

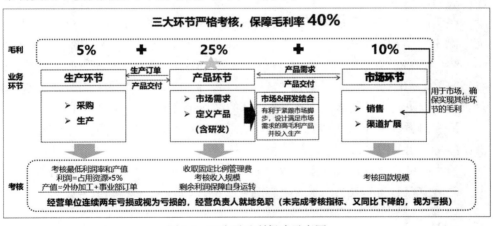

图3-6 H公司毛利保障示意图

毛利率的拆分并非总是一帆风顺，其间伴随着产品事业部、制造中心、营销中心的相互博弈，例如，2020年H公司1事业部推出新品A产品，各环节开展

多轮博弈，最终保障了产品整体毛利，具体如下。

第一，1事业部根据市场行情及公司利润管理要求，预计对外销售价格6500元，按公司整体毛利率40%以上的要求，测算内部成本费用需控制在3900元以下。按公司各环节的平均毛利率要求计算，预计1事业部与营销中心结算价为5850元（6500−6500×10%=5850），1事业部与制造中心结算价为4225元（5850−6500×25%=4225），制造中心成本生产成本需要在（材料费+加工费）3900元以内（4225−6500×5%=3900）。

第二，产品投产前，1事业部就A产品与制造中心商议内部结算价。制造中心对材料及生产辅料核定后，对A产品材料费报价4000元，加工费250元（平均费用率×产品工时），内部利润212元（4250×0.05=212），合计报价4462元（4000+250+212=4462）。制造中心内部报价超过事业部目标结算价3900元。

第三，1事业部表示坚决无法接受该报价，双方就结算价无法达成一致意见，于是向财务提出申请，要求该产品通过外部代工企业外协生产，以控制整体生产成本。财务部提出，目前公司产能就60%的利用率，能内部生产的尽量内部生产，建议进一步测算压降成本后再做是否外协的决议。同时，制造中心也希望能够取得该项订单实现内部利润。

第四，财务部作为调节部门，组织1事业部与制造中心开展产品生产成本测算及压降。在成本测算拆解过程中，通过对材料的用量与价格全面梳理发现：一是某关键a器件可以与B产品的相关器件合并采购实现批量降价10%左右，单件产品降价约100元；二是制造中心在工艺设计过程中，某关键高价值辅料的用量存在错误，将20 g标注成了2 kg，修正后，单件产品降价550；三是通过产品工艺改进，可以实现加工费节约50元。重新核定后：材料费为3350元（4000−100−550=3350），加工费为200元（250−50=200），内部利润177.5元（3350+200）×0.05+177.5），合计为3727.5元，低于1事业部的目标结算价3900元。在双方协调下，制造中心与1事业部的结算价最终确定为3750元。

第五，通过对比行业情况，1事业部最终将产品出厂价格确定在6500元。1事业部与营销公司签订内部销售价格为5850元。

最终，H公司A产品毛利率为45.4%（（6500−3350−200)/6500=45.4%)，其中，营销中心毛利率10%，制造中心毛利率5%，事业部毛利率30.4%。

3.5.4.2 "两金"管理

针对销售网点散状分布，各分支机构的模式导致客户分布零散，不利于应收账款管理；同时，分支机构分布广、各地区存货管理存在差异也导致管理难度加大。基于现状，H公司整体采用"买断"式销售的管理模式，通过制定相关财务政策，进一步强化应收账款与存货管理。

1. 应收账款管理

信用政策方面，整体回款周期控制在3个月以内；供应商应付账款账期大部分在一个月以内，有效保证供应链的稳定性。

对应收账款采取双重考核机制。一方面，公司制定严格的信用政策，一般回款期限在3个月以内，期末按会计政策计提坏账准备，冲减内部经营单元的经营利润；另一方面，在对内部各责任单元的考核利润中，以合同约定的收款日开始计算，超过一年账龄未收回的欠款，按未收回款项全额从考核利润中扣除。

2. 存货管理

存货方面通过对经销商实施买断式销售，从计划源头控制存货。

内部存货管理实施三重考核机制：一方面，按库龄计提存货跌价准备冲减报表利润，库龄1—2年存货按30%提取跌价准备、2年以上存货按100%提取；其次，在考核经营责任时，对年末存货库龄超过3年的，按存货原值从考核利润中扣除；最后，积压存货处置时，处置价低于原值部分也要冲减考核利润。

在划小核算单元算清账的基础上，财务部门推动了公司的经营目标责任制，实现核算与绩效强关联。经营单元实行经营目标责任制，即按年度签订以规模、利润等为核心的目标责任书，经营单元的薪酬与目标责任完成情况强关联，确保公司与各经营单元目标一致，实现各环节均对产品利润负责的管理模式。

从某经营单元责任目标责任书看，如图3-7所示，H公司以财务决算数据（经营单元的报表）为基础确定经营利润，将应收账款、存货的账龄及企业相关事项作为关键考核项调整后确定考核利润，最终实现核算数据与绩效强关联，以确定的规则牵引经营单元的行为。例如，经营目标责任制规定，年度经营结果未完成考核指标且出现下滑的视为亏损，连续两年亏损，经营负责人就地免职；2021年，有经营单位未能完成目标责任出现第一年亏损，第二年，整个事业部人员的收入都处于"低保"状态，经营单元领导干部的月薪最高为3000元，直到2022年扭亏，产品线人员工资才逐步上涨；据不完全统计，H公司从2009年到2022年，由于经营目标责任制的刚性执行，8个产品线（事业部）人员已经陆续完成更换，甚至部分经营单元责任人预计将连续两年亏损而主动要求调离岗位。

经营目标责任书

经营者:张三

一、考核方式

经营者年薪=经营者基薪+(规模效益奖+考核利润奖)×综合考核得分/100-扣款。

二、考核时间

×年1月1日到×年12月31日。

三、考核指标

对外销售额、净利润。

四、考核指标的最低任务

1.考核对外销售额:16 560万元。

2.考核净利润:0万元。

五、综合考核得分

1.以办公室按公司管理办法考核,占综合考核得分的50%。

2.团队建设考核分为以下两方面。

(1)技术队伍建设,主要包含架构清晰明确、技术引进、技术人才引进、技术人员培养,该项考核占 综合考核得分的20%,以上四项各占5%。

(2)业务队伍建设,主要包含市场队伍年轻化、对市场人员的输送,该项考核占综合考核得分的20%,以上两项各占10%。

3.当年技术经费投入,该项考核以财务部年度核算为准,该项考核占综合考核得分的10%。

六、指标的确认方法

1.考核对外销售额:以财务决算数据为准。

2.考核净利润:用报表利润总额扣除下列各项确认。

(1)事业部期末应收账款中从合同约定的收款日起计算,超过一年账龄未收回的欠款,按未收回的金额全部扣除。

(2)2020年年末事业部存货库龄超过3年的部分。

(3)财务部按简易方式(仅考虑科研费用和业务费因素)计算的当年企业所得税税额。

(4)超额完成的奖励办法:超过公司考核对外销售额和考核净利润,全额计入当年考核净利润;未完成的奖励办法:未完成公司对外销管任务,用考核利润部分补足未完成差额的利润,如还有剩 余考核利润,剩余利润考核计入奖励。

(5)其他相应考核扣款。

七、经营者的薪酬计算和管理

略

八、其他扣除项目

1.安全管理生产,如发生因责任事故出现的死亡事故时,不再发放规模效益奖和超额利润奖;出现重伤责任事故时,每人次扣罚奖金总额的10%,出现轻伤责任事故时,每人次扣罚奖金总额的1%。

2.资产损失:按直接损失总金额的10%进行赔偿,在奖金总额中扣除。如因经营者个人原因违背财务核 算管理制度而造成的损失,由经营负责人全额承担经济损失,同时公司保留法律追诉权。

图3-7 经营目标责任书

3.5.5　H公司主要财务表现

3.5.5.1　获利能力

2018—2022年，H公司净资产收益率为14%，而相同指标上市公司优秀水平为8%～10%。近5年H公司产品毛利率分别为35%、42%、42%、41%、38%。根据2016—2018年中国制造业细分毛利率变化情况对比图，多数行业平均毛利率在20%以下。

3.5.5.2　现金能力

H公司经营现金净流量连续多年为正数（2022年底，回款集中于次年1—2月，还原后现金流约与上年持平），其中，2018—2019经营现金净流入均在5000万以上，2020年经营现金净流入1.29亿元；同时，H公司近三年期末平均现金及现金等价物持有量约占总资产的30%，上市公司2019—2022平均现金持有比例为22%～24%。H公司近5年现金流量情况见表3-1所列。

表3-1　H公司近5年现金流量情况

金额单位：万元

现金流	2018年	2019年	2020年	2021年	2022年
经营活动现金净流量	5400	5200	12 900	6600	−870
投资活动现金净流量	−8500	−8300	3500	−4000	−4200
筹资活动现金净流量	40	100	−2600	−4200	−3160
期末现金及现金等价物	10 600	7600	21 400	19 800	11 600
期末现金占总资产比/%	23	14	32	30	17

3.5.5.3　偿债能力

H公司近5年资产负债率都在35%以下，2021—2022年均低于30%。而2020年中国制造业企业500强平均资产负债率为65.4%。从债务结构来看，公司目标的负债主要是供应商应付货款，目前不存在有息负债。

3.5.5.4　运营能力

2018—2021年平均每年垫资2787万，2022年年底受外部环节影响客户回款较慢，剪刀差增大，但应收账款账期较短，91%在一年以内，大部分在3月以内。

近5年，H公司存货平均余额为7300万元，占总资产比例平均值为13%；存货与收入对比情况，平均存销比为16.2%（存销比=存货/收入，值越小，说明商品的周转率越高）。见表3-2所列。

表3-2　H公司存货、收入对比表

单位:万元

年度	存货	总资产	存货占比	收入	存销比
2018年	7300	45 800	16%	39 200	19%
2019年	6900	54 900	13%	43 000	16%
2020年	7200	67 200	11%	56 900	13%
2021年	6700	66 300	10%	49 900	14%
2022年	8400	67 300	12%	45 300	19%

3.5.5.5　发展能力

增长:2017年H公司收入增长23%,增长到3.8亿元,2020年收入规模5.7亿元,复合增长率63%。但是,2021、2022年公司收入分别下滑12%、10%,见表3-3所列。

表3-3　H公司营业收入及增长情况

年度	2017年	2018年	2019年	2020年	2021	2022
营业收入/亿元	3.8	3.9	4.2	5.7	5.0	4.5
增长率/%	23	1	10	33	−12	−10

投资:近两年H公司投资方向主要在于研发、生产。如为改善研发环境、吸引高端人才、强化研发能力,在两个一线城市分别投资房屋建筑物作为研发创新基地,目前两个研发中心房屋及建筑物费用合计6300余万元;在人工智能、5G技术、数字化时代背景下,H公司为数字化转型投入某智能系统,2022年在建工程约6900万元。目前主要依靠自有资金完成投资。

3.5.6　尾言

2021年开始,H公司收入暂时出现下滑,主要是因为不可抗力导致A业务收入断崖式下降,尽管B类业务近三年复合年均增长率12%,仍无法弥补A类业务空缺,见表3-4所列。

表3-4　H公司收入分类表

业务类型	产品	营业收入/万元			复合年均增长率/%
		2020年	2021年	2022年	
A业务	A	20 600	7000	—	−100
B业务	B	36 300	42 900	45 300	12
合计		56 900	49 900	45 300	−10

H公司的A类业务暂时受挫已成确定事实，但是在数字化大背景下，未来要面对的不确定因素更多、也更密集，H公司的财务护城河是否已经建成？现阶段的财务策略是否足以为业务保驾护航呢？这一切，都是未知数，尚需时间检验。

第4章 成熟的稳健期——跨越与转型

4.1 成熟期企业的业务、战略、财务、资本特征

经过初创期的艰辛和成长期的阵痛之后，步入成熟期，企业发展方向稳定，规模达到一个前所未有的程度，有相对稳定的市场占有率，商业模式、盈利模式相对成熟，通过前期经营积累，内部组织、业务标准、管理模式已经自成体系，企业制度化工作走上正轨，也积累了一定的资本和资源，形成一定的财务能力。看起来，成熟期的一切都是那么美好，然而，没有永远的美好，成熟之后终将面临衰退，成熟期企业也面临着新的发展挑战，怎样尽可能延缓衰退的到来？其实相比于前两个阶段，成熟期的挑战只增不减。从实践来看，大多数企业一旦停止增长就会很快步入衰退期，而一旦步入衰退，想要重返"青春"就会变得困难重重，如何保持有效的增长是成熟期企业最重要的使命。为什么要持续追求增长呢？增长是解决一切问题最有效的方法！此处的增长不仅是规模的增长，更是企业利润、价值以及能力的增长。增长不仅仅是企业发展的结果，更是企业竞争能力生成的必要前提和支撑，持续增长，才能有效地保持市场地位、品牌形象以及资源吸引能力。

4.1.1 业务——增长的困境

进入成熟阶段，企业在业务方面呈现出用户规模大、产品质量稳定、市场能力较强的特点，业务结构趋于稳定。企业的盈利主要建立在一定规模的业务基数之上，如何保证业务基础稳定，重心仍然是寻找增量，寻求增长。但是持续的增长在成熟期却更加困难，很多企业在成熟期的黄金阶段增速更容易放缓甚至停滞，陷入增长困境，这也是受到了市场与产品甚至内部组织多重因素叠加影响的结果。

从业务层面看，企业发展步入成熟期，首先，是产品的质量和价格保持相对稳定，而市场份额逐渐趋于饱和，买方市场逐渐形成。企业在产品相关领域有了知名度，品牌效应推进业务持续增长，但品牌带来的边际效用逐渐递减。其次，行业的整体趋势也在一定程度上影响到企业增速，若是企业与行业同步进入成熟期，行业的整体趋势将在极大程度上影响企业的增速。比如，美团、

饿了么等外卖平台的崛起一定程度上影响了方便食品的销量。最后，销售渠道与消费趋势也影响业务增速，销售渠道的变化带动消费趋势变化，最为明显的是快消品销售渠道，30多年前主要销售渠道是供销社，随着市场的经济发展，逐渐形成以批发市场和批发部、商超卖场等为主流的销售渠道，而互联网电商的普及影响传统商超增量，随着销售链路更短的直播带货、社区团购模式的出现，传统电商销售量也被分流。如果企业不与时俱进、做不到全渠道经营，从渠道角度讲，业绩下滑就是大概率事件！

从产品层面看，伴随着企业进入成熟期，老产品技术状态趋于稳定，但随之而来的是新技术的发展带来的可替代新品快速出现，市场总体规模不增长或增长放缓的情况下，新品的出现蚕食、挤压原有产品的市场份额和销售量。老产品销量增长由产品初期的普遍增长模式进入挤压式增长模式，增速受到影响，这个阶段，产品更新升级速度直接影响企业的增长。

从企业组织架构来看，进入成熟期后，内部组织趋于稳定，形成较为成熟的运转体系，也形成自身管理逻辑与模式。但这种稳定的结构在面对灵活的市场时，企业对市场的反应敏捷性、灵活性也受到新的挑战，"大企业病""部门墙"往往在成熟期的企业表现较为明显，不够灵活的组织模式也是影响业务增长的重要因素。

4.1.2 战略——转型升级还是资本扩张

要走出增长困境，需要选择能适应环境的增长方式。不仅仅是业务层面要考虑增长，成熟期的企业更需要做的是在战略层面去思考以怎样的方式实现持续增长，要做出新一轮的战略选择。在现有业务基础足够坚实的情况下，企业的增长路径的选择也更加多样化。一方面，可以在现有业务的基础上转型升级，在同一领域寻找增量，通过研发创新与管理变革推动企业整体的产业升级；另一方面，可以是在现有业务的基础上，以资本扩张的形式进入其他赛道，用资本的力量实现弯道超车，实现新一轮的跨越。值得注意的是，没有坚实的产业基础支撑，直接进入资本扩张容易"翻车"。缺乏产业托底的盲目资本扩张容易将企业整体拖入深渊，资本扩张一定是建立在坚实的产业基础之上！到达这一阶段，企业的战略选择也主要是集中在：是原有产业转型还是搭配资本扩张多管齐下？企业的战略选择决定了新的发展模式。

4.1.2.1 转型升级

在全球经济竞争日趋激烈的背景下，转型升级是企业保持增长与可持续发展的必经之路。需要注意的是，转型升级不是转行，而是企业面对不确定的外部环境，从内部打破自己，革新观念，勇于创新，实现能力的升级。

从业务层面看，转型升级指通过企业内部的技术创新、管理升级、组织优化等方式提升产品的附加值，在竞争中取得相对优势，提高市场占有率，以产品创新带动企业整体的转型升级，保持企业有效增长。

从宏观层面看，企业需要持续跟进国家发展战略、紧跟行业发展趋势、摸清市场竞争格局，以市场需求为导向，主动适应环境，从传统产业向高附加值、高技术含量的新型产业转型。通过转型升级，以提高市场竞争力、拓展市场规模和影响力、提高创新能力和适应能力，从而实现可持续发展和增长。可以说，转型升级永远在路上，一直不会有终点。

转型升级没有统一路径，受企业所处行业、市场环境、企业自身发展阶段、内部环境等多种因素影响，主要有技术创新、产品升级、业务拓展、内部管理机制等。

1. 创新驱动转型升级

创新是企业转型升级的重要驱动因素，随着科技进步，新产品、新服务、新技术、新商业模式不断涌现，创新力成为企业发展的基本功。已经成功的产品和服务模式往往会给企业带来依赖感，导致企业陷入创新的僵局，然而，"一个产品（一种模式）打天下"在瞬息万变的人工智能时代已经行不通，以前成功的产品和服务可能已经不具有可持续性。只有在成功的基础上持续投入、永葆创新力才能持续成功，以产品创新满足市场和客户需求、提高市场占有率和竞争力，用工艺与技术创新提高生产效率降低产品成本，用管理模式创新提高企业运营效率和管理水平，用商业模式的创新提升企业的商业价值，创新永远在路上！

2. 管理变革适应环境要求

成熟期的企业在过往的沉淀与积累之下，组织结构、管理模式和运作流程可能已经固化，组织与文化氛围也相对成熟。但是成熟，并不代表能够适应环境。很多企业在成熟期都会启动一轮轮的管理变革去激发组织活力，提升运营效率。在管理变革的背景下，企业对管理的精细化提出了要求。一是对业务的精准识别，资源投入的业务方向、业务的投入产出效率是否符合预期？业务结构是否符合企业战略预期？二是要基于业务流程优化设计，从精益的角度实现最短的流程周期提升企业运转效率。三是规范性运营控制业务风险。四是组织架构、职能职责要与业务发展相匹配。五是用数字化赋能管理，实现数字化手段对业务运行的规范性与有效性开展检测分析。

3. 开放合作拥抱变化

企业需要开放和包容，与外部环境保持良性互动，在互动中融入生态圈，占领自身生态位置，协同创造价值。通过技术、资源、平台的开放帮助企业快速获取外部资源，充分发挥自身优势，通过与合作伙伴、科研机构等共同开展研究项目、共享技术资源降低整体成本，实现共赢。

转型升级往往意味着较高的投入，意味着付出巨大成本，很多企业提出转型升级的时机往往滞后，进一步拉高了成本。一般是困境已经凸显才开启转型，这时高昂的转型成本已经足以让众多企业望而却步。然而，依靠自身技术、市场、管理等某一方面的优势，吸引外部合作方的加入，可以有效降低转型成本。例如，K公司原主型产品在其他行业快速崛起，市场被严重挤占，收入利润增幅下降甚至一度停滞，产品与产业的转型升级均是迫在眉睫。转型所需的技术与设备需要高昂投入，而转型升级能否成功也充满不确定性，管理层陷入彷徨。K公司上下求索，转换思路，决定充分发挥自身企业背景、生产资源、技术积累等优势，借助外力带动自身实现产业整体升级。最终K公司将目标定位于某大客户W，该客户在行业属于领先企业，技术与资金实力雄厚。K公司将自身某项目出让与W公司合作开发，约定技术成果、利润共享，W公司注入资金升级设备，同时输出先进生产、管理经验，由K公司负责生产，用以提升K公司整体能力，最终以分享项目利润方式返还W公司成本。最终，K公司凭借自身项目优势，借助外力初步完成转型升级。

4.1.2.2　资本扩张

资本扩张是指企业通过增加投资来扩大规模和增加产能，有效的对外投资可快速实现规模增长。资本扩张需要大量的资金支撑，企业往往通过充足的资金储备或者融资手段获得足够资金，开展对外投资活动。

进入成熟期的企业，有一定的资金与资源，也形成了自身的融资能力，具备以资本扩张快速实现企业增长的先决条件。一般而言，资本扩张模式各异，按投资目的、投资期限、管理方式等差异，可以将资本扩张分为财务投资与产业投资。

财务投资着眼于中短期目标，更多关注3—5年回报，主要通过资本溢价实现资本增值，有较强的金融属性。财务投资一般倾向于发展前景好、收益水平高的行业，要求标的"完美无瑕"，故而财务状况优秀、营运盈利力强、成长性高的企业更受青睐。财务投资一般仅持有标的公司的少部分股权，也不会参与标的公司的日常管理经营，可能会给标的公司提供部分财务、资本相关建议。同时，对投资回报率有着硬性要求，要求退出时实现预期收益。

产业投资也叫"战略投资"，是指投资者为了促进产业长期发展和市场竞争力而开展的投资行为，其核心是追求长期利益。产业投资者一般有着长期深入的行业积累，因此对投资标的的"完美性"要求不高，更加看重标的某一方面的战略价值，如品牌、渠道、技术等，能够在一定程度上"容忍"标的公司的部分缺陷，甚至将其作为降低投资成本的砝码。产业投资一般会派经营管理人员参与标的公司的经营管理，将自身成熟的管理模式、管理经验复制到标的公司，参与标的公司战略计划与实施，通常也参与其重大决策事项。收益方面，除了股权增值之外，还可能获得产业协同效应，优化自身的战略布局。产业投资可以分为相关产业投资和非相关产业投资。相关产业投资是指投资标的公司与本企业相同或相关行业的企业，目标是通过技术、产品、上下游业务的互补，最终实现产业战略协同目标；非相关产业投资是指被投资方与投资方行业无关联关系，投资方的投资目标主要是以最快的方式进入新的赛道，实现自身的多元化经营。

总体而言，财务投资与产业投资的区别在于投资目标与投资逻辑的差异，尽管产业投资在筛选项目时也会考虑财务回报，但产业投资更看重战略协同效应，二者的最大差异也在于能否实现协同效应。有人将财务投资比喻为"买蛋卖鸡"，目标是快速将蛋孵化为鸡，最终卖鸡赚钱；而将产业投资比喻为"买鸡卖蛋"，目标是提升鸡生蛋的能力，最终卖蛋赚钱。无论目标是卖鸡还是卖蛋，最终都是为了企业资产的增值与持续增长。二者的具体差异见表4-1所列。

表4-1　产业投资与财务投资简要对比

对比项目	产业投资	财务投资
投资逻辑	产业投资者(战略投资者),有较强产业背景,更多地关注企业本身,着眼于获取长期收益,甚至可以有30—50年的考量	财务投资者(金融投资者),具有较强资本导向性,关注行业周期,着眼于3—5年的短期收益
行业背景	多为同行业上下游或者互补企业,多元化发展战略需要也会投资不同行业背景的企业	对行业关联性关注度不高的
投资目标	产业链的横向、纵向扩张,形成产业集群发挥协同优势	高风险下的资本增值,要求相对确定的投资收益率
持股比例	以控股为最终目的	一般持有少数股份,不形成控制权
获利形式	主要以分红收益实现获利	赚取股权买卖差价
投资时间	长期稳定持有,业绩压力较大	以上市、股份转让等方式择机退出(3—5年内)

对比项目	产业投资	财务投资
管理渗透	参与日常的经营管理,纳入其整体战略规划,提供管理或者技术方面的增值服务	一般不参与企业日常管理经营,在财务、资本运作方面提供建议
决策时间	内部决策程序相对复杂	格式化运作,决策速度相对较快
投资范围	高新技术企业+传统行业,包括创业投资、企业重组、基础设施产业,可能是新兴产业、成熟产业甚至衰退产业	高新技术企业,一般是新兴产业
优势	投资方与被投方可能产生协同效应,产生1+1>2的效果	提升被投资企业的被资本的认可程度,促进短期财务表现
劣势	被投资企业的大股东可能丧失控股地位从而产生控制权利的争夺问题;可能出现同业竞争、被投资者专有经验及技术的泄露等问题	对收益有硬性要求,可能会有收益保证条款;短期退出计划对被投资方的长期发展有一定限制

4.1.3　财资特征及表象

成熟期的企业财资特征很难用某些具体的指标去体现,行业不同、规模不同,财务指标所呈现的特点也有差异。从成熟期业务特点、资产特点剖析利益相关者的行为逻辑去反推成熟期企业应该有的普遍财务特点,或许能窥见部分端倪。

从资产增值的要求角度分析,资产的增值是企业永恒的追求。从投入与产出来看,这一阶段的投入主要是当期的营运资本,当业务已经趋于稳定而后期增长空间有限,投资者在前两个阶段投入的未得到弥补的成本(如资产)需要以这一阶段的盈利进行变现,因此要求此阶段的产能必须覆盖前期以及当期成本的摊销,以实现投资者的资产增值要求。资产增值类的财务指标主要体现在总资产报酬率(ROA)以及净资产收益率(ROE)。

ROA(净利润/总资产)是衡量企业利用资产创造利润的能力指标,它反映了企业经营效率和内在增长潜力,是企业的管理层非常关注的指标。从内在增长的角度来看,第一,ROA可以反映企业对资产的优化配置和有效利用,企业通过挖掘内部的资源和潜力、优化产品结构、提高生产效率和服务质量,从而提高销售收入和利润水平,实现资产的最大化利用;第二,ROA可反映企业对外部环境的适应和应变能力。企业在面对外部环境变化时，能够及时调整经营策略和资源配置，降低成本、提高效率，从而保持或提高销售收入和利润水平，实现资产的最大化利用。ROA 的提升主要通过两种方式实现：一是提高净利润率，即利润与销售收入之比；二是提高资产周转率，即销售收入与资产总额之比。

ROE（净利润/净资产）是衡量利润和股东权益之间关系的指标，反映了股东投入的资本创造利润的能力，是衡量企业盈利能力和股东投资回报率的重要指标之一。ROE 越高，说明企业利润水平相对较高，股东投资回报率也就越高。ROE 主要是站在股东视角反映股东对利润的诉求。

因此，站在资产的增值角度看投入产出，无论相关者是对 ROA 还是 ROE 有要求，成熟期的企业的基本特征之一应该是净利润为正数，并且能够保持相对稳定，在稳定的盈利能力下才能满足资产的增值要求。

从企业的可持续经营价值分析，相关者要求企业有长期持续地创造价值的能力，而现金流是企业持续经营的基础。企业需要不断地进行投资和发展，才能够保持市场竞争力和持续增长，现金流是投资发展的基础，充足的自由现金流（FCF）更是其中的关键指标，直接影响经营决策、投资决策以及分配决策。

自由现金流（FCF）= 现金流入净额 - 资本支出，其中，现金流入净额是指经营活动获得的现金净流入，资本支出是指维持运营和扩张而开展的资本支出，包括固定资产投资、研发投资等。通俗地说，自由现金流是企业可以用于分配股息、偿还债务、进行投资、收购其他公司等活动的现金流。自由现金流是衡量企业财务健康状况的重要指标，因为它反映了企业实际的现金流量的可持续性。如果一个企业的自由现金流持续为正，说明企业的经营状况良好，有足够的现金来支持企业的各项活动。相反，如果一个企业的自由现金流持续为负，说明企业的经营状况不佳，可能需要借债来维持运营，或者需要削减投资和分配股息等活动。需要注意的是，自由现金流并不是越大越好，因为企业需要根据自身的实际情况和市场需求来进行资本投资和分配股息等活动。如果企业将所有的自由现金流都用于分配股息，可能会导致企业无法进行必要的投资和扩张，从而影响企业的长期发展。企业需要根据自身的实际情况和市场需求，制定合理的财务策略确保自由现金流的稳定性，以实现企业的长期发展和投资回报。

因此，站在可持续经营的角度看，成熟期的企业的另一基本特征应该是有较为稳定的自由现金流能够满足偿还债务、分配股息以及开展各类投资活动。

从站在抵御风险的角度分析，利益相关者要求成熟期企业在面对不确定性时有足够强大的应变能力。成熟期企业在其自身资产、资源能力的加持下，保持适当的债务水平有助于提升净资产收益率。2020年9月，2020中国500强企业高峰论坛会发布的数据显示：2020中国企业500强平均资产负债率为83.89%，其中非银企业的平均资产负债率为71.52%，国有非银企业的资产负债率为72.68%，民营非银企业的资产负债率为73.62%，制造业企业500强平均资产负债率为65.40%，服务业企业500强平均资产负债率为7.99%。中国500强企业多数为成熟期企业，能在一定程度上代表企业的资产负债情况。

站在财务的角度看，负债经营中面对的流动性风险往往是最直接也最致命的风险。企业的流动性是在一定时间内将资产转换为现金以支付其短期债务的能力。也有人将流动性直白地描述为"举新债还旧债的能力"，而资产质量、负债结构、运营能力均密切影响着这种能力。企业的资产中，现金、短期存款、应收账款流动性资产占比越高变现能力越强，资产质量越高，变现价值越高；负债影响流动性主要体现在债务结构，应付账款、短期贷款等短期负债比例越高，企业的流动性会更低，而长期债务的占比越高企业流动性影响相对较小；企业的运营能力如应收账款及存货管理能力、资金结构调整能力越强，流动性也就越强。

因此，站在抗风险能力的角度看，成熟期的企业的另一基本特征应该是有较强的流动性能力，能够满足企业面对不确定性风险的需求。

在稳定的盈利能力、自由现金流、流动性三个基本特点之外，成熟期的企业还有其他特点，如相对稳定的股权结构、较为稳定的资产结构、相对稳定的分红政策等。

4.2 财务组织的功能跃升

随着业务规模扩张，成熟期的企业涉及的业务范围和复杂度增加，可能会涉及多个业务板块和多个地区，财务结构也更为复杂，面临的风险和不确定性增强，需要更加精细的财务管理，加强财务监控和预警。更需要根据自身的财务状况和市场环境进行深入分析，制定相应的财务战略。

关于财务组织的具体功能，2022年国务院国资委发布《关于中央企业加快建设世界一流财务管理体系的指导意见》（国资发财评规〔2022〕23号），意见强调财务要重点强调五项职能：一是强化核算报告，实现合规精准；二是强化资金管理，实现安全高效；三是强化成本管控，实现精益科学；四是强化税务管理，实现规范高效；五是强化资本运作，实现动态优化。要持续完善五大体系，一是完善纵横贯通的全面预算管理体系；二是完善全面有效的合规风控体系；三是完善智能前瞻的财务数智体系；四是完善系统科学的财务管理能力评价体系；五是完善面向未来的财务人才队伍建设体系。

企业在成熟阶段的战略、业务、组织复杂程度较前两个阶段更为突出，财务组织功能"五项职能"与"五大体系"在成熟期的企业的重要程度也更加明显，这一点从企业不同阶段价值体现的对比来看或许更突出。

在初创期，企业价值主要由产品价值体现，具体表现在产品被市场的关注度与接受度；成长期企业的价值则由规模价值与产品价值共同组成，梅特科夫模型将规模价值描述为：规模价值=K×N/R²（K×N代表单个用户贡献×客户数量，实质是理想的销售；R²代表营销费用，营销费用跟规模价值成反比），可见这一阶段企业的价值体现仍是集中于用户与产品；而到了成熟期，企业的价值则体现在"财务价值"与协同价值（业务协同+财务协同）上，资本在这一阶段的重要性被凸显。

进入成熟期的企业，已初步完成从找钱—花钱—生钱—分钱的完整闭环，形成了自身的金融微系统，这一阶段中同时存在融资（债务、股权）、投资（财务投资、产业投资）、经营（经营资产、资金流量）、分配（股息等）等多类型的资金动作，生态更为复杂。财务活动伴随每个环节，在组织中的参与度与渗透度更强，重大决策对财务的支撑需求也更加明显，构建起与公司发展策略相匹配的财务战略在这个阶段尤为重要。

从找钱环节看，成熟期企业通过前期资本、资产、资源的积累，债务融资、资本融资等多种途径使得融资途径较前两个阶段更为宽广与畅通，其重心是做好筹资计划，持续优化企业的资本结构，平衡风险与收益，为业务发展助力。从投资环节看，成熟期重心是配合公司发展战略做好投资规划，平衡财务投资、产业投资、经营业务投资的比例，助力公司实现可持续经营以及实现新一轮的增长。从生钱环节看，投资回报率=利润率(多赚)×周转效率(快赚)×杠杆系数（大赚）。用杜邦公式去分解花钱阶段的财务重点：一是通过持续提升产品的赚钱能力，提高经营利润率；二是通过内部的精细管理提升运转效率；三是借用资本工具，平衡风险与收益，合理使用财务杠杆。从分配环节看，主要是要做好分红与利润留存规划。

本章节重点讨论生钱环节，站在生钱的角度，财务在成熟期的价值体现更为明显。本章第一节提出增长是成熟期企业在战略与业务层面的重心，而战略、业务、财务本是一体，财务贯穿于战略、业务始末，不仅是经营结果的体现，财务本身也能成为业务的一部分。利用财务管理工具，融入业务，以企业有效的"增长"为核心创造价值，是成熟期财务组织功能体现的重要途径。

对于找钱、分钱、花钱相关内容本章节不做重点讨论（具体内容见融资及投资相关章节）。

4.2.1 优化资源配置、结构与节奏

无论从宏观还是微观看，企业都是一个"资源配置器"，在经营过程中，企业将有限的资源（资金、人力、物资等）分配到不同的业务领域、项目或者部门，通过资源的组合实现企业资产增值。资源是有限的，面对市场需求、竞争对手、技术变革、政策环境等复杂多元的外部环境，如何优化资源配置，最大化发挥有限资源的价值都是企业经营层级需要考虑的重点，资源配置将直接影响经营结果。在成熟期以前，资源配置主要是由业务需求来主导，企业的选择空间相对有限，但是进入成熟期，资源与资产实现余量，为了保持增长，企业不断寻找增量，可能呈现出多类业务、多种业态、多组织、多层级等特点，资源配置的重要性进一步凸显。在资产增值的基本要求下，如何有效地将资源投向投入产出效率高的领域成为经营管理的重点。而如何识别与评价投入产出效率，财务能发挥重要作用。财务通过全面预算、成本管理、投资决策、绩效评估、风险管控，实现资源结构、投入节奏等的优化，最终助力实现资源利用效率最大化。

4.2.1.1 资源结构

1. 资本结构

从财务视角看，资本、资产结构需要与企业的发展阶段与发展战略相匹配，这关系到企业能否可持续发展，包括企业权益资本与债务资本的比例结构、债务资本中的流动与非流动的债务结构、权益资本中的股权结构等。资本结构的管理是这一阶段财务应该关注的重点，也是管理的难点，因为涉及结构的调整往往最为困难，成效呈现也需要拉长时间线才能凸显。

资产负债率是权益资本与债务资本比例的重要指标，资产负债率是高好还是低好？站在债权方的角度看，当然是越低债务越安全，但是站在股东与企业经营者的角度，就不好简单作答。不同行业、不同背景对于高低的评判标准不一，关键要看资金边际收益大小。然而，债务并非越高越好，财务需要评估债务偿还风险，做好风险与收益的平衡。同时要关注债务结构，如果出现短债长用，即便资产负债率不高，流动资产不足也可能导致不能偿还到期债务的后果。

稳定的股权结构能为企业的长期稳定发展保驾护航，进入成熟期的企业，可能已经经过多轮融资、增资、股权转让、股权激励等资本运作，股权结构可能相对复杂。这一阶段需要进一步建立健全股权治理机制，保障股东权益，维护企业的长期稳定发展，强化企业运营监督管理，提升股权结构的规范性与稳定性。优化股权结构可以通过发行新股、配股、优先股等方式来实现。

2. 业务资源结构

从业务层面看，财务主要通过全面预算、业务绩效评价等财务工具引导资源流向投入产出比更高的业务，来实现企业整体业务结构优化。全面预算是资源配置的一种战略性工具，它上承战略下接绩效，预算编制平衡的过程实质上是从事前对企业资源进行合理规划以达成最优的资源组合的过程，通过业务预算、投资预算、筹资预算和财务预算等具体内容，确定预算目标，并对企业预算期的经营活动进行预测和规划。企业通过预算建立起业务实施与评价的系列标准，在经营活动开展中，通过预算控制与分析，及时纠偏全流程提升资源效率。最后通过绩效评估，对各项业务的效益进行评估，通过配套的激励措施引导资源流向投入产出效率高的业务，实现资源优化配置。

4.2.1.2 资源投入节奏

对增长的诉求需持续寻找业务增量，也就是需要持续的资源投入。增量往往不是一蹴而就的，合理规划资源投入节奏有助于平衡风险与发展的管理。资源投入节奏是指在一定时间内，按照一定的节奏和规律，逐步投放资源，以实现最佳的效果和收益。根据企业的业务结构、资源特点，制订合理的资源投放计划，包括时间、金额、渠道等，根据环境变化不断调整节奏，才能确保资源在合适的时点投放到产出效率最高的地方。资源投放可以分批次进行，例如，先进行小规模的投放，通过数据分析和反馈，不断优化投放策略，再逐步扩大投放规模循序渐进推进。投放频率也是影响资源效果的重要因素之一，需要据实际情况和用户反馈如用户数据、竞争对手、市场行情，结合经营结果适当调整投放节奏。

4.2.2 成本路径——结构与效率

寻找增量的过程，实质上也是打造自身竞争力的过程，而成本优势无疑是重要的竞争力之一。成本优势实质上是一种能进能退的能力，给企业更大的竞争空间，即使面对价格战，自身也能从容面对，以成本优势占领市场高地。迈克尔·波特将成本领先上升到战略高度，他提出的三大竞争战略包括成本领先战略、差异化战略以及聚焦战略。成本领先战略是通过扩大规模、加强管理以低于竞争对手的价格占领市场，并且获得行业平均水平以上的利润。成本领先战略并不等于低价，也不代表低质量，而是精益化经营管理的结果，是企业最为坚实的护城河。可以说，任何阶段将成本作为战略去研究都不为过。

为什么成熟期的企业要尤其关注成本呢？除了少数产品与服务，大部分产品的价格趋势是下行的，能够依靠提升价格寻找增量的企业少之又少，这时，成本优势就成了重要的竞争力之一。对于产品成本结构、运营成本相对固化的成熟期，能够在成本方面取得优势的企业所拥有的优势是其他市场参与者无法比拟的。

长期以来，财务成本总是被理解为经营结果的体现，始终在末端，成本在业务链中应该产生什么样的价值往往被忽视。那么财务，应该如何穿透业务链，发挥价值创造功能呢？成本结构与效率是关键因素，成本结构决定成本可以压降的空间，周转效率决定成本周期，成本领先战略的实施往往需要围绕结构与效率发力。

本节以制造业为例，围绕销–研–产–购这一价值链探索成本结构与效率。

4.2.2.1　基于价值链的成本控制

基于价值链的成本控制理念是产品从设计、采购、生产、销售等形成的一条活动成本链。通过对价值链分阶段进行分析并加以优化，克服传统成本管理仅注重生产环节的成本的局限性，将成本管理视角延伸至整个价值链。

首先是设计成本。《卓越经营者与财务管理》一书对于产品全生命周期成本关系的研究显示，设计阶段所确定的产品成本占全部成本的比例为75%～90%。也就是说，越在产品生命周期的上游，成本控制越容易，以后各阶段只能小幅调整，成本降低余地不大。成本管理的视角必须前移，从传统的成本节省，转向在设计环节的成本控制。从产品设计开发，满足成本管控要求，设计具有竞争力的产品，从源头控制成本目标。而目标成本管理是最重要的成本管控方法，它采用逆推法以市场价格倒逼目标成本，再进行正向测算，倒推挖潜，用市场价格牵引成本控制。

其次是采购成本管理。在各种不确定的外部环境考验之下，稳定的供应链是每一个企业面临的重要课题，供应链的降本也成为重点。一是需要建立高效协同的供应链形态，站在企业的战略视角，理解供需特点，特别是不同产品线的差异特征，以外部客户需求为导向，打造敏捷、柔性、高效的供应链；二是发挥规模优势，企业内部通过优化产品设计做好原材料统型实现批量采购，通过采购批次的整合、供应商数量的整合等方法实现集中采购，以批量优势降低采购成本；三是抓好供需平衡，动态调整库存，实现库存最优，提升周转效率。

最后是精益生产成本管理。精益生产管理对财务的基本要求是实现生产过程中的成本与周期的透明化，通过生产组织、生产流程优化实现成本控制。例如，K公司通过生产过程中一序一码、一物一码，降低流程管理成本和质量成本；通过生产管理系统实现数据采集自动化，生产过程的数据完整性达到95%以上，数据的准确性基本实现了100%，破除了生产"暗箱"，实时监控生产过程，实现采购、装配、调试、检验、交付等全流程时间可视；通过逐步优化减少负面流程，大幅降低生产成本，人工效率提升了40%、设备利用率提升了

40%，在人员数量大幅减少的情况下，单月产能却增加40%。

价值链成本贯穿研、采、产、销全过程，这里只是重点讲设计降本、采购成本与生产成本，需要强调的是，价值链上成本的控制，除了降低成本，更应该关注业务动作的合理性，减少不必要的业务动作也是重要的降本方式。

4.2.2.2 基于效率的成本控制

周转效率被誉为企业的第三利润源泉，周转效率无疑是成本领先战略的重要路径。在不同行业，周转效率差异巨大，效率的绝对值不能直接进行比较，对于制造业，尤其需要关注资产效率以及人效。

站在财务角度，一方面要重点抓资产周转效率。比如，在存货管理方面，以信息化手段将周期分配到产品、订单的各个环节，使存货占用成本可视，强化日常统计、定期盘点、责任溯源，减少资金占用；应收账款要关注销售合同的全周期，从合同签订、交付、回款各个环节落实缩短周期最终提升资金效率；固定资产方面，实时关注更新固定资产使用状态，尽可能减少资产闲置。

另一方面是提升人效。人是企业最终的资产，人力成本往往是企业最重要的成本之一，人效在很大程度影响企业的整体效率。通过多种激励措施激发员工创造更大增量。如外部链接，用创新的方式解决人力资源需求，人员不一定要招进来，可以借用外部人力资源解决短期人力需求。

4.2.2.3 组织方式及隐形成本控制

企业的组织方式在某种程度上也影响了成本发生，组织效率往往是影响其他所有效率的基础，建立高效的组织，对降低成本有至关重要的作用。

其他的隐形成本主要有执行、会议、沟通、流程、停滞资源、文化、信用、风险等成本，比较突出的就是制度执行不到位的问题，大量的重复沟通、无效沟通是效率的极大拖累。制度的执行力关系制度的生命力，有了执行力，工作才会有效率、出效能、见效益。德胜洋楼（以下简称"德胜"）是一家令人震撼的公司，它建造的木（钢）结构住宅建造超过了美国标准，1000多人的公司，只有13个不脱产的高管。这家公司的与众不同，来自对制度学习的重视程度。德胜人每月1日、15日都要组织学习制度两次，一年二十多次，德胜对制度学习的重视程度，高于工作，高于上班。上班可以请假，制度学习不能请假；上班可以不用签到，但制度学习必须签到。通过制度的学习和严格执行，德胜把每一位员工都塑造得具备很强的自主性，让每个岗位都鲜活起来，追求一刻接一刻的精进，一事一程序、一事一规矩，一一对应，使组织更加高效。

4.2.2.4 成本控制环境

企业需要利用成本控制环境，将成本理念灌输到每一个业务环节、每一名员工。一是树立成本文化，加强培训与宣传，推动业财协同降本；二是建立成本管控组织，明确职能职责，从系统层面推动成本管理；三是完善成本管理制度体系；四是建立成本评价与指标体系，建立激励约束机制，实现指标牵引、绩效关联；五是建立成本基线，加强成本分析，及时反馈成本差异；六是引入信息化工具支撑成本管控的精细度。

4.2.3　资产质量——谨防两金魔咒

成熟期企业的资产规模往往达到其自身历史的较高水平，但是资产质量才是影响资产变现价值的关键因素。资产质量的好坏，主要体现为资产的账面价值与其变现价值的差异之上，资产变现价值越高，质量越高。最受关注的资产质量无疑是"两金"，即应收账款与存货。国务院《中央企业加快建设世界一流财务管理体系的指导意见》（国资发财详规〔2022〕23号）以高质量发展为主题，强调切实加强"两金"管控，提高资产运用效率，实现收入、效益和经营现金流的协同增长，无论是国家层面对央企的要求还是企业自身对发展的要求，两金管控都是重要内容。对于成熟期的制造业来说，两金更容易成为限制企业发展的"魔咒"。

4.2.3.1　应收账款

企业的应收账款是一把双刃剑，一方面适当的信用政策可以帮助企业扩大客户基础，提高市场份额，助力收入增长；另一方面应收账款占用公司资金，一定程度上会降低企业的流动性，管理不善的应收账款会增加企业的成本和财务风险。成熟期企业在面对业绩增长压力时，可能会选择放宽信用政策提升销售的策略，但同时也更需要强化应收账款的风险管理。一般而言，企业应该建立起完善的应收账款管理体系，从事前、事中、事后三个维度做好应收账款管控。

事前管理：签订销售合同前，业务责任单位应关注客户信用状况、销售定价、结算方式等相关内容，建立客户档案并及时更新，重大销售合同谈判应有财务、法律等专业人员参与，并形成完整的书面记录。业务单位严格遵守公司销售合同管理规定，起草合同时明确合同各方的权利和义务、交货、验收、货款结算等合同要素；管理单位按合同审批流程组织授权审批人员开展合同评审，及时监督合同执行、跟踪合同履行及档案管理工作。同时，要善用信用保险，为应收账款建立防火墙。

事中管理：合同发货及验收。严格执行存货出入库管理制度，杜绝物资账外流转；建立健全应收账款明细账，加强日常监督，业务、财务部协作做到应收账款按单管理。

事后管理：定期与客户签订对账单，做好对账档案管理，对确实无法签订对账单的欠款用户，应视具体情况通过法律途径或其他方式进行债权确认。应收账款实行账龄管理制度，按账龄分为合同期内、进入预警期内、到期、逾期、诉诸法律手段等级次，业务责任部门制定相应的催收措施；定期编制应收账款账龄分析表并查明逾期账款形成原因并提交，大额的逾期应收账款须单独说明，并提出清收建议。

4.2.3.2 存货

存货通常包含原材料、在制品、半成品以及产成品，适度的存货储备可以保障产品的按期生产交付需求，但过多的存货也会给企业带来沉重负担。当存货规模超过企业可承受的阈值，将对经营造成重大影响，具体表现为：存货占用了资金提高自使用成本，降低企业流动性；存货若无法快速周转，必将产生大量冗余，增加积压风险，存货减值损失还将吞噬企业利润。

本节将从 A 企业的存货治理案例来分析存货形成原因及治理方法，可从案例窥视存货管理之道。

【例 4-1】A 企业存货状态

A 企业属于某制造业，收入规模约 30～35 亿元。2019 年 A 企业存货规模为 25 亿元，2021 年增长至 30 亿元，当年存货金额达净资产的 1.44 倍，是营业成本的 1.27 倍，存货周转天数 500 多天，远高于同行业上市公司水平 310 天；从存货库龄看，2 年以上的存货将近 3 亿元，金额大、占比高，存在一定减值风险；从存货结构看，A 企业原材料占比过半。而根据华为供应链管理研究成果，大多数按照订单生产的企业，合理的库存结构为成品及原材料相对较少，在制品比重大，呈"枣型"结构。

1. 存货形成原因

面对严峻的存货态势，A 公司通过自身存货状态、形成原因，采购对标、抽样等方法对存货原因展开分析。

（1）存货管理观念、方法与工具落后。

丰田从 20 世纪 60 年代就开始推行 JIT 生产方式，追求库存的极致降低。而 A 公司对存货的管理观念还停留在确保物资安全完整、账实相符的视角，管理观念严重落后。缺乏科学有效的工具与方法也是造成 A 公司存货管理效果不佳的重要原因。长期以需求为主导的存货管理模式导致 A 公司对存货金额的合理性、科学性未展开系统分析，对存货该不该存在、该什么时候存、为什么存、要怎么处理没有深入分析，也缺乏相应的管理工具去支撑存货的科学管理。

（2）存货管理机制不健全，制度执行不到位。

物资管理部门、执行部门、监督部门职责断层，各管一段，存货管理的重点停留在实物安全性、完整性，对效率效益的关注度不足。A 公司制定了存货管理制度，但存某些关键环节风险控制不足、主体责任未落实、监督执行不到位、存货管理未闭环等问题。例如，各部门未严格按照制度行使职能职责，未开展物资周期分析、存货责任溯源等。

（3）供产销信息断层，某些环节管控缺位。

首先是市场方面。没有一个统一的部门对市场需求信息、风险投产进行复核及统筹管理。市场需求信息变更不及时或者传递不及时，当外部市场信息变更，如遇到订货取消、更改等未及时通知生产部门、采购部门，导致无效采购或者物资滞留在库房而无法及时处置，形成呆滞积压。个别项目市场需求调研不充分，产品功能不满足需求或者市场需求已经饱和，销售难度大，造成库存积压。

其次是研发环节。技术状态不稳定带来产品升级导致许多试制品无法达到对外销售状态，进一步形成科研环节的存货积压。

再次是采购环节。A公司采购原材料种类多、供应商分散、定制材料较多，采购管理难度大；同时，部分原材料采购周期漫长，而客户交付周期短，A公司对部分长周期器件采用提前储备策略，但是当客户订货信息变更后，专用储备物资无法使用，最终也会造成积压。

最后是生产环节。A公司产品种类多，工序复杂，产出难度大，在制周期长。同时部分产品技术状态未固化，更改频繁，也直接拉长生产周期，导致在制品积压。

（4）存货状态信息不可视。

A公司"供产销"信息方面各部门仅关注自身数据，未实现存货信息的有效共享，存在"需求信息—销售订单—生产订单—物资计划—实物状态"各类信息难以贯通，数据断层。信息系统的数据采集、分析与集成应用等的深度、广度和精确度还不够，对业务分析支撑不足，无法实时展现多维度存货数据，帮助存货管控升级。

（5）存货责任未溯源，考核机制不完善

存货信息断层，使得当前呆滞积压存货难以准确追溯责任源头，责任不清晰导致考核难落地。

2. A公司存货治理方法

A公司面对严峻的存货形势，需开展存货治理，以供需平衡为指导，推进存货精细化管理，提出系列治理措施并设置存货规模指标与周转指标进行监控评价。主要措施如下。

（1）转变观念，强化组织及制度建设。

存货管理由"管实物"向"管价值"转变，从需求导向转变为"供需平衡"主导。成立存货治理专项组，制定存货管理制度，进一步明确存货管理职责，形成积压存货处理机制。狠抓制度落实，严格按照制度要求进行存货过程管理，按流程、制度、规章办事，完善责任溯源、绩效挂钩等机制设计，加强重点环节监督控制，明确风险点及控制措施，制定存货考核指标，评价存货管理成效。

（2）用全面预算工具建立起存货的科学保有量。

通过全面预算加强财务前置功能，以销售计划为依据，反推生产计划与采购计划，结合库存现状，计算理论采购量与库存量，控制采购节奏，减少库存积压和资金占用。

（3）构筑"需求-计划-执行"三道防线。

需求预测是源头。基于对市场客户的详细分析，尽量减少不必要的投产，实现"源头可控"。设计方面完善研发项目评估机制，充分论证项目的市场需求，强化以市场为导向的技术研发。

制订计划是关键。制订既能保障交付又能尽量减少资金占用的采购计划和生产计划是管控存货的关键环节。通过物资分类分级管理、设立安全库存标准，科学把控采购节奏、生产进度，推动库存物资快速、顺畅地流转起来。

科学执行是保障。需求预测与计划制订是在执行之前尽量将不确定性转化为确定性，但实际执行过程中总会遇到新的变化，如市场信息变更、设计方案调整、生产过程损耗、材料供应短缺等，构建执行防线，就是在执行过程中随时关注各种影响因素，灵活调整执行方式，稳健采取处理措施，在不影响交付的情况下，尽量减少浪费、消化冗余。

（4）建立常态化存货处置机制。

对于已形成积压的物资，以分类管理、重点突破的思路，分析物资状态与市场状况，采取适宜的处置方式，及早处理。

（5）推动信息可视，实现业财协同，强化数据监控与分析。

集成公司全流程存货信息并直观展示，实现各环节数据互联共通。对业务全过程执行情况实现线上可视化、互通化，并进行留痕管理。建立存货身份证，实现责任可溯；加强存货管理报表开发，加强关键风险点控制，如周期报表、库龄报表、非正常存货报表，实现存货信息精准快速提取，提升存货管理可视化水平。

搭建多维度存货分析监控体系。日清周理月结，加强盘点，保证账实相符。财务要强化全环节业务过程跟踪，定期开展周期分析、查找异常并跟踪处置。

责任溯源，绩效关联。将存货考核指标与部门绩效挂钩，逐步形成任务分解、责任追究、监督检查、考核评价的完整链条，进一步压实责任。

最终，A公司治理成效是：存货治理工作第一年，A公司存货总额从30亿下降至27亿元，周转天数减少31天。

4.2.4 集团型企业的财务管控策略选择

企业集团有多种组织形式，有以产−供−销关系形成的或者由科研−生产−销售形成的、不存在产权控制与被控制关系形成的企业群体，有以产权关系为纽带形成的企业群体，本节主要讨论后者。

有产权关系的企业集团中，母公司与子公司均是独立法人，但是其经营决策和经营成果相互影响，在经济上融为一体，资本将各个企业关联起来。

4.2.4.1 企业集团财务管理模式

企业集团内部财务资源、财务活动相对复杂，财务管理模式与其历史沿革、所处行业、地域分布、业务模式有密切关联，按管理权限与控制程度划分，主要可以分为集权式、分权式、集权与分权结合的管理模式。

1. 主要管理模式

集权式的主要特点是财务决策管理权限高度集中于母公司，集团对成员公司财务核算、资金、资产、投资、融资、内部控制、人事等进行统一管理，对成员单位财务负责人、财务部门进行垂直领导。

分权式财务管理特点是财权相对分散，母公司只保留对重大财务事项的决策或审批权限，其他权限下放给成员公司，让其根据其自身情况进行决策。

集权与分权相结合的管理模式是在母公司和成员公司之间适度分配财权，将重大决策权与一般管理权适度分离，形成适度集权或者适度分权的组织结构。

2. 主要模式优劣势对比

集权式财务管理模式的主要优势是有利于集团决策的贯彻实施，发挥整体的协同效应，提高管理效率。劣势是决策权限过于集中，决策失误带来的成本更高，而同时子公司缺乏决策权导致经营过程的灵活性、创造性不强。

分权式财务管理模式的主要优势是子公司保留决策权限，对市场的反应更为敏捷，降低集团整体的决策压力。劣势是集团的调控能力减弱，子公司可能因追求局部利益而忽略集团整体利益，不利于资源整合，影响规模效应。

集权与分权结合的财务管理模式的主要优势是兼顾了集团整体决策与子公司经营的灵活性需求。但在实施过程中，集权与分权的度的把握较为关键，容易造成过度集权或者过度分权。

4.2.4.2 企业集团财务管理模式设计原则

在实际操作中，纯粹的集权与分权都是比较少见的，多数企业集团都是将集权与分权相结合开展财务管理。集权与分权结合的管理模式在财务管理权限设置方面也没有统一标准，可以根据集团整体管理体系、不同阶段的管理需求、子公司实际情况进行适度调整。管理模式及权限分配设计应把握一些基本原则，在基本原则之上设计适宜企业发展的集团型财务管理模式。

1. 集团财务管理应坚持以资本为核心

集团与各子公司均具有独立法人资格，资本将其联成整体，集团对成员公司的财务管理，也应该以资本为核心，从管资产的思路转换为管资本、管价值的思路，发挥集团资本的规模优势。通过资本运营带动企业规模扩张、产业产品结构调整、资产结构优化甚至推动企业变革，通过资本的流动、裂变、组合、优化配置等最大限度发挥资本力量，实现集团整体的价值增值。

2. 建立集团战略需求为导向，坚持集权与分权结合

集团财务管理模式服务于集团整体发展战略，资源配置要满足战略实施需要，而战略实施的最终主体是各级公司，财务管理模式的设计也需要调动子公司的主动性，保持其经营的灵活性，因此，要坚持集权与分权相结合，一切以战略需求为导向，不拘泥于某一种固定模式，要根据形势变化进行灵活调整。集权集的是战略性、方向性、重大风险性的权限，分权分的是战术性、具体操作性、较为确定性的权限。

为保证集团整体利益的稳定性，防范重大风险，接受投资权限、投资决策权、资产重组权、重要财务政策、财务负责人任免、担保贷款权及其他重大权限一般应集中在集团层面进行管理。

3. 建立有效的约束机制

集团层面应建立健全有效的约束机制，确保集团公司、子公司各司其职保障集团财务管控有效运行，实现资本增值。一是在公司整体的治理体系下，完善内部控制体系，有效防范风险；二是建立健全财务规章制度，指导子公司财务管理，夯实财务基础；三是建立资金、预算、核算控制系统；四是完善财务报告及备案制度；五是强化过程控制，加强财务审计及专项检查。

4. 适当开展分层分类管理

按控股权限、子公司层级不同，在总体符合集团管控模式的情况下，可以开展分层分类管理。对母公司、全资子公司管理相对集权；控股子公司在基本财务政策一致的情况下，保留重大财务决策的审批权限；参股公司通过派驻的董事、管理层等按其章程的规定，参与重大事项决策，掌握主要经营情况。

4.2.4.3　企业集团财务管理的主要内容

企业集团财务管理涉及的内容较为全面，管理链条也较长，具体管理内容与集权程度有较大关系，主要内容有如下几方面。

集团整体财务战略及财务规划。集团战略实施离不开配套的资本资源，财

务战略是经营战略的重要组成部分，因此集团财务首先要站在集团战略的高度制定与集团整体战略相匹配的财务战略，支持、保障、执行整体战略。财务战略一般可以分为扩张型、防御型、稳定型三类，集团财务要根据企业的发展阶段、外部环境、集团治理结构、风险控制要求选择适宜自身的发展战略，并将财务战略分解为具体的财务规划、计划，组织开展战略实施。

投融资及资金管理。从投融资及资金管理的角度看，集团财务有着一定程度的金融属性，要站在集团整体的高度，对风险与收益进行衡量，制定投融资规划，控制集团整体金融风险。具体来说：投资方面，有的集团有专业的投资管理部门，有的公司的投资管理职能归属于集团财务部门，若是后者，不仅要实行集团直属的对外投资功能，同时要对子公司对外投资担保、资产重组、重大资产类投资进行不同程度的管理；融资方面，集团要根据战略需求以及实际发展状况，合理评估并满足集团及子公司的融资担保需求，使用债务、股权等多类型的融资，畅通融资渠道，合理规划融资路径与融资节奏，为业务发展赋能；资金管理方面，集团公司负责制定融资及自有资金使用原则及相关调拨制度，根据需要对资金进行统一调度使用，正常经营活动资金可以由子公司自行管理也可以由集团以实时归集、联动支付的方式进行统一管理。

预算管理。全面预算管理是一种战略级的管理工具，财务预算是全面预算管理的重要组成部分，集团财务通过预算管理，在战略指导下，实现资源的科学分配，保证发展目标顺利完成。

资产监管。集团财务通过有效监管，建立完善的资产管理制度并对实施情况进行检查，确保对各子公司的资产真实性、安全性、完整性负责。子公司资产分离、合并、拍卖等要经过集团财务审核。

财务制度管理。集团公司应该按照要求制定适合公司发展的财务政策、财务管理办法、各项制度等。

财务人员的管理。财务人员是财务战略、财务管理制度、财务信息质量的重要保障。集团财务应对财务人员进行有效管理，对集团财务部门负责子公司管理的财务人员加强业务培训，负责对各子公司财务负责人任免事项、绩效管理、调动等。

4.3　资本运作——资本的增值

4.3.1　财务投资

4.3.1.1　投资管理

1. 定义

财务投资，主要是通过溢价退出实现资本增值的交易行为，区别于产业投资追求规模增长和分红收益，财务投资最明显的标志是有确定的退出预期，盈利模式是以股权作为"原材料"，通过资本运作这一"生产行为"，将增值的股权作为"商品"高价卖出，从而让资本周转起来产生收益。

企业开展财务投资的主要原因是可以利用企业发展到成熟期积累的资金、声誉、地位、资源等取得较好标的的投资机会，从而取得更为可观的投资收益。

2. 财务投资分类

（1）一级市场投资。

一级市场指的发行市场，一级市场投资指通过非公开方式协商确定企业股权交易价格，以投资协议确定双方权利义务，最终在工商登记机构完成出资人登记或股权过户的投资行为。

一级市场投资按企业发展阶段分为 VC 投资、PE 投资、Pre-IPO 投资。VC 投资又称"风险投资"，是在企业初创阶段参与的投资，投资风险极大。PE 投资通常又被称为"ABC 轮投资"，此阶段一般处于企业成长期，有相对明朗的发展前景。Pre-IPO 投资为上市前最后一轮的募资阶段，此阶段企业已经有了一定的规模和明确的发展定位。从投资风险、投资价格和收益确定性比较三者差异，VC 投资风险最大，价格最低，收益最不确定，Pre-IPO 投资风险最小，价格最高，收益确定性最高。

（2）二级市场投资。

二级市场即为"证券交易市场"，是指已发行的有价证券买卖流动的市场，投资者可在该市场自由交易证券的所有权，其主要特点就是其价格的波动性较大，收益和风险具有较高的不确定性。交易者以证券公司、保险公司、信托、投资基金等机构投资者以及广大的个人投资者为主。

3. 企业财务投资原则

在进行财务投资前，投资者需要理解基本投资原则，科学合理地制定与投资者相适应的自身投资策略。

原则一：风险-报酬权衡原则

风险-报酬权衡原则是指风险和报酬之间存在反向对应关系，即高收益的投资项目对应高风险，低收益的投资项目对应低风险。理性的投资人在投资前应确定投资风险和报酬的预期，根据自身风险偏好情况决定报酬区间。

在财务投资中，投资人所要做的是尽可能收集项目更多信息，特别是对项目收益产生影响的关键因素，通过专业能力和信息挖掘，减少信息不对称程度，最大限度地降低项目不确定程度，以降低项目风险。

原则二：投资分散化原则。

投资分散化原则用通俗的话讲是"不要把鸡蛋放在同一个篮子中"，即投资对象应当多元化，而不是将企业全部投资集中在一个投资对象。

根据投资组合理论，多种证券组成的投资组合，其收益是所有证券收益的加权平均数，但是组合风险小于所有证券风险的加权平均风险，原因是运用投资组合方式能有效降低投资的非系统性风险，即组合中的证券越分散、越不相关，非系统性风险越低。

同样的，在财务投资中，将投资分散化，不仅限于单一项目、单一产品、单一类别。如在股权投资基金中，通用的投资原则是基金投资于某一单个项目的金额不得超过本基金实收资本总额的20%，目的就是通过限制投资额降低单一项目对基金投资组合的影响。

原则三：理性投资原则。

理性投资原则就是要充分考虑投资决策相关的内外部环境、利益相关者、方案可行性等事关投资决策的所有影响因素，通过投资方案比较，选择出适合投资企业的最优方案。

4. 财务投资方案的评价与选择

财务投资方案评价与选择和核心是收益评价，收益评价的核心是拟投对象经营业绩预期能否实现，投资方案收益评价一般采用现金流量法（即DCF法）、内部收益率、投资收益倍数等方法。由于收益测算结果取决于预测值是否准确，对距离预测期越远的预测值越不准确，因此在投资决策时不能过于依赖测算结果，还应当结合定性分析，验证测算结果的可实现性，才能做出恰当的决策。

因此，财务投资决策本质上还是对拟投对象核心竞争力和价值的判断，判断的方法与实施产业投资时，对行业、企业情况和业绩真实性等的分析方法和考虑的因素是相通的，笔者在产业投资章节中会进行具体的阐述。

综上所述，企业投资论证是从宏观到微观不断深挖的过程，任何关键节点的疏漏都可能导致投资决策的失败。因此，在投资论证过程中，投资者要充分理解各项投资风险，做好风险防范措施，通过交易方案设计或者其他对策降低和化解资本运作的风险，从而为实现预期的投资收益打好基础。

4.3.1.2 投后管理

因投资领域及被投资企业的存续阶段不同，财务投资者对每笔股权投资，往往采取不同策略的投后管理模式。但在执行投后管理前，做好以下几个方面的准备工作，有助于提高投后管理效率和质量。

（1）清晰设定投资目标。

（2）明确被投资企业所处的生命周期、经营水平及战略目标。

（3）认识到投资目标与被投资企业现状之间的差距。

（4）清楚知道被投项目达成投资目标过程中存在的风险。

（5）投资者能为被投资企业提供支持的领域。

（6）投后管理人员的专业能力范围是否与项目风险相匹配。

（7）投后管理流程，各类投后管理事项审批决策层级。

在明确上述几个方面准备工作后，投资企业即可以选择适合被投企业的投后管理模式，财务投资的投后管理一般会选择采用"风险控制型投后管理模式"或"参与管理型投后管理模式"对被投企业进行投后管理。

1. 风险控制型投后管理模式

采用该模式，一般适用于被投资企业处于成长期及成熟期。风险控制型投后管理模式下，监控风险将作为投后管理的主要内容。

对财务投资者来说，此时的投资风险存在于被投资企业自身经营风险及投资目的的偏差等方面。投后管理亦针对这两项主要风险，设置不同的工作模式。通常来说，投后管理部门设置定期财务报表报送分析、定期走访等方式来发现、分析、评估被投资企业在业务模式、财务指标健康程度、内控有效性、法律合规事务等方面的风险事项；设置重大事项建议权、决策权等方式来纠正被投资企业偏离财务投资者预设投资目标及企业战略目标的偏差。

风险控制型投后管理模式下，增值服务将结合财务投资者自身的产业资源及资本市场情况，辅助被投资企业提升自身价值。

2. 参与管理型投后管理模式

采用该模式，一般适用于被投资企业处于种子期及初创期。参与管理型投后管理模式下，增值服务将作为投后管理的主要内容。

对财务投资者来说，此时的投资风险存在于被投资企业的技术风险、市场风险、管理风险等方面。投后管理亦针对这三项主要风险，设置不同的工作模式。该种模式下，需要财务投资者投入更多的精力与资源，才能保障投资目的的实现，所以应取得更大的被投资企业管理权限。投后管理部门经常采用向被投资企业派驻董事、派驻财务负责人、稳定创业团队、理顺商业模式、设置股权结构及管理制度、协助开拓市场、协助后续轮次融资等方式进行投后管理，与此同时完成对被投资企业的风险监控。

通过对被投资企业实施投后管理不但可以实现财务投资者的投资目的，还可以逐步验证投资决策的科学性，为未来的投资提供判断依据。

4.3.2 产业投资

4.3.2.1 投资管理

1. 定义

产业投资，是指为获取预期收益或能力，以股权投资方式获取企业经营管

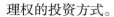

理权的投资方式。

相对于财务投资，产业投资的目标不是退出获利，而是通过股权投资快速获得市场、技术、团队、制造等产业能力，追求长期收益。产业投资人在选择产业投资时，一定是自身缺乏某种能力，而这种能力是难以在有限时间内通过自身建设就可以取得的，从而在综合市场机会、自身投入和产出等多因素考量下的选择。

2. 分类

（1）横向产业投资。横向产业投资主要指企业向产业价值链相同阶段方向扩张的投资并购活动，旨在通过实现规模经济获取竞争优势。

（2）纵向产业投资。纵向产业投资主要指企业沿其产业链上下游的企业进行投资，延伸和拓展企业现有业务资源，增强自身议价能力，提高企业产品的市场适应性和竞争力。

（3）多元化的产业投资。主要指企业对在不同产业、无密切联系的经营业务的企业进行的并购投资，目的是突破现有产业瓶颈，取得更高的利润。

3. 产业投资流程

产业投资流程一般分为获取项目信息、交易谈判、尽职调查、确定交易方案、投资决策、股权交割、投后管理。推动项目前进的过程，是项目价值和风险逐渐清晰的过程，也是利益相关者达成一致意见的过程，投资者需要把握好尺度，有进有退。

4. 投资可行性研究

投资可行性研究是供投资决策重要的步骤，所谓"谋定而后动，知止而有得"，可行性研究就是在国家各项法律法规要求之下，通过由粗到细、由浅入深的反复论证，充分揭示拟投企业优势和劣势、机会和风险。

可行性研究一般要经过行业分析、拟投对象分析、交易方案分析、交易价格和收益预期分析、投资风险分析等五个方面的分析。通过公开资料、专家访谈、企业内部尽职调查、分析论证等方式可以取得可研所需的资料。

行业分析。行业分析的任务是研究项目所在外部环境，确定行业市场空间、增长情况、未来发展趋势。产业链的分析可以帮助投资方确定拟投资对象投资项目所在的产业链位置、上下游情况、产业链关键环节、竞争格局、获利机会等信息。行业分析是极其重要的，行业有未来，企业才有未来，同时通过行业分析也有助于从宏观层面了解拟投资对象的发展情况。

生命周期分析法、产业五种竞争力、SWOT分析法等经典理论都可以帮助投资者进行行业分析。

①生命周期分析法。企业生命周期分析同样适用于产业投资分析，导入期经营风险非常高，存在很大不确定性，产品各方面都在不断变化，故对应的投

资风险最大，失败率极高；成长期经营风险有所降低，产品不确定性下降、市场不确定性增加，对应的投资风险较大；成熟期经营风险进一步降低，达到中等水平，各经营指标比较稳定，风险主要在于稳定销售额的可持续性，此阶段企业对应的投资风险相对可控；衰退期产品即将退出市场，企业已没有投资价值。

②产业五种竞争力。产业五种竞争力分为潜在进入者的进入威胁、替代品的替代威胁、供应者和购买者讨价还价的能力、产业内现有企业的竞争。

各行业都存在进入壁垒，影响潜在进入者进入的障碍主要有：

a. 行业内企业规模经济程度，集中度越高的行业进入所需付出的成本越高；

b. 行业内现有企业对关键资源的控制，如资金、专利技术、销售渠道、资源等；

c. 行业内现有企业的市场优势，如品牌优势、地方政府支持等。

替代品的替代威胁：替代品可能是相似的产品，也可能是起到相同作用的产品，"性能-价格比"决定替代品的替代威胁。

供应者和购买者讨价还价的能力是指行业是买方市场还是卖方市场，决定了行业内买卖双方的议价能力。

产业内现有企业的竞争主要从行业内企业数量，企业竞争程度、企业发展空间和利润空间、生产能力紧缺还是过剩、产品的同质化程度等方面进行分析。

③SWOT分析法。SWOT分析是一种综合外部产业环境和企业内部条件的分析评价方法，有助于清晰地了解行业和企业竞争和发展的优劣势。其中，SW分别指为企业带来重要竞争优势的积极因素、限制企业发展有待提高的消极因素。OT分别指外部环境对企业有利的因素或不利的因素。

5. 拟投对象分析

在了解行业情况后，要重点对拟投企业进行详细分析，主要的内容包括如下几方面。

（1）拟投企业基本工商信息、主营产品业务分类及业绩。

（2）拟投企业历史沿革、企业实控人和股权架构、实控人是否有产业背景、其他股东基本信息、财务投资人、股东代持、团队持股，每轮投资估值等股权投资人信息。

（3）拟投企业客户和供应商情况，客户和供应商的质量也意味着拟投企业的质量，因此了解客户和供应商的集中度、依赖程度、持续性也是确定企业未来发展和风险的重要方面。

（4）拟投企业市场、技术、财务、合规、生产、人员构成等经营情况。

（5）核心财务数据的真实性和规范性，包括细分收入及波动情况、毛利率水平及与同行业比较情况、企业归母和扣非利润间的差异原因、经营活动现金流量净额、企业大额资产和负债情况等。

6. 交易方案筹划

交易方案筹划可以分为若干个相互联系的阶段，其筹划的原则就是它的每一阶段都做出恰当的安排，通过实现细分目标的最优化从而使整个过程达到最好的活动效果。

交易方案分为交易估值定价、交易标的数量、业绩目标及保障性条款、交易前置条件、交易支付方式、竞业限制、核心员工安排、公司治理等内容。世界上没有千篇一律的交易方案，投资者需要根据不同项目特点、利益相关者诉求和投资风险，有针对性地制定交易方案，以确保投资目标的实现。

7. 交易估值和经济可行性分析

（1）估值基本方法。依据《资产评估基本准则》确定资产价值的评估方法包括市场法、收益法和成本法三种基本方法及其衍生方法。

市场法是指利用市场上同样或类似资产的近期交易价格，经过直接比较或类似分析以估测资产价值的各种评估技术方法的总称。市场法评估中常用的方法包括可比公司法、可比交易法等。

收益法关注资产的收益能力。该方法假设某项资产的价值可以通过衡量其未来可使用年限内产生的经济收益的现值得到。

成本法是首先估测被评估资产的重置成本，然后估测被评估资产业已存在的各种贬值因素，并将其从重置成本中予以扣除而得到被评估资产价值。

（2）估值方法适用性。市场法认为理性投资者愿意支付的价格不会高于市场上具有相同用途的替代品的现行价格。该方法的应用前提是要有一个有效活跃的公开市场，并可以在此市场上找到可比的资产及其交易活动

收益法认为理性投资者愿意支付或投资的货币额不会高于所购置或投资的资产在未来能给其带来的回报。该方法的应用前提是被评估资产的未来预期收益、获利年限及所承担的风险可以预测，并可以用货币来衡量。

成本法认为愿意支付价格不会超过构建该项资产的现行成本，该方法的应用前提是被评估资产处于继续使用状态，其预期收益能够支持其重置及其投入价值。

（3）交易估值分析。交易估值分析第一步是根据被评估资产的构成和经营业务特点，确认估值采取的合适的评估方法。

第二步，对估值中运用的假设，以及预测的各个参数取值与业务是否匹配进行合理性分析。主要包括：

a. 未来收入预测与其现有业务和未来发展规划是否匹配，现有在手订单支

持的比例等；

b. 成本构成中材料、人工、制造费用与其现有业务是否相符，预测的毛利率水平是否在合理区间；

c. 各项研发、销售、管理、财务类的费用预测与其费用发生特点和变动规律是否相符；

d. 所得税预测与其负税税率是否一致；

e. 现金流中营运资金增加额、资本性支出能否支持收入规模的增长。

（4）经济可行性分析。在确定项目合理估值后，投资者即可根据投资成本和预期收益计算出本次投资年化收益率、投资回报倍数和投资回收期，确定本次投资经济回报，进而判断在经济上是否可行。

投资年化收益率=$\sqrt[\text{投资期}]{\text{股权价值}/\text{投资金额}}-1$，投资一般计算复合年化收益率，可以准确反映投资者在一段时间内投资收益率的增长率，并避免投资期间个别年度中收益率为负对年化收益率计算的影响。投资年化收益率可以用于比较多个项目收益率，也可以用于比较投资收益与资金成本，进而做出投资决策。

投资回报倍数=股权价值/投资金额，用于衡量投资的盈利能力。

投资回收期=（累计净现金流量开始出现正值的年份数–1)+(上一年累计净现金流量的绝对值/出现正值年份的净现金流量)，用以计算投资项目收回原始投资的年限。

8. 投资风险分析

股权投资项目是高风险类别的投资，投资风险可能涉及方方面面，从大的分类来说，企业面对的外部风险主要有政治风险（跨国并购涉及）、法律风险与合规风险、市场风险、社会文化风险、技术风险；内部风险主要有战略风险、运营风险、财务风险，投资者需要充分揭示无法完全闭合的各类风险，并做好相应防范措施。

4.3.2.2 投后管理

以并购的投后管理为例，讲述投后管理的意义与模式。

1. 企业投资并购中投后管理的重要意义

对于投资并购企业来讲，实施投后管理是企业有效降低参与投资项目管理风险的重要措施，科学合理且高效的企业投后管理可以很好地解决企业并购后的有关问题，促进企业实现股东价值与资本运作的最佳化。随着现代社会经济的不断深入发展，现阶段的并购投后管理正在面向体系化、专业化以及精细化方面发展，所以，企业的投后管理部门应当充分结合企业的实情，对现实规律加以把握并不断总结和累积经验，努力实现理论和实践的创新发展，同时，还应当积极采取合理有效的投后管理措施有效降低企业投资风险，进一步提高企业投资的安全性，努力为企业赢得更大的投资收益。

2. 企业投资并购中投后管理的模式

（1）投前投后一体化。

投前投后一体化又称"项目经理负责制"，这是指投资项目的经理在投前执行项目的全面尽调、交易方案设计和实施，且还应在投后对项目开展持续跟踪和管理。这种投前投后一体化管理模式主要是中小股权投资机构使用。通过这种模式，项目经理由于全面深度地参与了项目的投前论证尽调和投中实施，非常熟悉项目情况，并掌握了投后被投企业存在的问题以及改善情况，可以做到项目的完全闭合，有助于监督企业风险并进行价值赋能。

但这种模式也会存在一定缺陷，如果项目经理管理的项目不断增加，在超过项目经理管理项目的上限后，该模式难以实现进一步投后管理水平的提升，同时项目经理个人的阅历会影响项目风险判断和价值管理，从而影响项目投后管理工作的质量。

（2）专业化投后。专业化投后又称"投后负责制"，即为企业投资部门单独成立投后专业化管理部门，通过设置标准化协议执行、回访、价值赋能和监督等相关工作标准，及时掌握公司经营动态，参与企业重大经营决策和管理，解决企业经营或资本运营过程中的问题。专业化投后管理的工作目标是有条理、有计划、有成果地做好各项投后管理工作，按时跟踪和反馈企业情况和存在的风险，有效避免个人经验和能力不足导致的投后管理工作不完善、不全面。

同样，这种模式虽然可以使投后管理专业化和标准化，但会使投后管理绩效难以评估，主要表现在难以衡量投资项目价值增值是归功于投资团队还是投后管理团队，以及项目收益如何进行分配。

（3）外部专业化。随着现代企业多元化发展，被投的各类型企业面临各类问题，对投后管理的专业性、综合性也是提出了更高的要求。因此逐渐衍生出新的管理模式，称为外部专业化，即将投后管理工作通过付费委托方式委托外部专业咨询机构负责，由其通过专业化运作提升项目价值，提高项目投资收益。

该模式存在的问题主要是外部投后管理团队的适配性，选择合适的外部团队可能需要耗费大量精力，而且需要额外的管理费用。

上述三种投后管理模式各有优劣，各有所长，各企业在选择投后管理模式时需要结合自身实际选择适合的才是最好的。

3. 并购投后整合

企业并购投后整合是控制被投企业，实现资源重新优化配置的重要手段，有时整合能否成功甚至可以决定投资并购成功与否，因此，各个投资方都会将并购整合作为投后的重中之重。并购投后整合的重要内容是财务整合、人力资源整合、企业文化整合等。

（1）财务整合的原则。财务管理是企业命脉管理，并购方委派的财务负责人负责执行并购方统一的财务管理要求，监督和反馈被收购企业运营情况。

①统一性原则。统一性原则是指统一被收购方的财务管理体系，使其在财务管理制度、会计政策、会计核算、资金管理、财务组织机构人员等财务管理实现统一，从而确保财务基准的统一标准、财务信息的上下贯通、财务资源的统一配置、财务组织的统一管理，形成强管理、强监督、强约束的集权式管理。

②最大效益原则。最大效益原则是对并购后企业的资金、资产、负债进行识别、整合和处置，如资金的统一归集、生产线或厂房的整合、无效资产的变卖和处置、融资成本的降低等。整合处置的目的是确定各类资产的作用和效益，优化企业资产质量，提高资产使用效率和收益率，从而使资产发挥最大的效益。

③内控有效性原则。内控有效性原则是对货币资金、收入、存货、采购、销售、研发等关键环节内部控制设计和运行有效性的整合管理，目的是修正收购前存在的管理不规范问题，确保不相容职务分离控制、授权审批控制、运营控制等控制措施设置得当，运行有效。

（2）人力资源整合的原则。人力资源是企业最基本的生产要素，人力资源成本是企业经营成本中重要组成部分，人力资源整合成功与否关系着股权交割能否顺利过渡、生产经营能否有序运行，人力投入与产出是否合理。

①平稳过渡原则。平稳过渡原则要求人力资源的整合要合理规划、循序渐进。既要保证效率，利用人员整合的契机，及时解决被收购企业人力资源存在的问题；又要减少人力资源整合风险，切忌盲目加快整合速度，急于求成，影响到企业的正常生产经营和未来发展。

②以人为本原则。以人为本要求收购双方应充分尊重员工，在关注管理层整合的同时，更要关注对中基层员工的整合，了解员工心理状态、对企业发展的期望以及自身发展需求，防止人心不稳，人才流失，进而影响企业各环节的正常运转。

③收益成本原则。收益成本原则要求匹配合理的人力资源结构，建立有效的激励机制，重视人力成本和收益。收购企业应关注整合完成后，企业生产经

营中所需的人力资源年龄、学历、经历是否与企业未来发展人力需求匹配，各类型人力资源成本与预期带来的经营收益是否匹配。

（3）企业文化整合。企业文化的整合是收购后最基本、最核心，也是最困难的工作，收购双方都需要不断调整和适应双方在价值观、管理风格、经营观念等方面的差异，促进文化的有效融合。

①求同存异，互相尊重原则。收购方不能单向灌输收购方企业文化，而应当做到客观了解双方企业文化，梳理双方价值观和诉求，尊重和肯定被收购企业文化优势和亮点，取得收购方各层级的心理认同，通过采取差异化文化融合的策略，不断协调文化差异性。

②沟通理解，循序渐进原则。管理者的沟通理解是文化整合的关键，管理者的思维认同在其中起主导作用。收购双方管理层应尽快熟悉和了解对方的管理方式，从双方共同利益出发，抓大放小，互相理解，从而促进双方从思想和行为上带头推行文化融合。

③从上至下，党建引领的原则。国企的收购还特别要重视党建工作，发挥好企业党建工作在思想上引领、在企业文化建设上发挥的作用，在企业文化建设上发挥作用，在凝聚力量方面，探索两者的有效结合点，实现企业文化的融合。

【例4-2】Z公司的横向产业协同并购

一、X公司的情况

X公司成立于2014年，注册资本800万元人民币，是一家从事B领域模块和组件的民营企业。经过初期的业务摸索、核心团队磨合、业务系统升级等调整，X公司的经营日趋稳定，其业务规模和客户资源都实现了较大的突破。X公司的股权结构如图4-1所示。

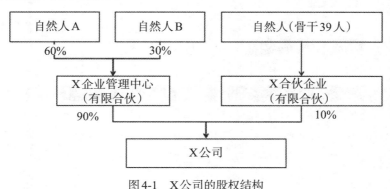

图4-1　X公司的股权结构

1. 市场行业

X公司所处B领域，根据行业的发展历程和现在形成的市场格局来判断，未来B领域的发展将可能对市场格局进行重新划分。此外，客户为达到培育其他单位发展业务能力的目的，B领域目前已经形成型号竞标第一名经费支持研制，二、三名跟研，最终都可定型列装的基本态势，因此X公司的业务将会成为未来国家军工发展方向的重要风口，市场空间和市场挖掘潜力较大。"十四五"期间，预估该行业市场领域空间约2900亿元。

X公司长期从事B领域产品研制生产，有独特的技术优势，其产品技术性能指标虽与军工国企有差距，但在国内民营企业阵营中属于主流水平，满足当前采购类招标项目的技术要求。同时，相比较过去央企、国企等单位作为B领域的技术总体单位，X公司作为一家民营企业，其业务已经达到了该领域的天花板。

2. 技术团队

X公司研发人员占员工总数超过50%，其中，博士5人、硕士11人，教授级高级职称2人、高级职称5人（不含教授级高级职称），国家863、国家重大科技专项等领域的专家2名，专业覆盖工业设计、机械制造、通信、自动控制、电气、信息工程、微电子、计算机等。团队成员有多年研发背景以及产品开发应用实践经验，学科背景、工作经历、技术特长各不相同、相互补充，具备总体设计和工程实现能力。X公司创始人自然人A曾获得国防科学技术进步奖二等奖1项、国防科学技术奖三等奖2项，在军方技术总体、军工央企集团的市场能力较为突出。

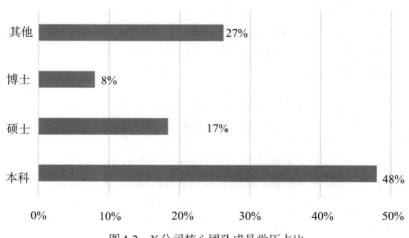

图4-2　X公司核心团队成员学历占比

3. 财务经营方面

公司2018—2021年营业收入从6000万增长至24 000万，净利润从-200万增长至4300万，公司发展态势良好。公司2018—2021年财务信息具体见表4-2所列。

表4-2　三年又一期财务信息

科目	2021-06-30	2020-12-31	2019-12-31	2018-12-31
总资产/万元	24 000	16 000	9700	6000
总负债/万元	10 000	4900	2700	3900
净资产/万元	13 000	11 000	7.000	100
资产负债率/%	44	30	28	65
营业收入/万元	8500	8600	8700	5700
营业成本/万元	2300	2700	2100	1300
净利润/万元	4300	4100	−4500	−200
经营性现金流/万元	9600	15 166	7926	6684

X公司的主营业务产品毛利率达到60%以上，产品附加值高，毛利率高于同业水平。2018—2021年，扣非后净利润分别为2200万元、4400万元、4600万元，呈逐年递增趋势；经营性现金流均大于净利润，且无负债和对外担保，资产关系清晰，年均资产负债率约40%。

X公司的办公场所、厂房均为租赁，无自主研发及购买的无形资产、在建工程、长期待摊费用等长期资产投入，仅有设备仪器等固定资产300万元，年均折旧低，仅占其年度收入比例的4.01%，属于轻资产型公司。

二、并购决策动因

企业并购一般都是互利双赢的效果才能促成交易。并购方Z公司是一家高新科技产业型企业和综合成长型企业。公司与各军兵种、科研院所建立了长期良好的合作关系，具备完善的军工资质且在军品国内外市场有一定的市场地位。由于产品和市场的特殊性，并购是拓展领域和发展空间的有利选择。对于并购方来说，在并购领域和标的的选择上更看重以下因素。

1. 横向领域扩展

目前Z公司主业聚焦于A领域，而A领域市场容量和空间有限，产业结构有待进一步优化调整。根据公司军工业务多元化发展的战略，围绕产业链上下游，进行强链、扩链、补链，寻找新的经济增长点，只有并购是最快捷的方式。公司也要从通过收购的方式，以推进军工资源深度融合，实现资源优化配置，进一步增强核心竞争力，提高盈利能力，降低经营风险。

2. 技术领域补足

X公司作为一家高速发展主要从事尖端技术的轻资产型民营企业，在B领域具有较深的技术积累，长期从事B领域的装备研制，具有丰富的工程经验。Z公司通过并购X公司可在一定程度上弥补其现有B领域技术能力的不足，在进行体系化项目论证和争取的过程中多一个B领域的技术支撑点，提升B领域业务体系能力。控制X公司后可与Z公司现有的业务形成产业协同，更能为Z公司一直想发力的B领域提供技术支撑，其产业布局与Z公司具有非常强的协同性与互补性，可有效支撑Z公司在B领域做强做大。

3. 市场领域协同

Z公司和X公司所在的业务领域，获取任务来源的渠道都是从军方—总体—二配—三配等，环节非常多，其竞争对手基本都是央企和国企。X公司主要为位于二配的央企、国企配套模块级的产品，形成了多类定型产品，具备一定的市场优势和基础，其总经理的市场拓展能力较为突出，在多家龙头企业均有较好的市场资源和渠道。控制X公司后可以和Z公司的相关市场渠道实现共建共享，在相关装备型号占位上会争取到更多的任务和市场订单。

而X公司作为一家三配民营企业，在获取市场订单过程中有非常强的天花板级企业阻碍，很难接收到一手资源和信息来源。所以X公司想要与一家具有国有背景且供应渠道高于自身的国有企业握手合作，未来依托国有企业对军工市场良好的拉动能力，获取更多更重要的来自军方技术总体、央企集团等单位在B领域业务方面的市场订单。

三、确定意向，开展尽调

在整个并购流程中，现场尽调、并购目标进行价值评估和交易方案的谈判是至关重要的一环。Z公司利用其资源就X公司行业、市场、技术、财务进行深入研究，并与X公司原股东就转让控股权、转让价格、交易方案等方面开展多轮交易意向的磋商，于2021年9月确认了股权转让事宜的交易备忘录。

1. 确定意向性交易方案

由Z公司同比例受让X企业管理中心（有限合伙）持有的X公司45.9%股权，同比例受让X合伙企业（有限合伙）持有的X公司5.1%股权，合计受让51%股权，交易实施后X公司的股权结构如图4-3所示，交易实施后X公司的股权结构如图4-3所示。《股权收购协议》生效后，Z公司向X企业管理中心（有限合伙）、X合伙企业（有限合伙）支付所持X公司45.9%、5.1%股权对应价款的70%；剩余部分打入以Z公司名义开立的共管账户，根据2021—2023年业绩承诺完成情况，在抵扣业绩补偿款（如需）之后予以支付。

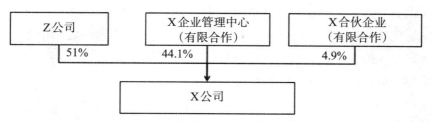

图4-3 交易实施后的X公司的股权结构

交易完成后，Z公司受让X公司51%股权，享有3/5董事席位，董事长、财务总监均由Z公司委派。按照《股权收购协议》，通过实施交易方案，可以使Z公司取得X公司控制权并实现财务并表。

2. 制定收购计划

X公司制定了严密的尽职调查、交易谈判、内外部决策、交易实施的计划安排，以确保收购进程高效顺利。

3. 开展尽职调查

2021年4月，Z公司投决会完成项目立项后，聘请会计师事务所、律师事务所等专业机构共同组成外调小组，同时抽调了Z集团相关单位人员组成内调小组。外调小组和内调小组专家按专业领域先后三次全方位对X公司高管、各部门开展现场访谈、现场勘察、资料收集和整理的各项工作，X公司的组织架构如图4-4所示。

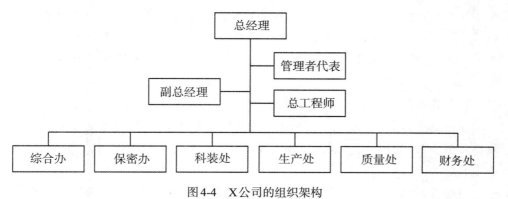

图4-4 X公司的组织架构

4. 排除风险隐患

关联交易、同业竞争的风险。在尽调过程中发现X核心员工成立的公司，经营范围为与X公司一致。为规避相关风险，要求X公司在《股权投资协议》中书面承诺其董监高（董事、监事和高级管理人员）和核心人员不存在从事与X公司相同或相似的业务，或通过直接或间接控制其他经营主体从事该等业务。

技术成长驱动力较弱。在尽调过程中发现 X 公司没有明确的技术规划和立项研究的课题，没有预先研究，技术驱动发展的成长性不够。在股权交割后，Z 公司可利用 X 公司的技术团队和管理团队，打造创新平台，通过引进优秀的人才建立预研团队，实现并保持技术领先优势。

核心团队流失的风险。X 公司业务发展主要依托于团队中的几个核心人员，其核心团队均未签订竞业限制协议，存在核心人员流失、技术流失、技术泄露的风险。因此，通过 X 公司与管理层及核心员工签订竞业限制协议、保密协议、劳动合同，协议/合同约定管理层及核心员工最短任职期限为 5 年，任职期内不得从事与 X 公司相同或相近的业务，或进行兼职。协议/合同的违约和赔偿条款需经 Z 公司认可并确认。

四、剑指未来，并购后的整合之道

经过前期充分尽职调查，充分揭示了 X 公司的价值，对项目的风险进行了较为全面的揭示并提出了应对措施，对风险防范措施在收购协议等文件中进行了兜底承诺。最终，并购事项于 2021 年 11 月通过 Z 公司董事会，12 月完成股权变更。本次收购完成后，X 公司每年为 Z 公司贡献 3 个亿左右的营业收入和 7500 万左右的利润。

收购成功对双方都有促进，Z 公司利用 X 公司的技术积累、工程化经验以及市场资源，一定程度弥补 Z 公司在 B 领域现有技术能力的不足而 X 公司则依托 Z 公司多年来在其核心领域的耕耘和历史沉淀，提高整体市场竞争能力和品牌影响力，进一步扩大市场份额，有效提升经营业绩的同时，Z 公司从经营层面、文化层面、人员层面对 X 公司进行投后管理，从而降低未来融合风险及难度。

1. 经营整合

管控模式。鉴于 X 公司与 Z 公司有较高的业务战略协同，Z 公司拟对其实施战略控制性管控模式。按照《中华人民共和国公司法》《公司章程》依法管理，保证其经营的独立性。

明确业务定位。依据行业前景和 X 公司业绩目标安排，对 X 公司的业务定位为：Z 公司的"效益+规模"支撑，通过母子公司间的市场渠道共建共享、技术互补、产品互撑实现高度战略协同，打造 X 公司成为国内同行业中的强有力竞争者。

2. 文化整合

Z 公司为地处西部、历经 60 余年的老牌军工企业，而 X 公司地处上海，发

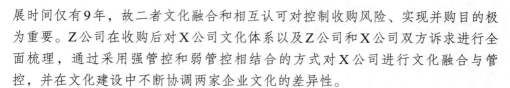

展时间仅有9年，故二者文化融合和相互认可对控制收购风险、实现并购目的极为重要。Z公司在收购后对X公司文化体系以及Z公司和X公司双方诉求进行全面梳理，通过采用强管控和弱管控相结合的方式对X公司进行文化融合与管控，并在文化建设中不断协调两家企业文化的差异性。

3. 人员整合

双方进行人员整合，制定并明确Z公司向X公司派出的人员、X公司高管以及X公司原有员工的人员管理和薪酬激励政策。一是Z公司向X公司派出董监高核心管理人员，由Z公司派专人监督X公司与核心管理团队和核心技术团队人员签订股权转让协议规定的相关条款。二是按管理层级管理，对不同层级人员适用不同薪酬考核办法，其中X公司高管的薪酬福利标准和考核办法由Z公司制定并实施；X公司中层及以下人员的薪酬福利政策由X公司自主确定；同意X公司实施中长期激励计划，由X公司负责制定具体方案并报Z公司批准后实施。

4.4　案例：Z集团收购某上市公司案例

围绕集团战略目标，Z集团制定了资本运营规划，明确以补链、扩链、强链为重点开展战略并购，强调坚持围绕集团现有重点产业开展纵向并购和关联横向并购，解决发展瓶颈，增强发展韧劲，提升市场竞争力，从而实现产业高质量发展。

为实现这战略并购目标，Z集团通过对百余个企业的研判和筛选，于2021年3月通过投行初步选出与Z集团产业上游企业——D上市公司作为并购意向目标，并组织各方进行了深入研究和商业谈判。

4.4.1　D上市公司基本情况

4.4.1.1　D上市公司业务简介

D上市公司成立于2000年3月，注册资本10亿元，为某家族通过境外投资平台实际控制的公司，D公司的股权结构如图4-5所示。公司经过多年发展，已成为国内D行业领先企业之一，其产品广泛应用于汽车电子、通信设备、消费电子、计算机、工业控制等下游领域。公司在行业中始终保持领先地位，但由于扩产不及时，在同行业中竞争力有所下降，在百强榜中的排名逐年下降。

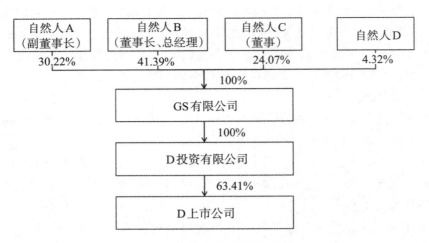

图 4-5　D 上市公司的股权结构

4.4.1.2　保守经营积累了充足的资金

D 上市公司多年保持 10% 以上利润率的经营业绩，有良好的现金流，由于保守经营，积累了充足的资金，公司没有任何有息负债及对外担保。D 上市公司财务情况见表 4-3 所列。

表 4-3　D 上市公司 2018—2021 年的财务指标情况

指标	2021年度	2020年度	2019年度	2018年度
资产总计	460 000	420 000	440 000	540 000
负债总计	120 000	94 000	83 000	94 000
股东权益总计	340 000	326 000	357 000	446 000
资产负债率/%	26	22	19	17
营业收入	290 000	220 000	300 000	330 000
净利润	15 000	22 000	50 000	65 000
利润率/%	5	10	17	20

4.4.2　充分论证坚定收购决心

为充分揭示 D 上市公司的价值和风险，Z 集团通过收集公开资料和专家意见、咨询中介机构、现场走访等方式，对 D 上市公司就行业、转让目的、财务、市场、技术等风险因素进行了全方位的论证，确定了该项投资的核心价值

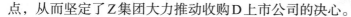

点，从而坚定了Z集团大力推动收购D上市公司的决心。

1. 是否存在行业风险

D上市公司所在行业市场广阔，2020年全球总产值达650亿美元，中国大陆总产值达350亿美元，预计未来市场规模平均增速5%～6%，头部企业规模增速可达20%以上。广阔的市场决定企业发展的上限，D上市公司还有巨大的增长空间。

2. 转让的真实目的

D上市公司公司创始人年事已高，无合格继承人，其家族也对公司经营理念产生分歧，因此寻求对外转让上市公司控股权。

3. 是否存在财务风险

公司经营稳健，除2020年受海外疫情等因素影响，收入和利润有所下降，但持续保持较高利润规模；公司历年经营性现金流均大于净利润，经营成果均及时回流到公司；公司无有息负债和对外担保，资产负债率仅26%；公司稳健的财务状况为未来健康发展和进一步业务布局、产线建设和产能扩张打下良好基础。

4. 是否存在技术和市场风险

D上市公司的产品品质、品牌认可度和服务能力得到市场印证，公司与博世、安波福、大陆、华为、中兴、施耐德、村田、GE、苹果等行业头部企业均有长期稳定合作，其工艺、技术和研发能力已得到客户和同行业的肯定。此外，其客户群亦是Z集团拟进入新赛道的目标客户，收购该公司有利于Z集团发展部署其他新兴战略板块。

4.4.3 环环相扣实施投资和筹资计划

2021年3月起，Z集团在投前论证的同时，与D上市公司原股东就转让控股权、转让价格、交易方案等方面开展多轮交易意向的磋商，终于6月双方达成一致，并确认了股权转让事宜的意向约定，确定了意向性交易方案、公司治理方案、尽职调查安排、排他安排等一系列交易核心要点。

1. 确定意向性交易方案核心要点

（1）控股权转让安排。根据证券化要约收购的相关规定，收购股比超过29.99%会触发向全体股东发出不低于5%要约收购的规定，很可能会推升收购价格，增加收购成本。

故在制订收购交易方案时，为达到稳定上市公司控股权，且规避交易触发要约收购规定的双重目的，Z集团确定了一揽子交易方案。

①Z集团通过协议受让取得D上市公司29.99%股份。

②D上市公司原股东在正式股份转让协议签署之日起的一个月内，向非关

联方转让 5.01% 股份,在正式转让完毕前,原股东应无条件且不可撤销地放弃该 5% 股份对应的表决权。

③为确保 Z 集团持有的上市公司表决权比例超过 D 上市公司投资表决权比例不少于 5%,原股东放弃 4.57% 股份对应的表决权。

上述交易方案确保 Z 集团控制权的稳定,且未触发要约收购,从而促使 Z 集团以最小的代价取得了上市公司控股权,同时,上市公司股权结构中仍保留了原股东一定股权比例,将 Z 集团进入新产业的风险降到最低。交易实施后 D 上市公司的股权结构如图 4-6 所示。

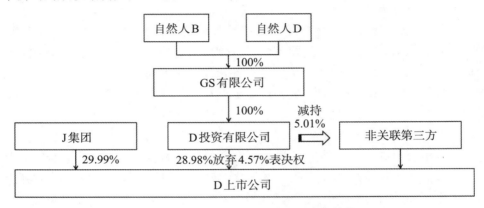

图 4-6 交易实施后的 D 上市公司股权结构

(2)上市公司治理安排。本次交易完成后,D 上市公司拟对董事会及监事会进行改组,其中包括:董事会设董事 9 名,其中 Z 集团有权提名 5 名非独立董事和 1 名独立董事,原股东有权提名 1 名非独立董事和 2 名独立董事,董事长应由 Z 集团提名的董事担任;监事会设监事 3 名,除其中 1 名职工监事由职工代表大会选举产生外,Z 集团和原股东分别有权提名 1 名非职工监事。

(3)意向金及排他期安排。

Z 集团向以 Z 集团名义开立并由 D 上市公司原股东共管的银行账户存入 3000 万元人民币,作为本次交易的意向金。在各方签署正式股份转让协议后,该意向金自动转为股份转让价款。若出现下列任意一种情形,账户共管解除,Z 集团可自由转出该意向金:①尽职调查后发现 D 上市公司股份存在法律法规或监管规定的限制转让情形;②尽调调查后发现 D 上市公司存在较大不确定性问题或风险事项;③D 上市公司及其实控人存在任何可能对本次交易构成实质障碍的事项;④本次交易未获得国资监管部门或者其他行政监管部门审核通过;⑤各方未能就本次交易细节事项达成一致;⑥各方同意,自意向书签署之日起 4 个月内或至意向书解除或终止之日（孰早）为排他期。

2. 制定收购计划

在完成意向书签订后，Z集团制定了严密的尽职调查、交易谈判、内外部决策、交易实施的计划安排，以确保在排他期内完成本次交易，并要求Z集团员工及其参与方不得购买D上市公司股票，不得有任何传播内幕消息行为，不得影响收购进程。Z集团内部要上下一心，通力合作，按时间节点计划完成了并购任务。

3. 开展尽职调查

（1）组织尽调团队。2021年6—7月，Z集团专门聘请券商投行团队、会计师事务所、律师事务所等专业机构共同组成外调小组，同时抽调了集团战略、投资、产业、财务、人事、法务等相关单位专家共同组成内调小组，共计40余人对D上市公司电子内部各组织单位实施全方位尽调。D上市公司的组织架构如图4-7所示。

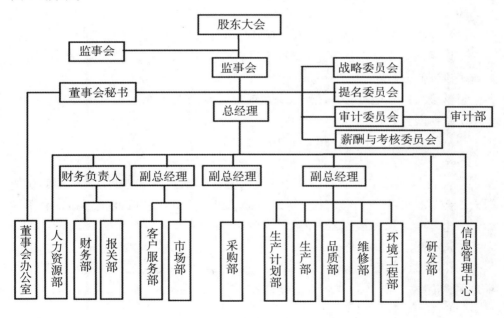

图4-7　D上市公司组织架构

（2）尽调总体结论。通过本次内外部机构共同实施的尽职调查，未在财务、法律、业务、用工等方面发现可能对本次收购进程产生重大实质性障碍问题，交易完成后Z集团可成为实控人并实现报表。

财务管理尽调结论：D上市公司资产及收入在真实性上具有较高的可靠

性，交易后，Z集团作为D上市公司第一大股东，在董事会拥有2/3个席位，可以实现财务并表。

法律规范尽调结论：D上市公司整体上符合证券市场规范运作要求。

业务及市场尽调结论：公司的优质客户黏性强、总体需求量较大、产品质量可靠、未来业务增量可期，公司仍有扩大规模效应，提高盈利能力的潜力。

生产技术尽调结论：公司制造技术能力属于同行业中等略微偏上水平，公司整体生产运作与组织规范有序。

人力资源尽调结论：公司执行了国家劳动用工、劳动保护、社会保障和医疗保障等制度，形成相对完整的人事管理体系。

4. 研究确定收购筹资方案

由于本次收购涉及金额达到20余亿元，Z集团决定通过杠杆+自有的方式完成本次收购。因此，2021年6—7月间，Z集团在开展尽调和提交决策的同时，也同步开展了筹资方案的论证、确定和招标工作，在资金层面保障了收购的顺利实施。

（1）制定并购贷款方案。本案例中，交易方D上市公司原股东为境外企业，可以采用美元支付，因此，Z集团重点对美元贷款及人民币贷款的具体方案进行了论证和设计。

贷款金额：不超过15.6亿元人民币或等值美元。

贷款期限：七年。

还款计划：按季付息，每年按还款计划两次还本。

备选方案一：人民币贷款。

综合利率：五年期以上LPR（人民币基准利率）减105BP。其中LPR是依据人行数据按年更新，有略微波动，当时LPR是4.65%，因此执行综合利率为3.6%。七年贷款总成本约2.56亿元。

备选方案二：美元贷款。

年化综合成本率：0.89%～4.67%；七年总成本：0.62亿～3.26亿元。

测算汇率区间：【6，7.1】（五年内85%以上概率区间）。

（2）美元贷款存在的风险。

①利率风险。受外部环境影响，2021年全球主要央行施行大幅度宽松货币政策，2021年度美元短期利率处于历史低位。随着全球经济逐步复苏，美联储或收紧货币政策，预期长期限利率有逐步回升的风险。

②汇率风险。Z集团如选择美元贷款，需购汇还款，面临汇率波动风险，存在汇兑损失的可能。

根据当时国内经济情况，从汇率走势判断，中长期对人民币汇率形成支撑，人民币有升值预期，存在对冲贷款成本的机会。按美元贷款利率测算，如三年内人民币对美元汇率升破6.762，七年美元贷款综合成本高于人民币贷款成本。如汇率升至7.1，美元贷款比人民币贷款多付出7000万成本；如汇率跌至6，美元贷款比人民币贷款节约1.94亿成本。

（3）制定融资策略。

经测算对比分析，汇率为6的美元贷款成本＜人民币贷款成本＜汇率为7.1的美元贷款成本。为充分利用美元贷款成本优势，控制利率和汇率风险，Z集团制定了在美元贷款方案中嵌入利率掉期①、人民币购汇期权②及CCS利率币种双互换③的衍生交易产品。

具体融资策略如下。

第一步：2021年获取美元贷款2.42亿美元，并嵌入利率掉期产品锁定前三年美元贷款利率不超过1.39%，从而锁定贷款利率。

同时为避免汇率波动因素，买入人民币购汇期权产品，锁定2022—2024年还款本金0.53亿美元及利息0.1亿美元的汇率上限为6.7，从而将购汇汇率控制在可接受范围内。

第二步：基于后四年美元走势的不确定性，市场暂无法锁定外汇汇率的产品，计划在2021—2024年期间，持续监测美元汇率，选择合理操作点，按照下列方式之一决策是否继续持有美元贷款。

方式一继续持有美元贷款：如汇率下跌预期强烈（即人民币继续升值），可在观察期间选择办理人民币购汇期权产品，滚动锁定后续还款本金汇率，享受汇兑收益的同时控制风险区间。

方式二转换成人民币贷款：如汇率预期持续呈双向波动或上升（即人民币贬值），即可于2023年年末左右选择优势汇率点，择机通过利率币种双互换产品，将剩余还款本金1.89亿美元，按即期汇率一次性转换成四年期人民币贷款，并将转换后人民币贷款利率锁定为不超过3.8%，以人民币还本付息。

---

① 利率掉期：Interest Rate Swap，也称"利率锁定"，双方签订契约，互相交换付息的方式，如以浮动利率交换固定利率，或是将某种浮动利率交换为另一种浮动利率。订约双方不交换本金，本金只是作为计算基数。
② 人民币购汇期权：Foreign Exchange Options，也称为"货币期权"，指合约购买方在向出售方支付一定期权费后，所获得的在未来约定日期或一定时间内，按照规定汇率买进或者卖出一定数量外汇资产的选择权。
③ CCS利率币种双互换：Cross Currency Swap，也称"货币掉期"，是指"约定的期间内，一方定期向另一方支付一种货币的以某一固定利率计算出的或以浮动利率（浮动利率定期进行调整）算出的利息金额，以换取另一方向其支付另一种货币的以某一固定利率计算出的或以浮动利率（浮动利率定期进行调整）算出的利息金额。

总体融资策略即是以6.762的汇率作为盈亏平衡点，在汇率波动情况下选择成本更低的贷款方式。通过在美元贷款方案中嵌入衍生交易产品，缩减汇率风险区间，在人民币升值时享受美元汇率及利率的双收益，在人民币贬值时，预埋利率币种双互换产品或人民币置换贷款，及时止损。

Z集团遂按此方案组织对并购贷银行比选，邀请银行在此方案要求下提出更有利于Z集团的贷款方案。

（4）美元贷款对集团合并报表影响。D上市公司有海外业务，故有1.47亿元的美元资产（美元计价的货款等），在集团整体合并层面，价值相近的美元资产与负债的汇率波动对冲，可达到风险自求平衡的效果。经测算，美元贷款可与D上市公司美元净资产对冲不低于77%的影响，将整体汇率波动影响降至【–0.27亿，0.2亿】。

5. 提请决策并进行股份交割

2021年7月，Z集团董事会审议通过了并购D上市公司的议案，随即将上述材料报送股东，并于2021年8月经股东审议通过。

以此为基础，Z集团与D上市公司原股东及相关方于2021年9月签署《股份转让协议》，并于次日进行公告。

Z集团于协议签订当天向国家市场监督管理总局提交反垄断审查，于10月通过反垄断审查，由监管部门出具了《经营者集中反垄断审查不实施进一步审查决定书》。因其股东为境外法人，Z集团还需通过其股东注册地在中国大使馆的鉴证，在取得鉴证材料后，交易双方于11月向证券交易所法律部递交材料提请审查，取得《上海证券交易所上市公司股份协议转让确认表》。随后，双方取得中国证券登记结算有限责任公司出具的《过户登记确认书》，完成D上市公司29.42%股份登记过户。

交易过户完成后，D上市公司随即启动董监高改组以及公司章程修订程序。

4.4.4 统筹规划落实投后整合

2021年年末，D公司正式成为Z集团旗下控股子公司，为确保本次收购的成功，Z集团高度重视投后管理，并就管控方式、党群管理、人才、文化、资本运作等方面进行了专门安排，如图4-8所示。

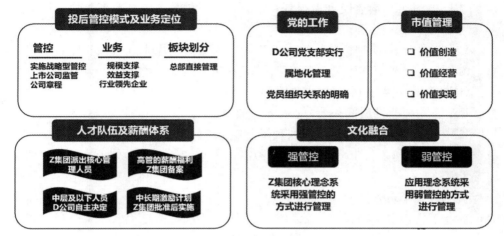

图4-8　投后并购整合

1. 确定投后管控模式

鉴于D公司为上市公司，为保证其独立性，Z集团对其实施战略性管控。一方面，根据上市公司的监管规定和D上市公司《公司章程》依法进行管理。另一方面，D上市公司的决策事项涉及Z集团管控的，按照Z集团二级单位权责界面表执行，并依法完成总部核决流程和本企业内部决策程序。

2. 文化整合

（1）成立党支部。D上市公司成立党支部并实行属地化管理，由Z集团派出到D上市公司工作的党员同志，其组织关系转至D上市公司党支部。

（2）加强企业文化融合。Z集团委派的高管于2021年11月进驻D上市公司后，D上市公司根据新管理层的指导方针于2022年1月下发了1号文件《关于下发企业文化建设内容的通知》和2号文件《关于加强干部工作作风建设的通知》，分别就企业使命、愿景、价值观等企业文化建设内容以及加强干部工作作风建设提出了相关要求和规定，加快了D上市公司融入Z集团的企业文化。公司还聘请专业管理咨询机构就组织制度、流程再造、薪酬体系优化等方面制定深化改革方案。通过上述一系列整合管理举措，加速了公司新、旧经营层融合，确保了公司经营生产的有序开展。

3. 人力资源整合

（1）Z集团委派高管及员工。Z集团向D上市公司委派了六位非独立董事、一位独立董事、一位监事会成员，同时提名公司董事长、总经理、董秘、副总经理、财务负责人关键岗位人员，经履行Z集团及上市公司相关流程，提名高管均成功通过董事会表决和取得任命。同时，Z集团还向D上市公司输出各类员工。

（2）建立薪酬福利机制。总的原则是：根据市场原则和公司实际自主建立D上市公司的薪酬福利体系、绩效考核体系和中长期激励计划。

①高管的薪酬福利标准和考核办法由D上市公司自主制定，报Z集团备案。由Z集团战略发展部和人力资源部监督落实情况。

②中层及以下人员的薪酬福利政策由D上市公司自主确定。

③中长期激励计划，由D上市公司制订中长期激励的具体方案报Z集团批准后实施。

4.推进资本运作

D上市公司自上市以来，依照上市公司的要求规范化运营，未受过监管部门的处罚，长期保持较低的资产负债率和较高的分红比例，具备在资本市场公开募资的基本条件；同时，D上市公司所在行业市场空间大、链条长，有条件依托上市公司平台和现有产业基础开展"延链、补链、强链"的能力建设投资和产业并购投资，进一步做强做优，打造百亿级上市公司平台。

4.4.5 尾言

本次并购对Z集团而言意义重大，D上市公司是营收规模较大、毛利率较高、工艺水平和品控能力较强的高端电子制造企业，通过并购可以进一步夯实Z集团的民品产业基础，随着Z集团入主D上市公司，加强自动化产线的建设和国内市场份额的拓展，预计到2025年营收实现50亿～70亿元，利润实现5亿～7亿元，将为Z集团新增一个可持续经营的支柱性电子信息基础产业。本次收购是Z集团"十四五"战略目标实现的重要助力，也为Z集团从60年老店迈向百年老店添砖加瓦。

同时，本次收购从项目获取到完成收购时间仅有10个月，花费的时间效率在行业内都屈指可数，这离不开参与立项、尽调、决策、审批各个环节人员通力合作和辛苦付出，在项目运作的同时也为Z集团坚定不移实施资本运作常态化锻炼了一支敢打仗，能打仗，打胜仗的专业化团队。

第5章　衰落的退出期——有苦也有甜

5.1　衰退期业务、财务、资本特征

财务报表并不能及时反映公司是否已经出现衰退迹象。财务分析和报表就像血检或尿检报告一样，当某些东西在检查中显露出来时，说明身体已经出问题了，是应该进行医学治疗的时候了。就像医学检查一样，财务报表是在异常现象出现时才发现"疾病"的，而我们希望的是在公司进入疾病状态之前就能够抓住问题。并且我们应该做得更好，在还有机会进行预防性治疗之前，我们就应该发现衰退的迹象。

5.1.1　业务特征

5.1.1.1　市场需求萎缩，产品质量下降

市场需求的变化是市场规律的必然，随着市场社会需求的不断变化，要求有相应的产业与其配套发展，而那些不适应新需求结构的产业就逐步表现出供给能力过剩，库存增加，设备闲置，对劳动力需求减少，产业的增长率持续下滑，渐显衰退的特征。衰退期产品差别小，各厂家所提供产品是差不多一模一样的、标准化的，因此价格差异也会缩小。同时为降低成本，产品质量可能会出现问题，有企业为了有效降低成本，可能会使用一些更加廉价的替代材料，或在某些产品质量上做一些手脚，导致市场当中这类产品质量可能会出现一些问题。

5.1.1.2　剥离不良资产，加大欠款清收

随着企业生命周期的演进，部分资产可能变为不良资产，即不能通过有效使用获利的资产，包括流动性较差、收益不高的子公司或分公司、亏损的生产线、闲置或半闲置的资产等。进入衰退期后，这些不良资产质量差，有些甚至是亏损，无法给企业带来正常效益，如果不能通过改进管理、有效开拓市场等措施扭转资产状况，企业为改变财务状况就会将其剥离，以挽回部分投资。同时，处于衰退期的企业基本都会加大欠款的清收工作，将所获得的资金可用于其他业务领域或进入新的业务领域，为企业注入新的优质资产，提升企业的生命力。

5.1.1.3 管理层失去信心，产品创新滞后

企业进入衰退期后，管理层失去对内部管理机制优化的信心和创新研发动力，和部门之间的矛盾也开始显现，决策效力因为组织结构僵化而降低。企业为了维系生存需要寻找新的投资项目，但是由于对市场需求识别的敏锐度钝化，传统技术产品和低档次产品多，高技术高附加值产品少；重点产品工艺相对落后，技术瓶颈制约严重，技术开发力量薄弱，投入不足，仅能靠原始积累生产艰难维持经营。技术设备落后导致创新效率及成果转化水平较差，跟不上行业平均步伐，最后被市场所淘汰。

5.1.2 财务特征

5.1.2.1 现金流发生变化

进入衰退期的企业如图 5-1 所示，它的斜率开始变成负的，说明产品在市场当中的销售开始呈现下降的趋势。成熟期之后产品价格开始下降，到了衰退期产品价格变得更低，因此，衰退期企业面临资金紧缺的风险，可能无法满足运营和发展的资金需求。减少的销售额和利润下降可能导致现金流不足。现金流量是衰退期企业最为重要的指标，管理层需要监控经营性现金流、投资性现金流和筹资性现金流的变化，确保现金流量稳定正面或轻微负面。一旦出现大额流出，要立即采取措施控制成本费用，加强回款，维持现金流安全。

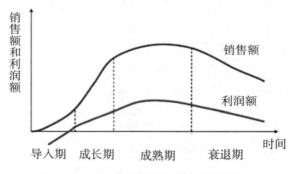

图 5-1 企业生命周期销售额和利润额变化

5.1.2.2 负债面临增加

从利润额曲线看，企业利润额曲线在衰退期斜率变为负值，表明衰退期利润呈现下降趋势，竞争能力削弱，盈利能力大大下降，甚至会出现亏损。资金需求显著增加，企业为了发展可能采取通过借款来填补现金流缺口或满足资金需求，导致借款规模增加；为了筹集资金，发行债券，从而增加长期负债的规模；由于销售额下降，企业需要依赖供应商的信贷支持，导致供应商债务增

加，以上这些措施都会导致衰退期企业面临负债增加的压力。

5.1.2.3　剩余资产价值降低

企业进入衰退期后，剩余资产价值可能会受到多种因素的影响，包括市场需求下降、盈利能力下滑以及经济不确定性的增加。这些因素可能导致企业资产的价值下降或受到负面影响。因此我们应该重点关注表内资产、表外资产、无形资产和有形资产四个指标的变化。

表内资产是指企业在资产负债表中明确列示的有形资产，如现金、应收账款、存货等。在衰退期，企业面临销售下降和现金流压力，可能导致现金减少、应收账款无法收回或存货滞销。因此，表内资产的剩余价值可能会下降。

表外资产是指企业在资产负债表之外的资产，如关联公司股权、投资性房地产、衍生金融工具等。衰退期可能会导致企业投资价值下降或面临出售困难，从而影响表外资产的剩余价值。例如，企业持有的股权投资可能面临股价下跌或无法及时转售的风险。

无形资产是指企业的商誉、专利权、商标权等非物质性资产。在衰退期，企业的品牌价值可能受到负面影响，专利权价值可能下降，导致无形资产的剩余价值减少。此外，企业可能需要对商誉进行减值测试，以反映其在经济不景气期间的实际价值。

有形资产是指企业拥有的物理实体资产，如土地、建筑物、设备等。衰退期可能导致房地产市场下滑、土地价值下降以及设备闲置或降值。因此，有形资产的剩余价值可能会受到衰退期影响。

5.1.3　资本特征

5.1.3.1　资本结构发生变化

在衰退期，企业通常面临着融资困难和现金流紧张的问题。为了满足资金需求，企业可能会增加债务比例，通过借款来补充资金。这导致了企业的债务水平上升，相对于股权融资来说，债务融资更为普遍。与此同时，投资者对企业的风险偏好通常下降，投资意愿减弱。这导致了股权融资的减少，企业难以通过发行股票来筹集资金，股权融资可能会稀释现有股东的权益，这个阶段的企业更倾向于采用债务融资。由于债务比例的增加，衰退期企业的资本结构风险也相应增加。企业面临着更高的财务杠杆，如果经营状况持续恶化，偿债能力可能会受到威胁。

5.1.3.2　资本运营效率发生变化

衰退期企业面临的财务压力可能导致资本运营效率的下降。一是衰退期企业面临市场需求下降和销售额减少的压力，导致企业的盈利能力下降。这会对企业的资本回报率产生负面影响，使得投资回报率降低。二是在衰退期，企业可能会面临投资资金的限制，难以获得足够的资金来进行新的项目和扩张计划。这可能导致企业的资本投资减少，进一步影响资本运营效率。

5.1.3.3　筹资能力发生变化

资金投入减少，优秀人才流失，产品技术含量低。低收益率使这些行业难以吸收新的投资，但是要进行结构调整，需要大量的投资。进入衰退期后，企业利润空间越来越稀薄，企业开始最大限度地转让、变卖专用设备、厂房，各种企业病纷纷出现。企业财务状况变差、信用状况恶化、信用风险增大，银行对衰退期信贷投放意愿走弱，对其信用贷款收紧，尤其是针对一些风险偏高的客户群体，即使里面有资质较好的、满足信贷投放标准的个体，银行也表现得非常谨慎。企业筹资能力下降，种种不利的条件使企业难以筹集资金来继续维持企业的稳定经营。

5.2　产业投资退出策略

5.2.1　退出期财资管理重点

5.2.1.1　宏观经济环境

"繁荣—衰退—萧条—复苏"是经济周期不断循环的必然规律。在经济繁荣的时期，市场通常展现出交易频繁、股市涨幅较大、各行业需求量增加、企业普遍经营状况良好的特征，大量投资者涌入蓬勃发展的市场，资金的快速聚集造就了一批迅速崛起的上市公司，这对采用公开上市方式退出的投资来说是非常利好的。而在经济紧缩衰退时期，经济增长速度减缓，金融市场交易频率降低、二级市场低迷、各行业需求量减少供给量偏多、普遍整体经营状况欠佳，处于这个阶段的投资为了尽可能地减少损失，大部分会选择股权回购或破产清算的方式离场。当市场经济进入萧条时期，大批投资者离开证券市场，上市公司也存在相应的业绩问题，因此通过破产清算的方式退出的机构会显著增加。在经济周期处于复苏的阶段时，各行各业都面临一定的投资机会，通过企业并购的方式来进行风险投资退出的方式将会增多。

5.2.1.2　资本市场

对投资选择退出策略有重大影响力的因素之一是资本市场环境。保持良好且稳定的资本市场环境有利于选择各种不同的退出方式，让退出渠道更为畅通，能帮助各投资主体从热衷于一种退出方式向多元化退出方式调整。当资本市场环境宽松时，投资机构通过IPO、并购转让等方式退出比率变大；当资本市场环境偏紧时，IPO通过率、并购成功率下降，投资可能主要会考虑通过非IPO

方式退出。

科创板的设立、北交所的注册成立、全面注册制的落地试行，助推多层次的资本市场的蓬勃发展的同时也丰富了投资的退出方式。各层次市场设置不同的上市门槛，增加了不同类型、不同阶段的企业上市可能性，拓宽了企业的融资渠道，反过来也提高了投资机构从被投项目退出的概率。

此外，中介机构也是投资各个运转环节中不可或缺的一个角色。整个项目中介机构（包括：会计师事务所、信用评级公司、咨询顾问机构、资产评估机构、律师事务所等）不管是对项目发掘设立之初的立项环节还是项目投资、投后管理甚至项目退出环节，都有不同程度的参与，不同的阶段提供各自专业范围内必要的服务。

中介机构需要用专业能力承担投资机构给的任务，深刻理解监管政策，对项目的投资与否、投资估值、退出与否、退出价格、退出时机做出合理的评价与建议，最终辅助投资机构对项目退出策略做出选择。所以，中介机构的专业能力对投资的影响是全方位的。

5.2.1.3 经营状况

被投项目自身的经营情况也会影响投资方对退出策略的选择。当被投项目自身的经营状况欠佳或未达预期，而投资方的流动性较为紧张时，摆在首位考虑的是以最快速度退出该项目回笼资金。而当被投项目一直按照预期发展，经营状况欣欣向荣时，投资方在计划退出时相对从容，可精心策划退出策略，选择收益最大化的方案。例如，如果被投项目发展势头很好，投资方可能选择IPO退出、兼并收购或股权回购等方式，还会适当减少对被投项目的管控；如果被投项目发展一般或不如投资时的规划，投资方可能会采取如增设董事会席位、指派高管等措施加强对被投项目的管控以期达到投资增值目的。当被投项目业绩惨淡且可预见未来无法得到改善时，投资方大概率将选择清算离场。由此可见，被投项目的业绩表现同样会对投资方选择退出策略产生一定影响。

在通常情况下，新生的投资机构，需要通过成功的商业模式来宣传自己，他们希望通过公开上市的方式来退出，提高投资机构的声誉。而对于那些已经具备良好声誉且资金相对充裕的投资机构，他们的投资退出策略往往是在中长期以一个最佳选择的退出方式进行退出。

5.2.1.4 生命周期

当被投项目在起步阶段时，关于开拓市场、研发技术、财务状况及企业内部管理等方面都在摸索前进，业务方面暂且还没能与市场完全磨合，产品有待得到市场的检验与接纳，投资方选择在此时退出很难获得丰厚的利润，而且如果选择投资处于这一阶段的公司，面临的风险肯定会高于投资其他阶段。据统计，选择在这一阶段投资方采用的退出策略大都为股权回购甚至破产清算。当被投资企业跨入成长期后，产品的市场接纳度和认可度都有所提高，但市场份额仍旧较小，存在大量的竞争对手，选择在成长期投资方的策略偏向于选择兼并收购或者股权回购。当被投资企业迈入成熟期后，意味着已经在行业内占有一席之地，享有不错的声誉，产品被市场接纳和认可，已有成形的经营模式，稳定持续的利润来源，若投资方选择在此时进行，倾向于选择IPO或者兼并收购。而步入衰退期的企业，经营业务表象主要为剥离不良资产、加大欠款清收、债务重组，投资方到了这一阶段，基本都进行重组/清算了。

5.2.2 退出策略——公司战略与宏观大势的双重考量

5.2.2.1 破产清算

以破产清算这一方式退出，无论是投资方，还是企业方都不愿意面对也不愿意使用。因为对投资方而言，等同于以项目投资失败告终；于企业方而言，这已经到了退无可退的地步，破产清算与其他退出途径相比是最失败的方式，且破产清算耗时较长、法律程序烦琐、退出成本相对较高。所以这是产业投资迫不得已选择的最不成功的一种退出路径，但不得不说这也是当投资失败后，最优的方式。于产业投资而言，选择破产清算这一方式是迫不得已的，但这种方式的确可以降低损失，让部分资金得以收回，这样就可以将这笔资金作为下一项投资项目的投资基金。并且破产清算于产业投资而言也是一次宝贵的经历，这样的经历会使产业投资迅速成长，同时破产清算也使得很多劣质项目止步于市场，最终提高优质项目的回报率。

通过破产清算退出的优点有两点。①适时减少投资损失。因为当被投项目因为管理不善、经验缺失等内部因素或不可抗力、行业变化等外部因素难以持续经营或勉强维持但收益难以支撑固定成本的时候，申请破产清算及时止损可以适时减少各方损失。②收回的成本可用于其他优质项目，提高资金的使用价值。

破产清算的缺点显而易见：①投资成本大幅损失，投资失败，对于国有企业投资还会存在因国有资产流失面临被追责的风险；②破产清算流程较为繁杂，且破产清算程序和要求在不同地区有不同的具体操作办法。理论上破产清算是可以由企业自行决策予以实施，实际操作过程中会出现只有达到资不抵债的状况才予以受理清算的情况。当真正出现这种局面时投资方需要选择合适的退出时机，尽快抽身提高时效性，避免继续向失败项目中投入更多的资源，进一步扩大亏损的可能性。

清算程序主要由以下几步组成。

（1）成立清算组。人民法院应当在宣告企业破产之日起十五日内成立清算组，接管破产企业，清算组应当由股东、有关机关及专业人士组成。

（2）清算组接管破产公司。人民法院宣告企业破产后，破产企业由清算组接管，负责对破产企业的财产进行管理、清理、估价、处理、分配，代表破产企业参与民事活动，其行为对人民法院负责并汇报工作。

（3）破产财产分配。分配破产财产，由清算组提出分配方案，在债权人会上讨论通过，报人民法院批准后由清算组具体执行。清算组分配破产财产前，首先应拨付清算费用，包括：破产财产管理、变卖、分配所需的费用；破产案件诉讼费；为债权人的共同利益而在破产程序中支付的其他费用。破产财产在优先支付清算费用后，按以下顺序清偿：破产企业拖欠的职工工资、劳动保险费用；破产企业拖欠税款；破产债权。

（4）清算终结。破产财产清算分配完毕，由清算组向人民法院汇报清算分配工作的情况，并申请人民法院裁定破产终结，未得到清偿的债权，不再进行清偿。

（5）注销登记。企业破产，破产财产分配完毕，企业法人依法终止其民事行为能力，清算组向破产公司的原登记机关申请注销原公司登记。

5.2.2.2　业务重组

业务重组是指对被改组企业的业务进行划分，从而决定保留哪一部分业务舍弃哪一部分业务的行为。它是企业重组的基础和前提。重组时着重划分经营性业务和非经营性业务、盈利性业务和非盈利性业务、主营业务和非主营业务，然后把经营性业务和盈利性业务纳入保留业务范畴，剥离非经营性业务和非盈利性业务。

具体操作过程，一是要突出主营业务。必须专注于开展核心业务，主营业务突出的公司必然更受投资者的青睐。二是要资产剥离。在集中于主营业务的过程中，有多项因素成为资产剥离的动机。

（1）被剥离的资产或下属公司在运作上不如该行业其他竞争者，或跟不上剥离者组合之内的其他业务。

（2）被剥离的部分表现不错，但它在行业内所处的情形可能使它缺乏长期的竞争优势。

（3）公司的战略重点转移，被剥离的部分与新战略不符合。

（4）公司可能涉猎面过广，对下属公司及其主管难以控制，必须剥离相当部分业务。

（5）剥离可使重组后的公司增值。

（6）剥离成为对付恶意收购的一种防御。

公司剥离可以采取多种形式：出售，注册新公司，将被剥离的资产注入新公司；或是相反，将剥离后的资产注入新公司；管理层收购（MBO）及其衍生形式，如管理层换购（MBI）。

5.2.2.3 转让出售

公司转让是指，一家公司不需要解散而将其经营活动的全部（包括所有资产和负债）或其独立核算的分支机构转让给另一家企业，以换取代表接受企业资本的股权（包括股份或股票等），包括股份公司的法人股东以其经营活动的全部或其独立核算的分支机构向股份公司配购股票。企业整体资产转让原则上应在交易发生时，将其分解为按公允价值销售全部资产和进行投资两项经济业务进行所得税处理，并按规定计算确认资产转让所得或损失。

由于有限责任公司在本质上是资合公司，这就决定了它必须维持公司资本，在股东不愿和无力拥有其股权时，不得抽回出资，而只能转让于他人，所以转让股权就成了有限责任公司股东退出公司的唯一选择。同时，有限责任公司的建立又以股东间的信任为基础，具有一定的人合性，股东之间的依赖和股东的稳定对公司有着至关重要的作用，这使得股东的股权转让不像股份有限公司的股权转让那么自由，所以各国公司法对有限责任公司股东的股权转让都做出了比较严格的条件限制，这些条件限制主要包括实质要件和形式要件。

1. 实质要件

（1）内部转让条件。因为股东之间股权的转让只会影响内部股东出资比例即权力的大小，对重视人合因素的有限责任公司来讲，其存在基础即股东之间的相互信任没有发生变化。所以，对内部转让的实质要件的规定没有很严格，通常有以下三种情形：一是股东之间可以自由转让其全部或部分股权，无须经股东会的同意；二是原则上股东之间可以自由转让其全部或部分股权，但公司章程可以对股东之间转让股权附加其他条件；三是规定股东之间转让股权必须经股东会同意。

（2）外部转让的限制条件。有限责任公司具有人合属性，股东的个人信用及相互关系直接影响到公司的风格甚至信誉，所以各国公司法对有限责任公司股东向公司外第三人的转让股权，多有限制性规定。大致可分为法定限制和约定限制两类。法定限制实际上是一种强制限制，其基本做法就是在立法上直接规定股权转让的限制条件。股权的转让，特别是向公司外第三人的转让，必须符合法律的规定方能有效。约定限制实质上是一种自主限制，其基本特点就是法律不对转让限制做出硬性要求，而是将此问题交由股东自行处理，允许公司通过章程或合同等形式对股权转让做出具体限制。

2. 形式要件

股权转让除满足上述实体条件外，一般还具有形式上的要件，所谓股权转让的形式要件，既涉及股权转让协议的形式缔结，也包括股权转让是否需要登记或公证等法定手续，对于股权转让的形式要件，许多国家的公司法都作了明确规定。

3. 普通转让与特殊转让

根据股权转让在《中华人民共和国公司法》（以下简称《公司法》）上有无规定而作的划分。普通转让指《公司法》上规定的有偿转让，即股权的买卖。特殊转让指《公司法》没规定的转让，如股权的出质和因离婚、继承和执行等而导致的股权转让。

4. 内部转让和外部转让

根据受让人的不同进行分类。内部转让即股东之间的转让，是指股东将自己的股份全部或部分转让给公司的其他股东。外部转让，是指部分股东将自己的股份全部或部分转让给股东以外的第三人。

5. 全部转让与部分转让

这是根据标的在转让中是否分割进行划分。部分转让指股东对股权的一部分所作的转让，也包括股权分别对两个以上的主体所作的转让。全部转让指股权的一并转让。

6. 约定转让与法定转让

根据转让所赖以发生的依据进行划分。约定转让是基于当事人同意而发生的转让，如股份的出让等。法定转让是依法发生的转让，如股份的继承等。

转让程序。股东转让出资作为公司运营中的重大事项，直接关系到大多数股东、公司本身和市场交易相对人（即其他市场主体，如其他公司、团体、个人）的利益，因此，各国法律对股东出资转让程序都做了严格的规定。根据我国《公司法》和相关法律法规的规定，我国有限责任公司股东转让出资一般要经过以下程序。

（1）股东会讨论表决。欲转让出资的股东向公司董事会提出转让出资的申请，由董事会提交股东会讨论表决。这主要是对股东向股东以外的人转让出资的规定，因为股东之间转让出资无须经过股东会表决。另外，股东在向公司董事会提出转让出资的申请之前，往往已同其他股东或股东以外的人达成转让出资的意向。

（2）资产评估。转让出资中对涉及的国有资产和土地使用权、工业产权、专有技术等无形资产进行资产评估。国家为防止国有资产流失，发布了《国有资产评估管理办法》，其中第3条规定，国家资产占有单位（以下简称"占有单位"）有下列情形之一的，应当进行资产评估：①资产拍卖、转让；②企业兼并、出售、联营、股份经营……，所以股东转让的出资如果是国有股部分或因公司并购使国有股发生转让，那么对这部分国有股资产在转让前要委托资产评估部门进行资产评估。土地使用权、工业产权、专有技术等无形资产，其价值的被动性比较大，另外，欲受让出资的新股东若以上述无形资产投入公司，根据《公司法》第24条的规定，必须进行评估作价。对新投入的土地使用权、工业产权等，还必须办理有关财产权转移手续。

（3）签订转让协议。签订转让出资的协议。转让方与受让方或股东按法律的规定并以股东会的表决结果为依据双方签订转让出资的协议，其中对双方转让出资的数额、转让的程序、双方的权利义务等事项做出规定，使其作为有效的法律文书来约束双方，规范双方的行为。

（4）中外合资或中外合作公司。中外合资或中外合作的有限责任公司股东转让出资，根据《中华人民共和国中外合资经营企业法》的规定，要经过中外股东的上级政府部门审批并报送。商务部或其授权的地方政府审批同意方可有效办理转让手续。

（5）出资证明。收回原股东的出资证明书，给受让人发新的出资证明书并记载于股东名册。《公司法》第30、31、36条对股东的出资证明书、股东名册及其变更记载都作了规定，股东转让出资后，由公司将受让人的姓名或名称，住所以及受让的出资额记载于股东名册，具有法律上的公示效力。

（6）表决公司章程。召开股东会议，表决修改公司章程；根据股东的提议，必要时变更公司董事会和监事会成员。公司章程对股东的名称及其出资额都有记载，股东转让出资必然引起股东结构及出资发生变化，所以按《公司法》第38条对股东会职权的规定，必须召开股东会议，修改公司章程。对原股东出任或委派的董事或监事，受让人作为新股东可提议要求股东会予以更换，可由其出任或委派新的董事或监事。

（7）工商登记注册。就公司章程修改、股东及其出资变更、董事会和监事会的变更等向工商行政管理部门申请工商注册登记事项变更。至此，完成了股东转让出资的全部法定程序。

（8）转让出资公告。必要时进行转让出资公告。这并不是法律规定的必要程序，但是对较大规模的公司来说，股东转让出资后进行公告，可增加公司管理层的透明度，便于增加社会公众，特别是市场交易相对人对公司的信任。

【例5-1】F公司的退出

F公司成立于2004年1月18日，恰逢行业的春天，成立之初股东和管理层们壮志满怀，想要乘着这股春风大干一番，努力将F公司发展壮大，走向成功。F公司注册资本2000万元，主要经营范围是进行某产品器件、软件及整机的研

发、生产、销售和维修。

截至2021年年底，F公司股东共20名，其中自然人股东17人，法人股东3人。股东1出资额为840万元，持股比例42%，为第一大股东；股东2出资额为640万元，持股比例32%；股东3出资额为420万元，持股比例21%；公司自然人股东人数17人，出资额共计100万元，占注册资本的5%，具体表5-1所列。

表5-1 股东出资额及出资比例统计表

股东名称	出资额/万元	出资比例/%
股东1	840	42
股东2	640	32
股东3	420	21
自然人股东17名	1001900	5
总出资（货币）	2000	100

2004年F公司成立后，因顺应行业形势，寻找到了好的合作伙伴，也曾辉煌过；但随着行业走向衰退，合作方不断缩小产能寻求出路，F公司的发展也日渐衰退。

因为经营未达预期，经营层也想努力转型，寻求出路。时间来到转型的关键阶段——2018年，经营层面对每况愈下的经营状况感到焦急万分，如热锅上的蚂蚁，纷纷想办法找资源，但除了焦急，更多的是迷茫和无助。时至今日，市场风云变幻，行业已进入冬天，春天一去不复返，F公司也身陷囹圄。

经过很长时间的摸索，从最初的踌躇满志，到不断碰壁，最终F公司内部探索出的转型道路是利用该公司现有的闲置资源，如设备、厂房、人员等，来吸引其他合作方，同时，利用合作方开始投入的设备、资金、市场、技术等资源进行生产销售分成获利。虽然前期的投入对合作方具有一定的约束力，但最具有话语权的技术、市场均不属于公司资源，一旦市场开拓成熟，F公司可能会随时面临被动终止合作的风险，自身地位更加岌岌可危，而且此项合作也不能帮助F公司形成自身的核心竞争力、增加话语权，处境十分被动。虽然，F公司这一内部决策个别股东并不赞同，认为明显缺乏科学性和合理性，但是由于也无更好的路径可以供他们选择，最终只能按此决策实行，最终带来的结果是转型的失败。

就这样因为谋求其他业务发展未果，F公司亏损严重，同时，受行业市场快速下滑的影响，F公司业务持续衰减，最终全面停止了生产经营。股东和管理层们在这整个过程中，想要变革求新，但终究逃不过入不敷出的厄运。

一、迟暮之年的F公司

1. 基于现金流视角的F公司生命周期划分

企业经营活动、投资活动、筹资活动产生的现金流量反映企业的盈利能力高低、投资收益高低及可能涉及的风险大小等，从而进一步确定企业所处的生命周期阶段。F公司2016—2021年的现金流量情况见表5-2所列。

表5-2　F公司2016—2021年现金流组合状况表

单位:万元

项目	2016年	2017年	2018年	2019年	2020年	2021年
经营活动现金流	569	−413	124	−107	43	−85
投资活动现金流	—	9	−62	−85	−70	83
筹资活动现金流					−106	—

2016—2021年F公司的现金流量一直存在波动，经历了一个较长的衰退过程。公司经营活动的现金流量处于萎缩状态，到2021年公司经营活动现金流量净额为−85万元，公司获利能力和整体竞争能力差，资金缺乏，增长无力；在投资活动方面，F公司现金流基本为负值，公司在低迷时期想通过继续投入资金以谋求其他发展，但形势却不乐观；在筹资活动方面，从2016年开始，筹资活动产生的现金流量净额基本为0或负值，公司随着经营活动萎缩，相关筹资行为也停滞不前。F公司已进入迟暮之年，生命周期阶段已处于衰退期。

2. 基于销售收入的F公司生命周期划分

2016—2021年，F公司营业收入及其变动情况见表5-3所列。

表5-3　F公司2016—2021年营业收入变动情况表

单位:万元

项目	2016年	2017年	2018年	2019年	2020年	2021年
营业收入	4363	4594	4670	456	45	0
营业收入增长率/%	14	5	2	−90	−90	−100

F公司历年营业收入曲线图如图5-2和图5-3所示。

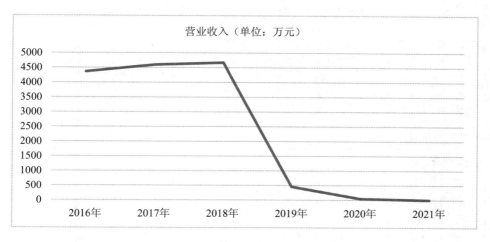

图5-2　F公司营业收入与时间的函数关系图

图5-3　F公司营业收入增长率序列图

2016—2018年期间，F公司的营业收入基本维持不变，但营业收入增长率一直呈现下降趋势；从2019年开始，营业收入出现断崖式下跌，到2021年公司已停止运营，生命周期阶段已处于衰退期。

二、力挽狂澜之路

1.清理不良资产

2019—2021年期间，F公司的管理层们思前想后，试图通过确认资产损失、清理不良资产等手段来解决经营问题，具体情况见表5-4所列。

表5-4 2019—2021年资产负债表信息

单位:万元

项 目	2019年		2020年		2021年	
	金 额	可确认资产损失金额	金 额	可确认资产损失金额	金 额	可确认资产损失金额
货币资金	486		7		5	
交易性金融资产	—		75		—	
应收票据	30		—		—	
应收账款	496	412	363	261	—	
其他应收款	17	5	8		—	
应收款项融资	—		5			
预付账款	350	347	347	345		
存货	1151	685	1121	655		
其他流动资产	—		17		6	
流动资产合计	2530	1449	1943	1261	11	
长期股权投资	—		71		71	
固定资产净值	197	3	105	7	80	
在建工程	11	11	—			
开发支出	700		758		—	
非流动资产合计	908	14	934	7	151	
资产总计	3438	1463	2877	1268	162	

截至2019年,F公司可确认的资产损失金额为1463万元,占资产总额的43%,主要是2012年以前形成的,另外1年以上未动用的存货509万元,闲置未用的固定资产净值143万元,上述不良资产陆续在2020—2021年间进行了确认和进一步清理,对于确已无法使用或无使用价值的存货直接做了报废处理并按照废品进行售卖,对于还可利用的进行了拆分利用或直接对外出售;对于闲置固定资产进行了清理,不再使用的全部对外进行了售卖。但清理后仍未实质性解决F公司的经营问题,净资产最终仍为负数,资不抵债。

2. 加大欠款清收

(1)应收账款。截至2019年,F公司的应收账款496万元,经清理发现,均为2012年以前形成,主要是原辅业产生的遗留款项,涉及多家公司。但因年代久远,虽然 F公司派驻了专门的清欠小组进行账款清收,但最终仅收回1万元,效果不佳,让人哭笑不得。

（2）预付账款。截至2019年，F公司的预付账款账面金额350万元，均为2012年以前形成。经清理，也已无法收回，最终付诸东流。

（3）其他应收款。其他应收款的金额17万元，均为2012年以前形成。主要为离职员工的个人借款和保证金等，由于当初管理不完善，所造成的疏漏，如今清收均无果。

三、道尽涂殚之境

F公司走向衰落，也曾寻寻觅觅、力求新机，然而转型探索效果不佳，转型失败，所处行业也进入衰退阶段。最终，只落得个冷冷清清，凄凄惨惨戚戚之地，走向道尽涂殚之境。事到如今，也许结束才是最好的开始。

看清这般现实，F公司经营层决定请会计师事务所和资产评估公司对F公司截至2021年10月31日的资产负债情况和股东全部权益价值进行评估，并请求对方出具评估报告。

1. 摸清家底

通过对资产进行清理和盘点，对无法使用的资产进行报废或按废品售卖、对还可利用或闲置的资产进行对外出售后，最终F公司净资产仍为负数，资不抵债。

会计师事务所出具的审计报告显示，截至2021年10月31日，F公司资产总额156万元，负债总额1695万元，主要资产负债情况如下：

（1）资产情况。

F公司的总资产为156万元，其中，流动资产11万元，主要包括现金、预付款和其他流动资产等；非流动资产145万元，主要包括长期股权投资和固定资产。以上资产数额少，且多为低质无效资产。

（2）债务情况。F公司的负债总额为1695万元，主要为经营所产生的应付账款1180万元，以及集团内部借款本息515万元。扣减供应商长期未要求付款且不需再支付的应付账款后，剩余欠款F公司通过剩余商品货值冲抵、以现有生产设备抵债、对股权进行处置后支付等手段偿债，但资金缺口较大。

2. 拍板定案

管理层们看着放在眼前的审计报告和评估报告，一页页文字、一个个数据显得那般刺眼，但事到如今，也无可奈何。会上，领导们根据报告展开了激烈的讨论，主要从三方面确定了F公司退出方式的选择依据。一是产业结构的发展方向方面，F公司所处的产业已属于夕阳产业，不符合产业结构的发展和调整方向；二是财务困境的严重程度，F公司已处于停业状态，不能维持正常的生产经营活动，资不抵债；三是挽救价值方面，F公司已无企业资源优势，自身产品已缺乏竞争优势、创新技术水平差。

F公司持续亏损，业务终止，通过对所处行业情况、财务状况、技术指标、人员结构、产业状况、生产能力，以及核心竞争力等进行综合分析后，确定F公司已无存续价值，应退出市场，所以要对其进行处置。根据F公司现状，可选择处置方案有三种，分别是清算注销、诉讼破产和股权转让，三种方式的优缺点对比见表5-5所列。

表5-5　处置方式优缺点对比表

序号	处置方式	优点	存在的问题
1	诉讼破产	债务处理有依据	1. 或因破产清算引发外部股东、自然人股东产生争议，造成负面影响 2. 员工安置流程复杂
2	清算注销	债务处理有依据	1. 其他法人股东不同意 2. 过程复杂，周期漫长，不可控因素多，或引发较大负面影响 3. 员工安置流程复杂
3	股权转让	1. 其他法人股东同意，公司章程支持 2. 有合适的受让人选 3. 负面影响小	或需进行员工安置

（1）诉讼破产。

诉讼破产方式是企业整体资不抵债、经营困难时不得不采取的方式，属于被动退出，是最不理想的一种方式。

首先，F公司向法院申请破产，法院对F公司进行破产清算，由相关的会计与税务审计实务对F公司背负的债务、债权和财产方面进行全方位的清算。F公司清算的内容顺序如下。一是公司员工的工资、劳动保险、企业所拖欠的税款、破产债权等，但经过估算，F公司的股东最终没有可分配的股权所得。二是员工安置问题方面，F公司的管理层很清楚自身的职责站位，他们认为企业在创造社会价值的同时还应肩负着维护社会和谐稳定的重要职责，所以需要妥善处理员工的安置问题，保证社会的和谐稳定。通过听取员工的利益诉求和相关的意见，充分考虑员工的意愿和具体要求，并以法律法规以及企业的经营状况为依据，此方式需要安置员工10人，且员工安置流程较为复杂。三是或因破产清算引发外部股东、自然人股东对公司破产问题处理产生争议，造成负面影响。

（2）清算注销。

一是，企业在剩余财产分配方面，按照相关规定，可以向所有者分配的剩余资产是企业全部资产的可变现价值或交易价格减去清算费用、职工的工资、社会保险费用和法定补偿金，另外，要结清清算所得税、以前年度欠税等税款，清偿企业债务，通过计算，F公司股东最终没有可分配的股权所得。二是员工安置问题方面，此方式也需要考虑安置员工10人，且员工安置流程复杂。三是F公司的股权结构复杂，经营期间业务调整大，历史遗留问题多，清算注销有破产风险，这将对与F公司股东的相关资本经营活动产生负面影响，同时，清算注销过程复杂漫长，部分股东也不同意清算注销。

（3）股权转让。

采用股权转让方式，F公司资不抵债，净资产为负值，市场价值就为负数，通过此方式进行处置，挂牌价格经商议定为1元人民币，有意向购买方，成交价格和挂牌价格一致。在员工安置问题方面，F公司管理层通过与员工沟通，提前广泛征求大家意见，10名员工同意F公司在挂牌转让前，与公司协商终止并解除劳动合同关系，F公司依法合规对员工进行相应的赔付，所以，通过股权转让方式不涉及职工安置问题。此外，《公司法》和F公司章程支持股权转让，相关规定指出，"股东向股东以外的人转让股权，应当经其他股东过半数同意。股东应就其股权转让事项书面通知其他股东征求同意，其他股东自接到书面通知之日起满三十日未答复的，视为同意转让。其他股东半数以上不同意转让的，不同意的股东应当购买该转让的股权；不购买的，视为同意转让"，经过征求股东意见，股东们同意F公司进行股权转让。股权转让方式流程相对较为简单，仅需要董事会表决、资产评估、挂牌转让等即可完成，股东和经营层对转让方案均表示认同。

经多次比较、调研和分析论证，经营层最终确定处置方案为股权转让。

3. 清算退出

资产评估公司对F公司截至2021年10月31日股东全部权益价值进行评估并出具了评估报告，评估采用资产基础法，F公司资产账面值156万元，评估值231万元，评估增值75万元，增值率48%；负债账面值1695万元，评估价值1695万元，增减值为0；净资产账面值–1539万元，评估值–1464万元，评估增值75万元，增值率4.4%。F公司股东全部权益在评估基准日的市场价值评估结果为–1464万元。

（1）转让方式：按照国资监管要求，在产权交易所挂牌转让。

（2）审计及评估基准日：2021年10月31日。

（3）作价依据及挂牌底价：以经备案的F公司股权全部权益价值在基准日的

评估值为作价基础，对应的评估值为–1464万元，公开挂牌底价拟定为1元。

（4）职工安置方案。F公司通过处置有价值资产，专项用于补发补缴和续发续缴职工工资、社保及进行职工安置。

（5）F公司与职工协商终止并解除劳动合同关系，依法合规对职工进行相应补偿或赔偿，完成职工安置。

（6）债权债务处置方案：转让不涉及金融债权债务。标的企业具有独立法人主体资格，在完成本次股权转让后继续享有及承担其全部债权债务。

F公司经过一番挣扎、几经周折，最终还是深陷泥潭，走向清算退出的道路。

5.3 财务投资退出方式选择

5.3.1 退出时机

从理论而言，投资应选择的最佳退出时机是获得退出收益最大化的时间。通常企业在初创期时难以盈利，甚至存在难以持续经营的风险，选择在这个阶段退出，受让方难以给出高溢价对价。而在企业步入成长期后，相对来讲经营风险降低，减少了受让方承担的风险，受让方经过对企业业务及行业的判断，可能愿意为这部分风险支付高溢价，投资此时能获得较高的收益。然而从现实而言，最佳的退出时机往往难以通过事先预测，因为我们很难事先就已知一个项目的收益与时间的函数关系，只能结合行业发展、企业经营业务等因素，衡量项目的预期收益、风险和成本来判断是否应该退出。对于投资来讲，选择合适的退出时机能保障投资各利益相关方的收益，否则，选择的退出时机太早，收益不够理想；如果退出时机太晚，增加承担的风险同时也面临资金期限方面的压力。

同时，投资选择的退出时机经常会受宏观经济环境如经济政策、法律环境、资本市场、被投项目所处行业的现状和发展、投资本身的情况影响。

对于一个成熟的投资管理人而言，在选择退出时机时主要考虑两个方面：一方面是指宏观经济所处的阶段，另一方面是指被投企业所处的发展阶段。从宏观经济所处阶段这个方面来看，经济繁荣期是最优退出时机。从被投项目发展阶段看，最优退出时机是当被投项目在发展期末期以及成熟期的早期。然而这两个方面的最优情况并不一定是同时出现的，在这两个因素不一致的时候，选择合适的退出时机就成为影响投资收益的重要因素。

宏观经济周期所处阶段是无法选择的，但是投资可以选择对不同行业和不同的被投项目采用不同的规则。在某个行业达到成熟期后，虽然被投项目可能暂时不随着行业步入成熟期而衰退，但企业通过寻找新的突破点迈入下一个高速发展阶段。这样的项目因为已经有了资金和收入造血能力，无须进一步投入资金，如果在宏观经济繁荣期退出或持有至繁荣期再行退出预计可获得不错的收益。但是一些随着行业步入成熟期无法再创造新的增长点的项目或者行业，将减缓增长速度，伴随着竞争对手不断进入竞争，红海局面出现，利润将不断被削弱，对于这类行业或者项目应在发展期的末期或者成熟期的早期果断退出。因为完成退出并不是短期一蹴而就的，等到行业的增长停滞时才启动退出程序，退出过程就已经是在损耗项目收益了。

5.3.2 主动退出

根据企业退出投资的情况，大致可分为自然退出、被动退出和主动退出三大类。对企业来说最重要的应该是主动退出，它是指在投资项目公司存续的情况下，企业基于退出条件、投资项目盈利能力、战略调整、决策者的心理要素等种种考虑退出所投项目。

5.3.2.1 投资退出的主要考虑因素

退出条件是考虑投资退出最重要的因素。就退出条件而言，企业没有不可退出的投资，只有不能满足的要价。企业应当密切配合市场条件和时机的变化，从价值最大化角度出发，以较高溢价退出优质或正常经营项目，实现投资增值，创造额外收益。

项目盈利能力可能是企业考虑是否投资退出最直接的因素。除了那些经营不正常或连年出现亏损且扭亏无望的投资项目要积极部署退出外，企业还应对目前虽能维持经营、但盈利能力较差的项目主动考虑退出。

企业有必要根据投资项目的资金来源及经营地域预先设定盈利标准。可供参考的盈利指标主要有：项目论证阶段预期的投资回报率、企业整体在近几年的平均净资产报酬率、国内外长期债券利率、国内外银行贷款利率、加权盈利指标等。

从战略调整角度看，企业选择主动退出投资主要包括以下情形：投资项目与企业发展目标、产业导向或核心业务不相符；企业难以取得投资项目的管理控制权和发展主导权；企业内部因资产整合、重组，需要退出相应投资；企业根据目标负债及自身现金流量情况对投资总量进行控制，当投资总量超出上限，或负债率超过目标水平，或财务、现金流量出现困难时；投资项目公司因合并、分立、购并及引入新的合作伙伴等事项使资本规模、股权结构或合作条件发生重大于己不利的变化投资项目公司因违反有关法律、行政法规造成短期内无法消除的重大影响。

从决策者心理要素分析，就有投资退出时的既得利益和不退出时的机会收益，而且要考虑决策者的心理预期，主要是收益和风险的比较。

5.3.2.2　主动退出带来的效益

实现投资的良性循环是为了更有力地出击。投资项目只有做到有进有退，才能回笼资金抓住新的投资机会，顺利进入下一轮投资计划，实现投资的良性循环和增值，进而优化投资结构，控制投资总量。

优化财务状况有利于投资退出确保企业现金流量的平衡，改善企业财务状况。如果以高溢价退出投资项目，可为企业带来可观的额外收益和现金流；另外如果是退出经营不善及负债高的项目或业务，可让企业有效重组债务，达到优化资产的目的。

优化资源配置是投资退出的一种收缩战略，也是企业优化资源配置的重要手段。如企业可通过投资退出盘活沉淀、闲置、利用率低下的存量资产，从而完善和调整现有的经营结构，提高资产组合质量和运用效率，达到优化资源配置的目的。引进投资主体的企业通过减持或降低在投资项目的股权比例，可以引入专业或策略投资者共同经营投资项目，不仅有利于项目公司形成多元产权模式，健全项目公司治理结构，而且为项目公司重新设计科学、合理的股权结构提供了可能。通过培育核心业务，企业可以借助投资退出来进行战略调整，集中资源专注发展核心业务和主导产业，提高核心能力。

5.3.2.3　主动退出的意义

在优化财务状况下退出投资有利于确保企业现金流量的平衡，改善企业财务状况一方面，以高溢价退出投资项目，可为企业带来可观的额外收益和现金流；另一方面，退出经营不善及负债高的项目或业务，可让企业有效重组债务，达到"止血消肿"的目的。企业投资退出的意义从以下几个方面可以看出。

一是消除沉疴。企业投资面过宽很容易造成资金周转不灵，巨额资金投入与债务不断累积把企业推向高风险境地，效益有较大的波动企业很容易陷入危机。消除沉疴就是缩短战线聚集资源，这对挽救困难企业而言至关重要。

二是改进结构。为了增强企业的竞争力，企业随时都可能面临结构的调整。结构调整包括资本结构、产品结构、行业结构和地区结构等。企业的投资退出给企业结构的调整创造了时机。

三是以退为进。有时企业的投资退出不仅能带来很大利润，而且不会影响到企业对被投资主体的控制，可起到一石二鸟的作用。

四是健全公司治理结构。企业可通过引进多元投资主体进入被投资项目，通过减持或降低在投资项目的股权比例，可以引入专业或策略投资者共同经营投资项目，不仅有利于项目公司形成多元产权模式，健全公司治理结构，而且为项目公司重新设计科学、合理的股权结构提供了可能。

5.3.3　退出策略

5.3.3.1　IPO退出

IPO退出是当被投项目发展到一定阶段满足资本市场要求时，公开发行股票上市，上市成功后投资持有的被投项目股权转为上市公司股票，投资管理人通过在公开市场转让由股权转换过来的股票回收资金的一种退出方式。能通过IPO退出的项目，可以说明项目本身资质和经营状况都属于优良。对投资机构而言，一方面此种方式是在被投项目完成上市后退出，由于证券市场高准入门槛和上市公司身份的稀缺性，帮助投资机构在退出过程中实现高收益；另一方面帮助增加投资机构的知名度。对被投项目而言，经营运作由一家籍籍无名的公司变为一家成熟的公众公司，为今后发展带来的有利之处不言而喻。这种双赢的退出方式，一向都受到投资和被投项目的认可。高收益率和声誉提高效应使得IPO退出方式在几种退出方式中成为首选退出方案。

IPO退出因其经济收益和社会效益成为现阶段投资选择的主要退出方式，但这并不意味着IPO退出是唯一可供选择的退出方式。不同的投资在选择退出方式时受主观效用的影响。主观效用来自收益和风险两个层面，收益层面除了退出收益，还囊括了因为退出而给投资机构募资和投资两个流程产生的额外收益。很多因素都会影响主观效用，有些因素跟被投项目有关，具体情况具体分析。有些因素则与被投项目无关，诸如不同的地域环境和经济时期。各种因素因其不同的表现形式影响着投资对退出方式的选择，投资根据这些因素的不同影响制定退出策略并从中选取最佳退出方式。

IPO退出的优势有如下几点：①投资收益率高。一般对比其他退出方式来讲，IPO退出的内部收益率更高，已有诸多投资者因被投项目的IPO而身价倍增；②可使投资机构、被投项目和其他股东都达到利益最大化的状态。在投资机构得到高额回报的同时，被投项目通过上市完善其治理结构，其他股东股票增值后可变现或持续投资。③利于快速提高投资机构在业内声誉。投资机构运作的项目并非都能盈利，而投资的项目成功上市足以证明投资机构在投资和管理运作上的实力，提升其在业内信誉，扩大影响力，为下一轮的募集资金提供便利。同时也会增加其投资优质项目的可能性。

IPO退出有明显优势的情况下也存在劣势。主要原因有以下几点。①机会成本高。因为被投企业IPO过程所需时间不确定，等待的过程中可能会让投资机构错失其他高收益项目，机会成本增加。②时间成本高。证券法设立之初，为了减少资金的流动性给企业和资本市场带来不利影响，设定了锁定期。锁定期的设置导致投资机构时间成本高。③对公开上市的要求较高。在国内的相关主板市场及其他市场证券中，对公开上市的要求普遍较高，通常需要风险投资企业的经营状况、财务情况、持续发展性等方面作综合考虑。但绝大多数风险投资企业不能达到公开上市的要求，因此则制约了风险投资机构通过此方式进行风险投资退出。

5.3.3.2　股权回购

股权回购一般是由管理层或控股股东回购，分为积极回购和消极回购。积极回购是指当被投项目经营发展到一定阶段，积累了足以回购股权的能力时，控股股东或者管理层使用现金、有价证券等作为对价受让公司股权，投资实现顺利退出，被投项目达到规避货币风险、优化股权结构避免被敌意收购或者增强控股股东地位的目的。消极回购一般发生在投资方发现被投项目的经营生产情况与预期不符，或是发现与被投项目的发展理念存在较大差异后，投资方基于投资协议约定要求控股股东或者管理层履行股权回购的义务，避免发生自身利益受损的情况。

通常而言，实施股权回购的动机有三方面因素。①成本考量。公司发展蒸蒸日上，管理层或控股股东根据市场行情和发展规划预见到未来可观的升值空间，基于成本考量，尽早实施股权回购以较少的成本获取未来的高收益。②现金流管理。公司发展到一定阶段持有丰厚的现金流入时，在没有明确的固定资产、股权等投资意向时，出于降低货币风险的考虑，通常会通过回购股权达到管理现金流的目的。③股权集中。对于那些股权分布不合理或是股权分散的公司来讲，在经营情况优良的情况下，回购不被控股股东控制的公司股权能够集中股权，增强控制力。

5.3.3.3　兼并收购

兼并收购退出是指当被投项目在行业内发展到一定规模，拥有稳定的生产经营能力和盈利能力时，对同业或者非同业公司产生经营协同效应或者财务协同效应，在时机成熟时吸引其他公司将被投项目兼并或者收购，投资方趁此机会转让持有的被投项目股权。观察欧美国家投资的退出方式，欧洲国家在几种退出方式中选择兼并收购方式的项目较多，因为欧洲的证券市场相对不算活跃，纵然兼并收购的回报率不及IPO退出，对实现基金的退出、释放流动性兼并收购也是可选之法。

兼并收购的操作流程，根据主动方不同而有所差异。若主动方为投资机构或被投项目，那么退出流程为前期准备、初步洽谈、尽职调查、估值确认、条款协商及交易达成六个步骤，如图5-4所示。若主动方为买方，则第一个步骤可免除，因为买方一般事先已做好准备工作，对被投项目有一定的了解。不管哪一方主动寻求兼并收购，第三步尽职调查、第四步估值确认以及第五步条款协商都是兼并收购操作流程中的核心操作要点。通常受让方为了谨慎起见会聘请第三方专业机构发表专业、独立意见的尽职调查和估值报告。若潜在交易对手不止一个时，被投项目确定收购方时除了考虑交易价格、估值外，还会权衡收购方的行业背景、经营实力、企业文化等因素对被投项目未来长期发展带来的协同效应。

具体每个步骤分别是：①前期准备主要是咨询财务顾问机构寻找潜在市场买方，初步确认被投企业价值；②初步洽谈主要是接触有意向购买方，就基础事项初步洽谈；③尽职调查是买方对被投企业展开尽职调查；④估值确认是聘请专业估值机构出具对被投企业估值报告；⑤条款协商：与买方就收购价款、交易方式等合同关键条款进行协商；⑥交易达成是双方或多方签署收购协议，支付价款完成股权交割。

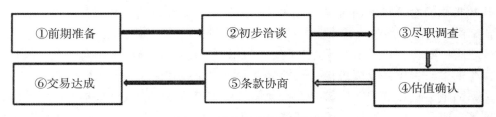

图5-4　兼并收购操作流程图

各个阶段投资机构应注意如下事项。

①FA（金融顾问）、尽调、估值等机构选择：投资机构在寻求潜在买方、对被投企业进行估值或与买方就交易关键条款进行协商时，应选择在被投企业所属行业具有丰富交易经验，且擅长操作的交易规模与此次并购交易规模接近的第三方中介机构。

②并购合同关键条款：交易价格、支付方式、违约处理等。投资机构应聘请律师事务所参与协助拟定交易的最终合同。

③持股比例较小的机构通常不具有主动权：通常持股比例较高（如>10%）的财务投资者或战略投资者在与买方协商中更具有主动权，持股比例较小的机构则通常被动跟随大股东被并购。中介费用则通常会在参与交易的股东间分摊。

④若收购方为上市公司需要更多考虑监管方面将面对的问题：如仍需证监会审核的借壳上市和发行股份购买资产这两类交易。如此一来，交易周期拉长，中介费用支出增加，同时存在收购方案被否决的风险。上市公司发行股份购买资产的交易，机构减持股份将面临一系列限制性规定，与被投企业IPO后减持规则一致。因此机构在制定退出策略过程中还需考虑上市公司股

价波动风险。

兼并收购退出的优点有三个。①一次性完全退出。投资机构通过兼并收购一次性完全退出即可回笼现金或获取相应的可流通股票，在保证投资收益的同时，也确保不存在剩余股权难以退出的风险。②机会成本相对较低。被投项目被兼并收购的机会成本低于IPO，对投资机构来讲则是通过兼并收购的方式退出的机会成本低于通过IPO方式退出。③操作简单。兼并收购的程序相对IPO来讲要简便快捷得多。而且相对于IPO的要求，兼并收购并没有强制性要求，兼具灵活性和可控性，可以发生在经营发展过程中的任一阶段。当然，并购退出也并不是完美的，其不足之处有两个。①可能会遭到管理层及实控人反对。对被投项目开展的兼并收购活动将不可避免地对其日常生产经营产生影响和威胁，因此，兼并收购退出方式可能遭到被投资企业管理层及实控人的反对。②投资收益低。由于并购市场并非一个公开交易场所，市场中的参与者有限，这导致兼并收购的对价难以通过市场方式做到交易价格公允，所以相对IPO退出的收益来讲，大部分通过兼并收购方式退出的项目收益要低一些。

股权回购方式退出的优点有两个：①操作简便，沟通成本相对较低。股权回购的参与主体是投资机构、被投资企业管理层或者被投企业控股股东，产权关系明晰，且相互之间比较熟悉，操作起来比较简便。②投资成本安全，能实现基本收益。股权回购一般是当被投企业在约定时间内未完成约定事项，投资机构要求被投资企业控股股东或者管理层履行回购股权的义务。为弥补投资机构损失的机会成本，控股股东或管理层需支付一定的溢价。股权回购方式的不足之处也有两个：①收益率低。投资机构要求被投企业的控股股东或者管理层行使股权回购的前提一般是被投企业未完成约定，双方也未达成一致补充意见。被投企业的控股股东或者管理层愿意支付的溢价类似于资金占用成本，这部分溢价率通常不高。②一般情况下说明项目投资不太成功。

5.3.3.4　股权转让

投资还可以选择通过股权转让的方式从被投项目中退出。股权转让是指投资将其持有的被项目股权转让给第三方，受让方也许仍是一家投资机构。投资可以将持有的股份全部或者部分转出。因为各个机构关注的赛道和阶段并不完全一样，感兴趣的投资方向和重点也不一样，这导致不同机构对同一个项目评价的标准并不完全一致。例如，有些机构侧重于早期天使投资，而有些机构专注于中后期，还有的机构则是瞄准Pre-IPO阶段，对应到企业则是各个发展阶段都会有投资机构以不同估值价格入驻，也存在各个阶段都有投资机构变现离场。协议转让是常见的股权转让方式之一，交易参与方充分沟通后敲定合同条款并共同签署协议，根据合同约定履行各自义务。为满足各方利益、法律法规和监管的要求，协议转让一般是按照以下步骤进行：确定退出时机、形成退出方案、公司风控和法规部门出具建议书、公司投资决策委员会做出书面决议、董事会决议（仅公司制基金）、寻找受让主体、协商谈判并签署转让协议、完成工商过户、收益分配。具体步骤如图5-5所示。

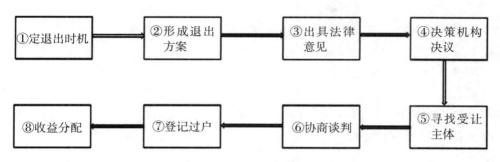

图5-5　股权转让操作流程

①确定退出时机：项目部与投后管理部门在充分考虑被投企业的财务运行情况与收益水平，以及被投企业所处宏观经济和市场环境下，确立退出时间。项目退出时间与基金退出策略息息相关，结合调研和访谈内容主流的退出策略有隔轮退、分步退（先保本后逐渐退出）、指标判断（营收、估值等是否达到预期）等。

②形成退出方案：确定退出时间后，项目部和投后管理部门应初步拟定项目退出实施方案（以下简称"退出方案"）。

③出具法律建议：退出方案需经投资机构的风险管理部门以及法律合规部门审核并出具相关建议书。

④决策机构决议：一般情况下，投资决策委员会（或退出决策委员会，如有）综合考虑退出方案、风控和法律合规部门的建议书，对退出方案进行审议并做出书面决议。需要注意的是，公司制的投资决策需董事会审议才能执行。机构董事会参考投资决策委员会提交的退出策略、风险管理部门提交的专项审核意见以及公司法律合规部或公司委托律师事务所出具的专项法律建议书，对退出方案进行审议并做出书面决策。

⑤寻找受让主体：机构层面退出方案通过后，开始寻找受让方。

⑥协商谈判：受让方与转让方就交易价格和双方权益进行谈判确定协议内容，协商成功后签署协议。

⑦登记过户：项目完成工商登记过户。

⑧收益分配：机构将股份转让获得的项目退出收益分配给投资人。

通过股权转让方式退出的优点有两个。①操作简单，门槛较低。只要被投项目符合受让方的标准，双方谈妥交易估值，转让方就可以交易持有的被投项目股权，实现退出。②退出比例可灵活选择。投资机构可选择完全或不完全退出，当其并不计划完全退出的时候，可选择只退出部分股份，这种退出方式也能够回笼部分资金，增强基金流动性。并增加了二次选择的机会，后续退出过程中可按实际情况来处置剩余部分的股权。不足之处也有两个。①存在不能一次退出的风险。当受让方只愿意受让部分股份时，这将导致投资机构不能一次性从被投项目中完全退出，需要等待时机寻找其他买家。②收益有限。与兼并收购退出方式一样，由于交易场所非公开，参与者有限，转让方接触到的受让方有限，市场调节手段难以使交易对价客观公允；同时由于受让方也会对该笔投资要求较高的投资回报率，因此转让价格一般不会太高，投资收益有限。

5.4 案例：成败在此一举——CT公司Pre-IPO项目退出之路

5.4.1 背景

CT公司是一家专门从事财务投资和基金管理的投资平台，取得投资退出收益是投资公司盈利的主要渠道。

2012年，CT公司获取到一条关于某省级新闻类公司（以下简称"CW公司"）拟将上市的信息，由于当时股票申请上市必须经过审证监会批，上市公司资源稀缺，导致二级市场与一级市场有比较大的价差。因此，CT公司与CW公司取得联系，希望能够凭借母公司在省内良好的声誉、地位及资金实力争取到一定投资额度，经过双方接触，CW公司同意给予3%即400万股的投资份额。CT公司随即以10元/股价格投资4000万元，成为CW公司第七大原始股东。

5.4.2 CW公司上市历程

CW公司成立于2009年12月，经营业务发展稳健，旗下拥有多个新媒体平台，但其IPO上市之路却异常艰难。

5.4.2.1 CW公司第一次上市历程

2013年3月，CW公司完成转企改制；2014年12月，CW公司申报创业板IPO；2016年12月，CW公司创业板IPO被发审委否决。

被否决的报告期是2013—2015年，当时公司营业收入分别是1.1亿～1.3亿元，扣非归母净利润为2500万～3100万元。其财务数据确为勉强，再加上独立性较弱，对政府补贴和政府购买依赖度高，CW公司第一次IPO上市之路折戟沉沙。

5.4.2.2　CW公司第二次上市历程

2019年6月，CW公司再次申报创业板IPO；2021年3月，CW公司通过证监会上市审批。

2021年5月，CW公司首次公开发行股票并成功上市。

此时CW公司营业收入、净利润均已上了一个新台阶，2017—2019年，公司营业收入分别为1.7亿～2亿元，扣非归母净利润为3400万～5100万元，为公司IPO过会奠定了良好的基础。

5.4.3　CT公司投后十年之力

伴随着CW公司曲折的上市历程，CT公司也开启了历时10余年之久的投后管理历程。

5.4.3.1　首次IPO被否的"后遗症"

CT公司投资后委派一名监事，出席监事会会议并行使监督职能。2018年11月，由于CW公司2016年12月创业板IPO被发审委否决后仍未在约定期限内成功上市，触发了投资协议违约条件，CT公司随即要求CW公司按协议约定回购股权，双方协商未达成一致，CT公司遂向市中级人民法院提起诉讼。之后，双方进行调解并签订了和解协议，由第三方公司提供房产作为担保条件，CT公司同意承诺期限延期。

CT公司事后回看本次纠纷，在CW公司第一次折戟后，只有CT公司发起股权回购诉讼，分析原因在于：CW公司的其他投资人为其传媒同行业企业，了解行业和公司价值，而CT公司及母公司与CW公司没有任何业务交集，对其行业发展认识不充分，导致的CT公司对项目信息不足。

5.4.3.2　成功上市后，投资人也有"甜蜜的烦恼"

2019年为满足上市申报条件，CT公司同意解除了上述和解协议，并积极协助CW公司申报IPO的相关工作。2021年随着CW公司成功上市，CT公司持有的股权变为股票，在报表上由其他非流动金融资产调整至交易性金融资产，并以股价作为公允价值计量。根据证券法规定，CT公司持有的限售股在上市之日起的一年以后才可减持，CT公司2021年年度财报因该股票价格的大幅增长公允价值收益增加了近1亿元。

2022年随着资本市场震荡及其股票自身的价值回归，公司当年财报中的公允价值收益又几近腰斩。该项目整体投资回报较好，但财报会随着股价大起大落，对CT公司尤其是上市次年公司的经营业绩有很大的冲击，直接导致公司次年报表账面亏损了数千万元。

5.4.4　在二级市场退出

5.4.4.1　制定退出方案时期的背景

（1）政策要求。《公司法》规定：发起人持有的本公司股份，自公司成立之日起一年内不得转让。公司公开发行股份前已发行的股份，自公司股票在证券交易所上市交易之日起一年内不得转让。

2017年5月，证监会发布了《上市公司股东、董监高减持股份的若干规定》（业界称为"减持新规"），按照该规定，持有首发限售股的股东，即特定股东，可在任意连续九十个自然日内，通过二级市场竞价交易的股份不得超过公司总股本的百分之一；采取大宗交易方式减持的股份不得超过公司总股本的百分之二。

（2）当时资本市场环境和股票波动情况。2022年初资本市场正在经历连续下跌行情，上证指数从年初的3232.33点最低下跌至2863.65点（2022年4月26日），与此同时，CW公司股价从年初的40元下跌至19元。CW股票的限售期即将于2022年5月初解禁，在此不利环境下退还是不退，CT公司的决策层必须做出决定。

（3）公司自身情况。CW公司作为地方头部传媒公司，与行业其他上市公司相比，覆盖区域有限，业务发展较为平稳。但CW公司本次上市后现金充裕，资产负债率仅10%，公司还有很大的发展空间，一旦募资项目落地实施，公司股价仍有增长的可能性。CW公司的主要财务数据见表5-6所列。

表5-6　CW公司主要财务数据

指标	2020年	2021年
营业收入	19 500	19 000
净利润	6000	8000
销售净利率/%	31	42
货币资金	37 800	59 000
总资产	66 000	94 000
资产负债率/%	18	14

（4）其他原始股东可能的行为。

经统计，CW公司当年前四月日均成交量维持在20万～40万股左右。而原始股东90日内可通过集中竞价方式减持1%（即170万股），可通过大宗交易方式减持2%（340万股），一旦部分其他股东不计价格实施减持，在股市表现不佳的背景下股价下跌的速度难以想象。CW公司上市以来股份成交量如图5-6所示。

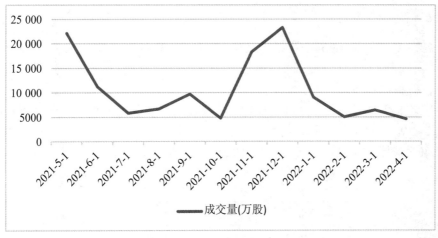

图 5-6　CW 公司上市以来股份成交量

5.4.4.2　制定减持退出方案

（1）在上述背景环境之下，CT 公司制定了四个备选方案。

方案一：持股待涨，等待有利时机。

方案二：限售期结束后即分批完成全部减持。

方案三：通过集中竞价和大宗交易方式将持有的 3% 股票转入资管计划，由资管计划持股待涨。

方案四：分步退出，限售期结束后先减持部分股份回流投资本金，持有剩余股份继续等待减持时机。

（2）CT 公司分析减持方案利弊和风险，最终基于综合考虑，选择了方案四并于限售期解禁之日起开始实施，四种减持方案利弊分析见表 5-7 所列。

表 5-7　减持方案利弊分析

	方案一	方案二	方案三	方案四
优势	市场和股价均处于低位，持股有可能在未来取得更高的收益	全面完成项目退出，并确定项目整体收益	低位转入资管计划，高位卖出可节约 3% 的增值税	收回投资本金，闭合项目投资风险，同时用剩余股份博取更高收益
劣势	股市下行，股价下跌，历经 10 年的投资有可能亏损	失去未来取得更高收益的机会	CT 公司需要向资管计划投入大额初始资金用于购买 CT 公司持有的股份，另外还要支付管理费用	失去减持股票部分未来上涨的收益
风险程度	高风险，可能面临投资亏损	无风险，收益较少	高风险，可能面临投资亏损	风险低，最差情况是项目无收益

5.4.5 尾言

2022年5月起，CT公司累计减持200万股CW股票，收回全部4000万元投资成本，持有的剩余200万股CW股票为该项目的投资收益，CT公司拟将继续持有，等待时机于高位卖出。

同年5月11日，CW公司发布公告称公司第二大股东拟减持不超过2%；5月27日，CW又发布公告称公司第三大股东拟减持不超过2%，截至当年年末，原始股东共减持5.11%股份，CW公司原始股东持股变化见表5-8所列。

表5-8　CW公司原始股东持股变化

股东	解禁前持股比例/%	解禁后持股比例/%	持股比例变动/%
控股股东	45.00	45.00	0.00
股东二	6.75	4.78	−1.97
股东三	5.25	4.37	−0.88
股东四	3.67	2.91	−0.76
股东五	3.67	3.67	0.00
股东六	3.22	3.22	0.00
CT公司	3.00	1.52	−1.48
股东八	3.00	2.98	−0.02
股东九	1.42	1.42	0.00
合计	74.98	69.87	−5.11

至2023年4月，在经历了一年的盘整后，CW股价迅速攀升涨至上市以来次高位31元/股，CT公司终是等到了花开之日。

第6章 穿越周期的管理工具

杰克·韦尔奇曾说："企业在不同阶段需要采取不同的财务管理策略，以适应生命周期变化带来的挑战和机遇。"

经济具有周期性，成功的企业要在经济周期中穿行，需要有自己的管理方法论与管理工具。经济发展起起伏伏，企业成长磕磕绊绊，就像在山谷中穿行，从无一路坦途。企业越长大，管理越重要。企业在每个发展阶段的财务策略并不相同，但在企业的成长和成熟关键期，正确的投资选择和有效的风险控制是企业穿越周期取得成功的重要因素。这一章节我们讨论战略财务管理和两大系统管理工具：全面预算管理及企业内部控制管理。

6.1 战略财务管理

什么是战略财务管理？战略财务管理是一种在企业战略制定、执行和监督过程中，将财务考虑纳入企业战略规划和决策中来以实现企业长期价值最大化的综合管理方法。它不仅涵盖了企业财务管理方面的问题，还包括市场、技术、生产、人力资源等各个方面，涉及企业整个生命周期，旨在提高企业的市场竞争力和持续发展能力。具体而言，战略财务管理需要结合企业的战略目标和市场环境，对财务资源进行合理配置和利用，以最大限度地提高企业价值和投资回报率。在实践中，战略财务管理需要关注公司的现金流、投资回报率、资本结构、成本控制等各方面的财务问题，并将这些问题与企业的长期战略目标相结合，以实现整个企业的最优化经营。

6.1.1 生命周期与战略财务管理

6.1.1.1 战略财务管理的分类

结合企业战略管理理念，我们从财务资源分配的强度、财务和资本策略的差异化方面大体可以把财务管理战略分为三种类型：扩张型战略、稳定型战略和收缩型战略。扩张型战略对应激进型的财务和资本策略，稳定型战略对应稳健的财务管理策略，收缩型战略对应的谨慎型财务管理策略。

1. 扩张型战略下的投融资决策

企业在成长期具有扩张的动能，为了扩大企业的市场空间、资源空间、增长空间，成长期或成熟转型期企业都具有扩张的动力和意愿。从企业家特质来看，具有冒险精神的创业者也倾向于扩张，将企业做大做强。那么从财务角度看，扩张型战略的实施结果就是资产与负债（权益）同时增加，这意味着两点：追加投资和扩大融资。匹配扩张型战略的财务和资本的策略要从投资和融资两端发力。一方面扩大权益融资，吸引风险资本，增厚企业的权益和再投入的资源；另一方面寻找投资的机会和方向，加强投资决策支持和风险管控。

扩张有两种方式：一是内生式产能的再投入，主要是生产制造能力、营销网络布局的扩张；二是外延式的并购重组，通过横向并购或纵向并购等实现市场规模和产业能力的迅速提升。这些都属于资本性投入，都属于投资决策相关的范畴。企业的扩张总需要资源的持续保障，也就是钱的来源。在扩张型战略下自身积累很难满足扩张的需求，资本的募集和资金的筹措就成为公司财务与资本的重要内容。企业的目标是资本型满足还是债务满足就要充分做好资本结构和融资结构的安排和统筹了。

扩张背景下的战略财务管理就是立足当下着眼未来，发挥好财务的预测、分析、决策管理，做好资本预算，对项目实施的可行性、投资回收周期、投资回报决策等进行投资决策管理。在财务管理框架下做好资本结构、融资结构化的安排，寻求匹配扩张策略的资本、资金渠道和来源。

2. 稳定型战略下的精细化平衡管理

稳定型战略是指以实现企业财务绩效的稳定增长和资产规模的平稳扩张为目的的一种战略。实施稳健型战略的企业，一般将尽可能优化现有资源的配置和提高现有资源的使用效率及效益作为首要任务，将利润积累作为实现企业资产规模扩张的基本资金来源。为了防止过重的利息负担，这类企业对利用负债实现企业资产规模从而实现经营规模的扩张往往持十分谨慎的态度。所以，实施稳定型战略企业的一般财务特征是"低负债、高收益、中分配"。

稳定型战略下，公司以稳定市场规模，稳定增长为目标，通常负债水平不高，收益较为稳定或收益率逐渐下降。该类型的公司业务通常比较聚焦，资源与投入的矛盾并不突出。财务管理和资本经营的目标就是在细分领域保持稳定的竞争能力。公司更加注重成本的管理、运营资金的良性周转，注重收支的平衡和经营积累的稳定增加。稳定型公司也会有投资需求，但主要是在自身积累的基础上，沿着原有的细分领域进行递进式发展。

3. 收缩型战略下的资源聚焦重整

收缩型战略是在企业直接扩张有困难的情况下所采取的过渡性措施，可将其进一步分为收缩型战略、转换型战略和重组清算型战略。

收缩型战略又称为"防守型战略"。企业经常会遇到这种情况，即难以按原来的战略规划实施，只能采取以退为进的战略。典型的收缩战略可能会导致资产或债权的减少，常见的情况为：股份回购、资产剥离、公司分立与分拆。

转换型发展战略是一种过渡性的调整战略，其特点是资产、负债与权益的总量基本不变，只是在内部进行调整。典型的转换型业务包括：可转债转为普通股、可转换优先股转为普通股、母公司与子公司的股权交换、母公司的股权与战略合作伙伴的股权进行交换、子公司的股权与战略合作伙伴的股权进行交换。

重组清算型战略具体包括重组和清算两个方面：重组主要是指在企业出现财务困境时进行的资产重组、债务重组以及其他重组；清算包括解散清算和破产清算。而破产清算又分为主动型破产与被动型破产两种，被动型破产是指企业不能按时偿还所应付的债务时，债权人提出的破产要求；主动型破产则是企业为了某种目的，如为了逃避银行债务而主动提出的破产申请。企业在做战略调整时，有可能消除一部分子公司，以减轻企业的负担，而消除这些公司的方式可以是变卖，也可以是破产。

传统的财务管理更加注重企业历史经营状况和短期发展目标的决策，战略财务管理则需要具有战略性和全局性。战略财务管理是配合企业竞争战略的资本决策、成本决策、融资决策等长期性的规划或资源决策。

6.1.1.2 战略财务管理的特征

战略财务管理是指将财务管理与战略管理相结合，以支持企业战略的实现和优化财务绩效。其特征主要包括以下几点。

（1）统筹规划：战略财务管理强调整体规划，以企业战略为导向，对所有财务活动进行统筹安排，从而实现财务目标与战略目标的协同。

（2）长期导向：战略财务管理注重长期效益，关注企业长远利益，因此需要针对不同时间段制定不同的财务策略，确保长期发展。

（3）绩效导向：战略财务管理追求最大化企业绩效，探索财务活动和战略管理之间的关系，优化公司决策，最大程度地提高企业的绩效。

（4）风险管理：战略财务管理注重风险管理，积极预测和应对风险，从而降低风险对企业财务决策的影响，确保企业持续稳健地发展。

（5）内部协作：战略财务管理需要各个部门之间的紧密协作，以保证所有财务活动的顺利推进，避免决策与执行之间的落差。

（6）信息化应用：战略财务管理需要支持信息化技术的应用，以加强对财务信息的管理和分析，从而实现对企业财务决策的支持和优化。

总之，战略财务管理是将财务管理和战略管理有机地结合，以支持企业战略的实现和优化财务绩效。

6.1.1.3　不同生命周期阶段的战略财务管理重点

战略财务管理是一个综合性的概念，包括战略规划、财务规划、投资分析、资本结构优化、风险管理等多个方面。在全球经济一体化的背景下，企业面临的市场、竞争、技术和法律等多种挑战，需要建立起科学有效的战略财务管理体系，以保证企业的可持续发展。战略财务管理的核心是协调企业的财务管理与战略管理，通过财务分析、财务规划和财务控制等手段，支持企业的战略目标实现。企业应根据市场经济发展趋势和自身经营条件，合理制定和调整战略财务管理策略，确保持续增长和盈利，并适应市场环境和行业变化。战略财务管理的目标是确保企业盈利、稳健财务状况，优化资本结构，提高投资回报率和管理期望。为了达成这些目标，企业需要通过有效的决策和操作，包括确定资本结构、投资决策、现金流管理、风险管理等，从而实现财务和战略的紧密结合。

不同生命周期的企业在开展战略财务管理方面需要采取不同的策略和方法。按照生命周期理论，处于不同生命周期阶段的企业面临的经营风险、财务风险各不相同，战略财务管理的重点也不一样。

（1）初创期：这一阶段的企业往往需要大量的资金投入，推广品牌和开拓市场。在这个阶段，企业的重点是增加市场份额、提高产品销售、降低营销成本，以及控制财务风险。此时需要制订短期内实现盈利的营销和资金计划，注重财务收支平衡和财务风险管理。

（2）成长期：在这个阶段，企业有了一定的市场份额和盈利，需要进一步扩大规模并提高竞争力。企业需要重点优化生产和流程，提高经济效益和市场份额。财务管理的重点是建立稳健的财务体系，遵循适应企业长期发展的财务策略、规划和投资计划。

（3）成熟期：在这个阶段，企业市场占有率相对稳定，并且盈利能力相对较高。企业需要关注市场的动态变化，并制定明确的财务规划。此时，企业的财务管理重点应当是寻求长期稳健的利润增长、重视资金的安全性和财务的可持续发展。成熟期企业以企业价值最大化增长为财务管理目标，财务战略一般应采取"低负债、高收益、中分配"的稳健型财务战略。从收益分配战略看，企业成熟期现金流量充足，筹资能力强，能随时筹集到经营所需资金，资金积累规模较大，具备较强的股利支付能力，而且投资者收益期望强烈，因此适宜采取高股利支付比率的现金股利政策。

（4）衰退期：在这一阶段，企业面临着销售额和利润下降的情况。此时，企业需要采取有效的措施应对市场的劣化，缩减开支，促进经济效益和盈利提升。财务管理的重点应是降低财务风险，保持财务稳健和精简运营成本，获得稳定的现金流量，并不断提高自身的市场价值。

总之，不同生命周期的企业需要根据自身情况制定相应的战略财务计划和策略，以期在长远发展上保持盈利和稳健的财务状况。企业需要结合实际情况，注重持续的财务规划和管理，不断适应市场的变化和需求。

如何保持企业原有的市场收益能力，并随环境的变化而调整自身的财务战略，是企业在任何一个生命周期阶段都必须考虑的问题。基于企业生命周期的财务战略调整，注重对企业财务资源和能力的整合，通过对投资战略、筹资战略和收益分配战略的动态调整达到企业资源的合理配置，实现资本增值并实现企业财务能力的持续、快速、健康增长，来实现企业的可持续增长。但市场中不同类型、不同性质和特征的企业在经营规模、组织形式和管理水平等方面是有差别的，对其各自的财务战略还应具体问题具体分析，不可"一刀切"。

6.1.2　战略财务管理的主要内容

从现代企业财务活动的内容看，企业战略财务管理的主要内容包括战略营运资金管理、战略融资管理、战略投资管理、战略财务风险管理及全面预算管理等。

6.1.2.1　战略营运资金管理

营运资金，在财务管理中是指流动资产减去流动负债，在企业经营中，通俗的理解就是维持企业日常经营的资金。那么从企业管理角度来看，我们最关注的营运资金又有哪些？那我们又怎么开展战略营运资金管理呢？

营运资金其实是一个流入流出的双向循环，企业销售货物、提供劳务各种经营活动的应收款项，企业采购原料，购买服务的各种应付款项，共同构成了企业经营活动的现金流转。营运资金就是流动性的资产减去流动性的负债，而这个差额就是企业需要自有资金投入的或者盈余的部分。

关注营运资金我们需要从两方面来理解企业的经营活动。在资产端体现的营运资产，主要有企业的货币资金、以债权形式存在的资金占用包括应收账款、其他应收款等，以实物资产体现的资源投入如材料、商品库存等，这些都是企业自身的经营资源投放。那么企业同时在经营活动中形成一定的负债，也就是营运负债，如短期流动资金的借入、企业赊销采购形成的应付账款、短期尚未支付的税费和职工薪酬等。

图6-1是一张营运资金循环的示意图，它涵盖了企业的采购、生产、销售、收款和付款等营运活动周期和资金活动的周期。

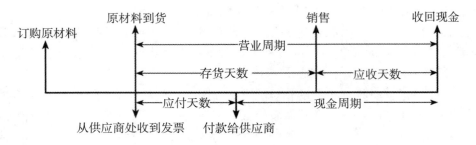

图6-1 营运资金循环示意图

该循环的过程如下：

①企业从供应商处采购原材料或其他资源，支付采购费用；

②使用原材料或资源进行生产或制造产品；

③将生产好的产品销售给客户，收取销售款项；

④将销售所得的款项存入企业的资金账户。

企业需要支付的费用包括生产成本、劳动力成本、租金、税费、利息等，根据不同的支付条件进行付款。

企业经过回收应收账款、收回存货或者其他资产，形成的新的现金流量将用于再次采购原材料或其他资源，形成新的营运资金循环。

该循环模式的良好实施，可以帮助企业保持资金流动性的良好状态，实现健康平衡的营运资金循环，使企业的财务状况保持稳定。

在财务管理各种理论中，通常表达说营运资金越大越好，表示企业经营资金充裕，偿债风险低。实际上在企业经营中营运资金要看其内部结构，有侧重性地管理，并不是单纯的营运资金绝对值越高越好。

营运周期和营运效率都是对企业资源利用效率的评价指标，战略营运资金管理，就是找到企业合适的运营模式和资源投入定位，在行业内提高企业的营运资金利用的效率更快，价值更大。那么从哪些方面确定企业的战略营运管理需求呢？最核心的就是应收账款和存货的管理，实现现金的良性周转和增值。

1. 应收账款管理

应收账款主要是企业与客户交易过程中先货后款，给予客户的一定的账期形成的债权。企业采取赊销方式交易有利于促进销售，增加企业营业额，减少库存增加收益。但同时赊销也会给企业带来资金占用的机会损失和账务呆坏无法收回的风险。业务链条的资金风险往往成为拖垮企业的重要因素。

对于应收账款并不是越小越好，也绝不是越大越好，如何合理控制信用销售规模，控制企业应收账款回收风险，制定合理销售模式和销售回款政策是企业必须进行统筹规划的。

一方面，企业需要建立客户信用管理制度。对客户质量进行评估和判断，制定差异性的信用政策。定期对客户信用进行跟踪反馈和再评估，实现动态管理，保证客户信用额度在风险可控范围。

另一方面，动态管理应收账款，形成跟踪管理和鼓励回收的机制。对于公司已形成的应收账款需定期跟踪反馈，及时催收。形成定期与客户对账的机制，这有利于债权的保全。企业应做好应收账款的账龄分析，对于有逾期迹象的应收账款要第一时间跟进催收，及时做好债权保全的措施。

应收账款是企业重要的流动资产，通过应收账款进行有效融资，积极盘活以增加企业流动效率。在金融产品创新及国家政策导向推动下，供应链金融项下应收账款融资模式呈现多样化趋势，除传统商业银行间接融资外，还出现了以应收账款为基础资产的证券化融资，以及由产业金融平台或第三方金融科技平台搭建的供应链应收账款融资平台推动的应收账款融资。企业可以尝试应收账款+供应链金融的管理模式，加快资金的流动性，提高企业经营效率。

2. 存货管理

存货指的是企业购买来准备销售的物品、原材料和储存在仓库中的商品，像零售商必须购买商品在店里出售，或者工厂必须购买原材料等一样。存货通常作为一项资产，是企业日常经营中的重要实物形态，材料加工成待售商品，出售后变成企业的现金流。但是如果企业的存货过度积压，或者无法销售，可能会导致不必要的成本和资金损失。存货策略的失败往往带来资金流的变现困难，给企业带来经营困难和损失。

企业没有存货可能造成交付困难，错失市场机会。而企业存货过多又可能造成资金的占用和积压。如何评估企业的存货水平是否处于合理水平？财务上用于评估存货管理效率的指标叫存货周转率，关于存货储备的绝对值估计还有很多最佳库存量分析模型。企业可以综合运用存货管理模型加强存货储备计划管理、存量存货的盘活提效等管理。从战略角度上来说，企业要做好存货管理，可以采取以下几种做法。

（1）定期评估存货周转率：建立一个存货周转率的统计和分析体系，以监控存货的周转情况，并基于此制定有针对性的管理策略。如果存货周转率过低，则需要采取相应的措施，如清理库存、优化生产计划、压缩采购时间等方式。

（2）采取管理方式的创新：通过引入新的存货管理方式，如即时采购、定制化、供应链集成等方式，可以更好地控制存货水平，减少库存积压，提升市场反应速度。

（3）优化供应链管理：与供应商、分销商以及零售商合作，共同进行存货管理，通过实现供应链的协调和优化使得存货流动更加顺畅，减少库存积压。

（4）采用物联网和人工智能技术：通过物联网技术，加强对库存的实时监测和分析，对存货情况进行快速响应进行调整。同时可以通过人工智能算法，对历史销售数据进行分析，预测未来的需求，帮助企业合理安排存货订单和生产计划。

（5）加强现金流管理：存货与现金流密切相关，企业要加强现金流调度，通过精确掌握资金流入流出情况，确保资金流量充足，提高经营效率。

从战略角度上来说，企业要从存货周转与物流控制、供应链协调以及人工智能技术等多个方面入手，实现存货的有效管理和节约。

6.1.2.2　战略融资管理

战略融资管理指的是企业通过资本市场或私人投资等方式，为可持续发展而进行融资，并将资金用于经营计划和战略实施。战略融资管理与企业的发展战略和运营计划密切相关，它可以支持新的项目和业务，加快企业的发展速度，同时优化资本结构，创造并维持投资者价值，从而实现企业可持续增长。

战略融资相比于日常企业融资更加注重企业未来发展的长远规划，更加强调融资对企业可持续发展的支持和促进作用。战略融资与日常企业融资在规划和战略、资金来源、融资金额和期限，以及融资成本和利率等方面存在很多差异。企业需根据实际情况，制定相关策略，从而更好地利用战略融资来支持其长期发展。战略融资更加重视企业未来发展的规划和战略，并把资本市场和投资者的需求与企业规划和战略相结合，以获得更有力的资本支持。战略融资的期限更长，投资人抗风险能力更强，未来预期期望回报更高，且更多的是权益性回报。

为什么说战略融资可以帮助企业跨越企业发展的生命周期，并实现更快速、更可持续的发展。在初创期，战略融资可以提供研发和市场推广资金，使企业得以快速增长和扩大业务规模。战略投资者还能够提供业务战略方面的指导和帮助，帮助企业更好地规划其未来发展方向和战略目标。在成长期，企业需要进一步加强公司的规模和运营能力，满足不断增长的客户需求，扩大市场份额。此时，战略融资可以帮助企业通过资本支持来实现业务拓展，并进一步改善公司业务结构，提高公司竞争力。在成熟期，企业需要保持盈利和对财务结构进行优化，寻找更加低成本且效益高的资金融资方式，如债券或股份回购等。战略融资仍然有助于企业寻找更多的市场机会，通过提高就业和扩张业务规模实现长期发展。战略融资可以帮助企业跨越企业发展的生命周期，实现更快速、更可持续的发展，而且通过利用不同的财务手段，企业可以更好地规划

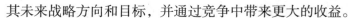

其未来战略方向和目标，并通过竞争中带来更大的收益。

1. 常见的战略融资方式

不同类型的企业在进行战略融资时可以使用不同的融资方式来满足其不同的需求，以下是一些常见的战略融资方式。

（1）大型企业融资方式。大型企业通常需要的融资金额较大，因此可以通过私募股权和债券发行等方式，通过股权和债务融资来获得大量资金；或通过公开发行股票和债券等方式，从公众市场获得融资。如2019年，波音公司通过发行11亿美元的债券，用于扩展其飞机交付贷款计划。

（2）中型企业融资方式。中型企业通常需要的融资金额较小，可以通过银行贷款，或通过质押账户应收账款、库存等资产获得资金；或利用当前数字或加密货币市场的发展进行融资。

（3）初创企业融资方式。初创企业通常需要的融资金额较少，可以通过天使投资、风险投资和创业投资基金等方式获得资金，市场广阔，但风险较大。

对于企业融资如何匹配生命周期，需要根据企业的生命周期特点来选择合适的融资方式，以达到最佳效果。在初创期，企业可以选择有助于其业务快速发展和扩大业务规模的天使投资和风险投资等方式。在成长期，企业需要大量资金支持业务扩展和市场推广，可以适当采取债券发行等方式。在成熟期，企业需对财务结构进行优化，尽可能降低融资成本，优先考虑债务融资，并注意与投资者共享企业价值。如2019年，苹果公司在其成熟期使用了债券发行的方式，在市场上获得了几十亿美元的融资，但它也通过回购股票和支付股息来优化企业财务结构，创造股东价值。

企业需要明确其发展生命周期特征，并选择合适的战略融资方式，以最大限度地提高融资效果。

2. 不同融资方式的风险

战略融资的类型通常包括股权融资、债权融资、混合融资等，不同类型的战略融资面临不同的风险和应对措施。

（1）股权融资。股权融资是指企业通过发行股票等方式向投资者募集资金的融资方式。股权融资的主要风险如下。

价格波动风险。股票价格可能受市场变化以及经济环境、政治形势等因素影响，价格波动不可避免。

股权摊薄风险。因为股权融资会增加公司的股份，因此可能会导致原有股东股权的比例减少，其权力和利益可能受损。

财务成本风险。股权融资需要支付相应的股息，如果股息过高，可能导致企业财务形势恶化。

应对的主要措施：做好股价风险评估和预警。通过定期监控市场变化，以及提前制定应对策略等方式，降低股价波动风险。做好股权管理。对股权结构进行优化，提高企业的股东合规性，增强企业的规模效应和竞争优势，降低股权摊薄风险。做好财务规划和风险控制。通过严格的财务管理流程、有效的财务决策制定及积极的财务风险控制措施，减少财务风险。

（2）债权融资。债权融资是指企业通过发行债券融资等方式向投资者募集资金的融资方式。债权融资的主要风险如下。

债务风险。债权融资需要向投资者支付固定的利息和本金，如果企业无法按时偿还债务，可能会导致信用降低、债务危机等问题。

利率风险。债券市场经常受到市场利率波动的影响，在利率上升的情况下，企业需要支付更高的利息，增加企业的成本压力。

流动性风险。债券市场的流动性不足，如果企业需要提前赎回债券，可能会面临市场流动性不足的压力。

应对的主要措施有三条。一是做好债务评估和风险控制。企业需要在融资前对自身财务及业务等方面进行评估，确保自身还款能力和提高企业的借贷信用等，以降低债务风险。二是做好利率风险管理。企业可以采用固定利率、浮动利率以及套息等方式，降低利率风险。三是做好流动性风险管理。企业需要制定债务清偿计划，尽可能考虑债务期限和还款方式，使得债务清偿不致对企业经营造成足够大的影响。

（3）混合融资。

混合融资方式包括股权融资和债务融资的结合。在混合融资中，企业需要面对股权融资和债权融资的风险，同时还有交叉影响的风险。

融资成本风险。混合融资需要支付相应的融资成本。股权融资需要支付股息，债权融资需要支付利息，同时还可能需要支付一些中介费用等。如果融资成本过高，将增加企业的财务压力，降低企业的盈利能力。

资本结构风险。在混合融资中，股权和债权的比例对企业的财务状况和经济利润产生重大影响。如果股本比例太高，会显著提高短期财务负担和融资还款风险；如果债权比例太高，则会增加企业财务杠杆，提高资本结构风险。

信用风险。在股权融资和债权融资中，企业需要依赖投资者提供资金。如果企业风险高，投资者可能会对企业的收益和偿付能力产生怀疑，从而导致信用不良。

市场风险。由于股权融资和债权融资都受市场波动的影响，价格波动不可控制。此外，如果融资成本和利率过高，可能会使得企业陷入不利地位。

应对的主要措施，在融资成本方面，需要根据企业的实际情况和融资的规模、时间等多个因素进行综合考虑，同时需要关注市场利率和投资者的需求，选择最合适的融资方式和融资工具。在资本结构方面，需要根据企业的实际情况和融资的需求确定股本比例和债权比例，同时要保证资本结构的合理性和稳定性。在信用风险方面，提高企业的信用风险意识和管理水平，积极开展信息披露和公开透明的工作，提升市场声誉和投资者的信任度。针对市场风险，需要密切关注市场变化，及时了解市场需求和市场趋势，选择合适的时间和方式融资，以确保企业融资的成功。

混合融资在面对风险时需要仔细权衡各种因素，制定适当的融资策略和对应的应对措施，并做好风险管控，以确保企业的融资风险控制在可控范围，从而为企业的战略发展提供可靠的支持。

6.1.2.3 **战略投资管理**

战略投资是指企业通过购买股权、参股合资企业等方式，实现战略资源配置或进一步拓展业务范围的投资行为。战略投资是企业为实现战略目标所进行的重要投资活动之一。在企业不同生命周期的阶段，战略投资的目标和方式也会有所不同。

初创期企业不仅需要进行技术创新和市场化推广，同时还需要对未来的资金需求进行预测。在这个阶段，战略投资应着重关注如下几方面。

（1）技术创新。战略投资应该注重支持初创企业的核心技术创新，并提供必要的技术支持和专业的指导，以推进企业的技术创新和研发。

（2）核心人才招聘。初创期企业需要具有实力的人才，战略投资应该注重公司文化和价值观的塑造，吸引并培养具有高素质的核心人才。

（3）融资支持。在初创期，战略投资应帮助企业获得必要的融资支持，帮助企业规避融资风险。

成长期企业需要加强市场拓展和资本运作，为未来的发展打下坚实的基础。在这个阶段，战略投资应着重关注如下几方面。

（1）市场拓展。战略投资应投入更多的资源和精力，帮助企业进一步开拓市场，开拓新业务和市场，拓展自身品牌影响力。

产业整合和并购投资。战略投资应关注周边市场动态，主动寻找并购目标，抓住产业整合和市场机遇。

（2）人才引进。在成长期，战略投资应重视人才培养和引进，为企业提供必要的人才支持和社会资源的整合。

成熟期企业开展战略投资管理的重点是在原有产品和服务的基础上，继续开发和推出新产品和服务，差异化竞争，提升企业综合实力，并通过资产置换等操作，进一步提升企业的资产质量、实现规模效应和降低成本。以下是成熟期企业开展战略投资管理时可以采取的措施。

（1）审慎地进行资产置换。在成熟期，企业的重心会逐渐转向资产置换，挖掘其潜在价值，将低效的资产剥离出去，腾出更多的资源用于优化现有产品和服务的质量和效益。然而，资产置换需要进一步审慎，从而避免对企业产生影响。企业在资产置换前，需要综合考虑业务发展的趋势和市场前景，进行风险评估和盈利预测，并确定置换方案，降低风险。

（2）加强技术研发和服务创新。成熟期的企业需要不断地进行技术研发和服务创新，从而向市场提供更加创新和贴近客户需求的产品和服务，提升企业的市场竞争力。战略投资应为企业提供必要的技术支持，帮助企业在发展中前进。

以战略作为导向的投资具有全局性及长期性等特点，战略投资的出现要求传统的财务管理向战略财务管理转变，使得战略财务管理具有与战略相关的全局性和长期性等特点。同时，对战略投资进行的价值评估便成为对战略投资能否很好地评价并对未来的发展给予指导的关键步骤。

6.1.2.4 战略财务风险管理

随着市场经济的逐步成熟，在市场环境瞬息万变的今天，企业需要面对的内外部不确定性因素日益增多。有些企业内部管理水平的提升速度已经不能满足内外部环境快速变化的要求。无数因内外部风险导致企业受重大影响的事件给企业的管理敲响了警钟，并使企业看到现阶段迫切需要进一步提高管理的精细化程度，建立一套完善的管理机制，用以分析、预测和应对这些直接或间接影响企业发展的风险。

1. 战略财务风险及其管理的定义

战略财务风险是指未来的不确定性对企业战略及财务管理产生影响，进而导致影响企业经营目标实现的风险。其一般可分为战略风险及财务风险两大部分，也可以能否为企业带来盈利等机会为标志，将战略财务风险分为纯粹风险（只有带来损失一种可能性）和机会风险（带来损失和盈利的可能性并存）。

战略财务风险管理指企业围绕总体经营目标，通过在战略管理和财务管理的各个环节执行风险管理的基本流程，培育良好的风险管理文化，建立健全风险管理体系，其中包括风险管理策略、风险理财措施、风险管理的组织职能体系、风险管理信息系统和内部控制系统等，从而为实现风险管理的总体目标提供合理保证的过程和方法。企业应认真开展战略财务风险管理工作，目的是增强企业竞争力，提高投资回报，促进企业持续、健康、稳定发展。

2. 战略财务风险类型

（1）战略风险。战略风险是指企业在战略的制定和实施上出现错误，或因未能随环境的改变而做出适当的调整，而导致经济上损失的风险。常见的战略风险包括宏观政策及形势把握风险、重大投资风险、"走出去"的国家风险、多元化经营风险、对新市场开发投入风险、并购风险等。

在战略风险方面，企业应广泛收集国内外企业战略风险失控导致企业蒙受损失的案例，并至少搜集与本企业相关的以下重要信息：

①国内外宏观经济政策以及经济运行情况、本行业状况、国家产业政策；

②科技进步、技术创新的有关内容；

③市场对本企业产品或服务的需求；

④与企业战略合作伙伴的关系，未来寻求战略合作伙伴的可能性；

⑤本企业主要客户、供应商及竞争对手的有关情况；

⑥与主要竞争对手相比，本企业实力有差距；

⑦本企业发展战略和规划、投融资计划、年度经营目标、经营战略，以及编制这些战略、规划、计划、目标的有关依据；

⑧本企业对外投融资流程中曾发生或易发生错误的业务流程或环节。

（2）财务风险。财务风险是指融资安排、会计核算与管理以及财务报告失误而对企业造成损失的风险。常见的财务风险包括现金流风险、应收账款风险、融资风险、利率及汇率风险、委托理财风险、对外担保风险、财务报告风险等。

现金流风险及应收账款风险是当今企业普遍面临的两大财务风险。其中现金流风险主要为资金链断裂的风险，其控制方法主要是通过编制现金收入支出预算及现金流量分析来加强企业现金管理、确定最佳现金持有量、实现最大化现金收益、保证企业资金安全。应收账款风险主要是形成坏账损失的事实风险，其控制方法主要是加强信用管理、账龄管理、及时跟踪催款、加快应收账款的回收等。

在财务风险方面，企业应广泛收集国内外企业财务风险失控导致危机的案例，并至少搜集与本企业相关的以下重要信息：

①负债、或有负债、负债率、偿债能力；

②现金流、应收账款及其占销售收入的比重、资金周转率；

③产品存货及其占销售成本的比重、应付账款及其占购货额的比重；

④制造成本、管理费用、财务费用和营业费用；

⑤盈利能力；

⑥成本核算、资金结算和现金管理业务中曾发生或易发生错误的业务流程或环节；

⑦与本企业相关的行业会计政策、会计估计、与国际会计制度的差异与调

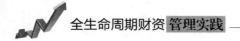

节等信息。

6.1.3 周期性的财务特征和资源匹配

财务资源是指企业所拥有的资本以及企业在筹集和使用资本的过程中所形成的独有的不易被模仿的财务专用性资产，包括企业独特的财务管理体制、财务分析与决策工具、健全的财务关系网络以及拥有企业独特财务技能的财务人员等。

财务资源匹配是指资本在不同形成方式上的组合和在不同经济用途之间的分配，涉及财务活动的两个基本方面：一个是对资本的形成进行组合，即融资中的资源匹配；另一个是对资本的使用进行分配，即投资中的资源匹配。

企业的各类财务资源是有限的，实现有限资源的合理优化配置，需要明确资源配置的总体原则。综合企业历史和现状、未来与发展，即企业财务资源的匹配应遵循"满足经营、效益为先、保证生产、防范风险"的原则。在保障企业生产经营需要、有效防控风险的前提下，树立机会成本理念，即如果将有限的财务资源配置到效率不高、效益不好的地方，企业势必会失去获得更高效率、更大价值的机会。因此，充分考虑投入产出效率和价值创造水平合理优化财务资源匹配，这既是财务资源的"逐利"特性，也是保障企业高质量发展的必然要求。

6.2　全面预算管理

预算的雏形是始于计划，凡事预则立体现了早期的计划思想。公司组织产生后企业的各项经营活动、管理活动、资金活动交错进行，基于提高组织内部资源的协调匹配的目的，各种计划性管理工作随着公司组织的发展而发展。

全面预算管理理念最早应用并取得成功的著名公司之一是杜邦公司（Du-Pont Company）。20世纪早期，杜邦公司的当家人在管理公司时应用了全面预算管理理念，并取得了很大的成功。他的执行方法是将公司分为几个业务单位（如原材料，人力资源，生产，市场销售等）然后为每个业务单位分配某种形式的责任中心，要求所有人必须从中恰当地预算和控制其花费，并负责执行预算和报告结果。在此基础上，杜邦公司设计了一套有效的预算制度，为公司、各个业务单位及员工提供了由上而下的预算和控制目标，使杜邦公司不仅降低了成本，而且提高了盈利。

通用汽车（General Motors）也是早期采用全面预算管理理念的公司。1920年代，通用汽车公司采用了全面预算管理，以每月为周期制定预算，更好地控制成本，并提高了利润。

总的来说，这两家公司在应用了全面预算管理的管理理念之后，都取得了预期的效果，提高了公司的盈利能力，降低了成本和浪费，并成为全球知名的企业。经过一百多年的发展，现在全面预算管理已成为较为成熟的财务管理和规划管理工具。从企业生命周期来看，不同阶段的企业同样需要全面预算管理。

6.2.1 不同生命周期阶段的企业预算管理

不同生命周期阶段的企业需要的全面预算管理的程度和内容都有所不同。适应生命周期的全面预算就是要以企业持续发展与盈利为目标，掌握企业经营资源获取与匹配的关键环节和要素实现企业经营的稳定增长和发展资源的可持续性增加，从而实现企业跨越周期的发展。

初创企业大多数情况下还处于发展的早期阶段，面临的是资源不足、运营成本高、风险较高等问题。因此，在初创阶段，企业对预算管理的需求主要集中在最小化成本、提高现金流、控制风险、增加收入等方面。这需要企业密切关注企业的所有收入和支出，精细地制定运营预算，并确保各项预算指标的落地执行。

成长期企业已经建立了品牌声誉和客户基础，面临的问题主要包括市场竞争加剧、业务扩张、运营效率等方面。在这一企业生命周期阶段，企业需要更全面的预算管理，包括财务预算、生产预算、市场预算、人力资源预算等方面，以便全面衡量企业的编制计划，并进一步优化业务运作。

成熟期企业已经进入行业领导者的行列，面对的挑战则更加复杂，包括革新、持续增长等方面。此时，全面预算管理主要需要满足以下需求：提高企业长远投资决策的准确性、降低成本、提高运营效率并优化财务指标等方面。此外，企业也应该注重预算管理中极其重要并有一定复杂性的合并预算，以更好地提升企业的财务效益。

不同生命周期阶段的企业对全面预算管理的需求大不相同，但无论企业处在哪个阶段，预算管理都是企业管理中极其重要的一部分，能够帮助企业制定和实现其经营目标。

6.2.1.1 初创和发展初期企业的预算管理

企业可以没有特别健全的全面预算，但是不能没有预算管理的理念。从企业实践来看，在企业发展的不同阶段，不管管理水平高低，预算管理都是企业有序有效运行的重要基础。对于初创或发展初期的企业而言，预算管理的目标是实现关键要素的有效管理。企业的预算管理可以是围绕资金运行的资金收支预算，可以是以产能最优为目标的生产预算，可以是供应链上的采购库存预算。总而言之初创期的企业预算可以是某一方面或者几个方向的组合，以应对企业发展过程中外界环境和内部资源的有效匹配和风险预防。

初创期的企业的预算管理应以短期预算为基础，主要围绕现金流展开。该阶段企业的主要控制对象是现金流和短期投资，这就要求其财务部门必须参与到经营决策过程中，对经营活动进行预测和监控。在对现金流进行预测时，应采用固定利润预算方法，同时由于该阶段企业规模较小，资金有限，因此现金流量预测中的"销售收入"指标、"投资回收期"等指标不宜过大。

6.2.1.2 成长和成熟期企业的预算管理

在成熟期，企业的业务趋于成熟，企业的管理日趋完善，市场营销网络也基本建立起来。此时，企业的内部管理制度比较健全，已经建立起较为完善的内部控制制度，对生产、经营、财务活动都有较为严格的控制。因此，在成熟期的全面预算管理中，主要是在巩固现有市场地位的基础上，进一步开发新市场；控制好成本费用，增加企业价值。为了保证企业生产经营目标的实现，必须通过预算来对生产经营进行指导和控制。在编制预算时要充分考虑销售计划、成本费用预算、人力资源规划等因素，并将这些因素融入预算编制中去。同时要加强对生产、销售等经营活动的监控和管理。此外，还应重视对财务状况和资本结构等方面的监控。

6.2.2 全面预算管理的基本方法和做法

预算管理的最高境界是全面预算管理。全面预算的特点体现在"三全"：全方位、全过程、全员参与编制与实施的预算管理模式。全方位是指全部经济活动均纳入预算体系，以业务预算为起点，以各责任中心为责任主体；全过程是指各项经济活动的事前、事中、事后均要纳入预算管理过程；全员参与是指各部门、各单位、各岗位、各级人员共同参与预算编制和实施，"自上而下"与"自下而上"相结合编制全面预算。

6.2.2.1 如何建立全面预算管理体系

企业不同阶段都需要预算管理，而企业发展到一定规模之后全面预算管理对于企业的资源统筹、组织协同、内部激励的作用更明显和有效。通常全面预算管理体系包括组织体系、指标体系、考核评价体系。

在组织体系建设上，第一切记要由企业最高层主导建立预算管理委员会。只有最高层重视预算，才能构建良好的预算协同管理的环境，发挥内部资源统筹配置的作用。第二要切记确立业务部门的预算主要责任。我们都知道财务部门通常是预算管理小组的核心单位，在有些单位预算都是财务部门编制的，财务编制的预算常常陷入数据的纠缠。只有业务部门充分参与，压实业务的责任，才能有力地把预算数据与业务紧密结合。第三要切记预算组织流程的精简和本地化适应。组织体系越复杂流程越多，常常适得其反，形成了管理成本的浪费和员工抵触。

在指标体系建设上，第一要建立各业务环节的关键指标，让全员有预算责任和压力；第二要建立财务和非财，定性和定量指标，实现预算管理的全面性；第三要建立短期和长期指标，固定和弹性指标，明确不同指标的预算态度，对于短期弹性指标要做好预算控制，对长期能力指标要战略性保障。

具体来讲，就是确定关键表现指标。首先确定与其经营活动、发展方向、目标相符合的关键表现指标。这些指标应当尽可能简单、明了，具有了可控性的特点。同时要确保所选指标和企业愿景、目标和竞争策略的一致性。

分析和制定指标定义，对初步确定的关键表现指标进行深入分析，并细化指标含义和定义。确保指标定义准确、明确并且具体可度量。在细化指标时，建议企业采用SMART原则（字母分别代表的是：具体的、可衡量的、可行的、有意义的、与时俱进的），以确保制定的指标具有可执行性和科学性。

评估数据收集渠道，确定适当的数据搜集渠道以搜集或者引用指标数据。可能的渠道包括年度财报、预算数据和业务运营数据等；此外，企业还可以开发指标跟踪系统以搜集和汇报数据。

确定测定关键表现指标的周期。指标周期确定受到不同公司的需求和其他环境因素的影响。作为一个好的指导建议，企业可以根据自己的业务类型和综合需求制定周期。

制定数据报告和反馈机制，为全面预算管理指标设立恰当的数据报告和反馈机制。建议企业建立一个约几天或一周更新一次的报告系统，显示实际的指标值、目标值、差异和采取的措施。同时，还要确保人员足够熟悉和明确各个指标的含义和统计大小，以更好地适应工作寻访。

建立全面预算管理指标体系需要企业充分考虑自身的需求和细节，同时考虑预算管理的重要指标，如收入、成本、利润、资金流、客户满意度、员工满意度等，并对指标进行不断更新、深入分析以及制定适度的机制。通过全面预算管理指标体系的建设，企业可以更有效地度量和优化财务和业务效率，顺利推动企业整体发展。

在考核评价体系上，企业应该根据公司的战略计划和业务五年规划，以及其部门预算制定过程中所面临的挑战，确定关键业务指标（KPIs）。这些指标应该涵盖各个相关职能部门。特别注意的是，要确保KPIs具有明确、可衡量的特点。

制定业绩评估标准：为各KPIs制定各自的考核标准。这些标准应该基于企业的特定业务和财务目标，并根据不同的业务阶段进行相应调整，以反映企业在不同行业的发展优势。

设立绩效评估方法：建立一个反映每个考核标准得分的评估机制。企业可以将绩效评估机制设为周期性的，如每季度或每年进行一次。此外，可以使用适当的评估工具和方法，如员工考核表、问卷调查和专业顾问等。

定义绩效考核有关方面：确定谁将进行绩效测评、考察和奖惩，以及关于奖励的密度、实时性和结构等方面政策的细节。企业还应该定义与对个人和团队绩效的评估相关的其他方面，如奖励、晋升和训练等。

应用考核结果：基于评估结果实施有关业务决策和战略计划。如果某个业务部门的表现不佳，那么该部门应该做出相应的调整以提高绩效。此外，如果员工或小组表现良好，他们应该获得相应的奖励和识别，以鼓励他们为企业做出更高质量的工作。

总之，建立全面预算管理考核体系需要企业将其与业务目标和公司使命联系起来，细化成量化指标以及推广对个人和团队给予适度激励。通过这个体系，企业可以有效地评估预算执行情况的质量和结果，使企业的预算管理更加科学和整齐。

6.2.2.3　全面预算管理的具体做法

在全面预算管理中，各个部门或者预算管理单元对目标达成的贡献并不相同，结合企业目标和各业务单元的特性，企业在组织实施预算时，会对各业务单元的目标贡献性质进行定义，也就是区分投资中心、利润中心、成本中心。

投资中心：对总体的投资风险与收益负责，不仅包括收入、成本费用、利润，还包括投资回报率。投资目的是为企业发展利润，投资中心也体现出利润中心的功能，但投资中心权限大于利润中心，能自主决定支配资金的使用以及投资方向、固定资产的购置等。投资中心可对利润中心、成本费用中心进行指导管理，是企业最高一级责任中心。

利润中心：利润中心对收入、成本费用、利润负责，利润中心权限大于成本中心，通常是指具有自主经营决策权的单位，包括材料采购、生产组织、销售管理等。利润中心通常包含成本中心，为了提高部门管理的积极性及自主性，可以将成本中心转化为利润中心，通过设定内部交易价格实现收入，核算部门成本、内部交易收入及利润，在企业经营管控过程中可将销售部门、生产部门设定为利润中心。

成本中心：成本中心不具备创收能力，对本部门发生成本、费用负责，通常包括企业的职能部门及辅助部门等。成本费用管控也是全面预算管理过程中的核心目标。

1. 建立目标预算管理体系

目标预算管理体系是评价分析和预算管理的基础，是预算管理控制、分析、调整、修订、评价、考核的依据。目标体系分为两部分。

（1）经营目标管理体系。经营目标管理体系分为三个目标体系：企业综合竞争力目标体系、长期目标体系（追赶目标），年度目标体系（执行目标）。

（2）管理目标体系。下属企业各部门按照集团公司战略规划，结合所在下属企业经营目标及本部门工作内容，制定部门管理目标，并按照部门分工、职责进行分解，形成管理目标体系。

2. 编制年度全面预算大纲

年度全面预算大纲是编制预算期内集团总部及各下属企业预算内容的总纲，是制定预算的总体规划。预算大纲编制要注意以下几个环节。

（1）在预算大纲中要确定预算管理方针及集团总部的经营策略。预算管理大纲要总结回顾以前年度预算执行情况、预算期国家经济政策变化对集团企业影响、主要竞争对手发展状况等。

（2）分析国家经济政策。主要分析国家对本行业的宏观经济政策、税务政策等。

（3）分析集团内各企业内部环境。对现有技术水平、设备运行状况、产品质量、人才储备状况、公司制度体系等影响企业经济效益的因素进行分析。

（4）企业效益概算。通过对企业效益进行概算，对每个下属企业经营目标给出一个标尺，作为各下属企业进行年度预算的重要参考依据。

3. 预算的调整和追加

预算调整是指由于预算提前发生重大变化、公司业务体制划转、机构设置变化、核算方式改变等原因使得某些预算指标需在预算项目间进行重新分配、归并，或修正预算指标，从而对预算指标进行调整的过程，即预算调整是在已有预算项目之间的调整，预算调整均是预算内调整。预算调整的原则是：下达的预算，一般不予调整。若调整不能偏离企业发展战略和年度预算目标，调整方案应当在经济上能够实现最优化，调整重点应当放在预算执行中出现的重要的、非正常的、不符合常规的关键性差异方面。

预算调整分为内调和外调。①预算内调整采取内部授权机制，对于不影响预算目标的业务预算、资本预算、筹资预算之间的调整，企业可以按照内部授权批准制度执行，鼓励预算执行单位及时采取有效的经营管理对策，保证预算目标的实现。②预算外调整由预算执行单位逐级向企业预算管理委员会提出书面报告，阐述预算执行的具体情况、客观因素变化情况及其对预算执行造成的影响程度，提出预算的调整幅度，财务管理部门对预算执行单位的预算调整报告进行审核分析，集中编制企业年度预算调整方案，提交预算管理委员会以至企业董事会或经理办公会审议批准，然后下达执行。

预算追加是指由于公司生产经营规模扩大导致业务量增加或出现新的业务，从而对已有预算项目的预算指标进行追加或新增预算项目和预算指标的过程。

4. 全面预算的反馈

具体反馈包括以下几个方面。①每月召开预算例会，根据本部门预算执行情况，进行总结分析，确定下期工作重点。②将本部门预算反馈表连同预算工作总结送交财务部门。③财务部每月分部门编制预算执行表，比较实际与预算目标的差异，并做差异分析，作为财务部门检查和考评预算执行情况的依据。④定期召开预算检查工作会，预算检查工作会的主要内容是沟通公司预算执行情况，确定工作重点，针对业务运行中存在的问题，及时进行协调、督促，帮助各部门积极完成预算。通过预算执行过程中各项预算目标的实际完成情况的分析来发现管理中存在的问题，结合长期目标和综合能力目标的对比，对公司的经营做出全面评价。⑤各部门需要根据财务部提供的详尽的预算分析数据，对本部门上月的经营情况进行分析，从经营的角度分析预算差异产生的原因，并提出解决方案。⑥各部门的经营分析报告由专人汇总成为经营分析报告，提交月度经营分析，会议进一步商讨确定应对方案。

5. 全面预算的考评

具体考评包括以下几个方面。①对各责任中心的预算执行情况进行考核评价，将预算执行情况与预算目标进行对比，考核预算目标的完成情况。②内部审计部门会根据总部下达的预算目标分解本企业各个责任中心的预算目标，各级财务部门依据预算标准对预算执行部门的各种经济行为实施事中审核，并在预算执行期结束后提供预算执行情况表，据以进行考评。考评的基本依据是各责任中心的可控预算目标。

总之，全面预算管理是"战略财务管理之母"，是战略性财务控制的重要方面，是企业战略有效执行的工具。全面预算管理的显著特征体现在其是一项全方位、全过程的活动，是一种有效的集事前、事中和事后监管于一体的现代化控制手段。推行全面预算管理将会促进企业经济效益的提高，在建立以财务为核心管理体系的同时提升企业的综合管理水平，并有效防范经营风险及为科学决策提供依据，是有效实现企业战略目标的必要手段。

6.3 企业内部控制

之所以把企业内部控制管理作为企业跨越生命周期的管理工具，就是因为内部控制对于企业组织来说太重要了。在不确定的环境中，在越来越复杂的组织中，如何有效组织生产经营，保障企业资产安全，实现价值增值，是每一个企业都要面临的课题。

2017年，麦肯锡发布了《全球内部控制调查报告》。该报告基于对全球1500家企业的调查结果，分析了企业内部控制机制的现状和发展趋势，并提出了相关建议。报告指出，目前企业内部控制的主要挑战包括：信息技术风险、流程复杂性、组织文化和员工行为等因素。

6.3.1 企业内部控制管理的历史

内部控制的概念出来之前，其实经济主体的关于控制的思想萌芽早已有之。在公元3600年前，就有古苏美尔人通过账目核对法，防止财物的丢失和私自挪用。我国周朝的"一豪财赋之出入，数人之耳目通焉"，古罗马的国库货币领用与记录权限分离的做法，均体现了内部控制的思想。

内部控制被广泛重视并形成体系，是19世纪中后期，当时美国工业界出现了大量财务丑闻和经济欺诈案件，引发了社会的广泛关注。为了避免类似事件再次发生，美国政府开始加强对公司财务报告的监管，并要求上市公司在其年度报告中披露内部控制情况。

20世纪50年代，内部控制的概念逐渐被正式提出，并被广泛应用于企业管理之中。此后，随着企业规模的不断扩大、业务范围的不断拓展和信息技术的快速发展，内部控制也得到了进一步的发展和完善。

目前，在全球范围内，内部控制已成为企业治理的重要组成部分，它通过建立有效的管理机制、流程和制度，保护了企业的资产安全，提高了财务报告的准确性和可靠性，促进了企业健康发展。

6.3.1.1 内部控制失败的惨痛教训

内部控制本身并不直接创造价值，但是内部控制失败却可以直接导致企业经营失败和破产倒闭。2013年的麦肯锡全球调查中发现，只有5%的受访者认为自己所在公司的内控机制十分有效。实际上，内部控制失败可能导致企业面临很多风险和挑战，包括财务欺诈、遵守法规和合规要求的失败、客户信赖度降低等，内部控制失败使很多知名企业陷入了破产的境地。

美国能源公司安然（Enron）是一家总部位于美国休斯敦的能源交易公司。它在20世纪90年代末和2000年年初被认为是全球最大的能源交易公司之一，其市值曾达到700亿美元。然而，2001年，安然因涉嫌会计舞弊和其他不当行为而破产。该公司的内部控制存在严重漏洞，导致其董事会和管理层可以将不良资产隐藏在特殊目的实体中，并通过虚假操作使其利润看起来更好。这种内部控制失败最终导致了安然的破产，给投资者和员工带来了沉重的打击，也引发了对美国企业治理和金融监管体系的深刻反思。

雷曼兄弟是美国的一家投资银行，成立于1850年。2008年9月，由于受到房地产泡沫破灭、次贷危机爆发等因素的影响，雷曼兄弟宣布申请破产保护。除了国际金融环境变化的影响外，企业内部控制的失败起到了推波助澜的作用。雷曼兄弟缺乏充分有效的内部风险控制和管理机制，未能对其高风险投资行为进行及时监测和管控，以及未能对市场和风险的变化做出及时反应。雷曼兄弟在追求高收益的同时，采取了大量高风险的投资策略，如大规模购买次贷债券、杠杆化交易等，从而导致公司资产负债率过高、流动性不足，最终走向破产。

6.3.1.2　不得不说的萨班斯法案

20世纪初期，以安然事件为代表的一连串大型公众公司财务造假的事件，重创了美国资本市场和全球投资者的信心。安然事件发生后，众多美国全球知名公司都接连被爆出财务造假的事实，包括世通、施乐、默克、强生、IBM、思科、摩根大通等，其中部分公司也申请了破产保护，世通的破产规模更是超越了安然公司。

2002年，美国国会称这一系列的财务造假丑闻"彻底打击了投资者对美国资本市场的信心"，为了挽回全球投资者的信心，国会的参议院和众议院联合以最快的速度起草并提交了萨班斯法案，最后法案由时任总统布什签署生效，布什称其为：自罗斯福总统（颁布了证券法）以来美国商业界影响最为深远的改革法案。

美国政府在2002年正式颁布萨班斯法案（Sarbanes-Oxley Act），全称为"公众公司会计改革和投资者保护法案"（Public Company Accounting Reform and Investor Protection Act），通常简称为"SOX法案"。法案对美国《1933年证券法》《1934年证券交易法》作了不少修订，在会计职业监管、公司治理、证券市场监管等方面做出了许多新的规定。

SOX法案的主要内容包括以下几点。

（1）加强了上市公司内部控制：要求上市公司建立完善的内部控制体系，确保财务报表准确无误。

（2）提高了审计公司的独立性：规定审计公司不能跟上市公司有业务上的利益关系，避免审计工作受到影响。

（3）增加了CEO和CFO对财务报表的责任：要求CEO和CFO必须对财务报表的真实性和准确性签署声明，否则可能面临刑事指控。

（4）鼓励举报：提供举报机制和相应的奖励，鼓励员工或其他人士揭露企业内部的不正之风。

SOX 法案的重大意义在于：提高了上市公司的透明度和财务报表的准确性，增强了公众对上市公司的信任度；加强了上市公司的内部控制和风险管理，有助于防范企业内部欺诈等不正之风的发生；强化了审计公司的审计独立性，提高了审计的可靠性和权威性；建立了举报机制和相应奖励，有效地鼓励各方监督上市公司的经营行为，保障投资者利益。

6.3.1.3　中国企业内部控制体系建设

中国开始重视内部控制建设的时间可以追溯到 20 世纪 80 年代末和 90 年代初。当时中国企业改革开放步伐加快，市场经济体制逐渐建立，企业的经营管理面临着全新的挑战和机遇。1988 年，《中华人民共和国公司法》颁布实施，明确了公司内部控制制度的设立和保护股东利益的责任，为中国企业内部控制建设提供了法律基础。

随后，在 1992 年和 1994 年，中国证券监督管理委员会（以下简称"证监会"）分别发布了《关于加强上市公司内部审计工作的通知》和《上市公司内部审计管理暂行办法》，要求上市公司建立内部审计部门，并对内部控制情况进行评估和审核。1996 年财政部下发《独立审计具体准则第 9 号——内部控制与审计风险》

2000 年，证监会正式颁布《内部控制报告规则》，要求上市公司通过编写内部控制报告来披露其内部控制体系的建设和执行情况。此后，中国内部控制的制度建设进入了快速发展阶段，相关法规、标准和指南不断完善，企业对内部控制建设的重视程度逐渐提高。2006 年上交所、深交所分别下发了《上市公司内部控制指引》。2006 年 7 月 15 日，财政部会同有关部门发起成立具有广泛代表性的企业内部控制标准委员会，由时任财政部副部长王军任委员会主席，财政部会计司司长刘玉廷任秘书长，研究推进企业内部控制规范体系建设问题。

2008 年财政部、证监会、审计署、银监会、保监会（银监会、保监会于 2018 年改为中国银行保险监督管理委员会）联合发布了《企业内部控制基本规范》，并自 2009 年 7 月 1 日起先在上市公司范围内施行，并鼓励非上市的其他大中型企业执行。基本规范的发布标志着企业内部控制规范体系建设取得重大突破。2010 年财政部会同证监会、审计署、银监会、保监会陆续下发《企业内部控制应用指引第 1 号——组织架构》等 18 项应用指引、《企业内部控制评价指引》《企业内部控制审计指引》，统称企业内部控制配套指引。此外，证监会还针对内部控制审计报告的内容和格式做了详细的规定。例如，在 2014 年发布的《关于做好上市公司内部控制报告工作的指导意见》中，证监会要求内部控制审计报告主要包括：内部控制的责任主体、内控目标、内控环境、内控措施、内控执行情况以及存在的内控缺陷等方面的内容。此外，内部控制审计报告还应当由注册会计师事务所审计，包括审计意见、自我评价等内容。

现在中国企业内部控制建设已经成为企业治理的重要组成部分，越来越多的企业开始意识到内部控制的重要性，并采取相应的措施加以建设和改进。

6.3.2 全面认识内部控制管理

6.3.2.1 内部控制定义

权威机构对内部控制有很多定义，从各个方面阐述了内部控制的含义，其中代表性的有如下几个。

美国会计师公会（AICPA）：内部控制是为实现企业目标而制定的关于财务报告准确性、合规性和有效性的政策和过程。

国际财务报告准则理事会（IFRS）：内部控制是管理层为达成企业目标所采取的措施，包括在财务报告中防止重大错误或欺诈的控制环境、风险评估、控制活动、信息与沟通以及监督机制。

美国股票交易委员会（SEC）：内部控制是一个企业整体的计算机化和非计算机化控制系统，包括财务报告控制和其他业务流程控制，旨在保证财务报告的准确性、完整性和可靠性。

中国会计学会：内部控制是指公司管理层为实现经营目的，按照公司章程、法律法规、商业道德等准则，通过内部组织、流程、制度、人员、技术等方面的安排，对公司各项活动进行约束、控制的过程。

《企业内部控制基本规范》中关于内部控制的表述指出内部控制是由企业董事会、监事会、经理层和全体员工实施的、旨在实现控制目标的过程。内部控制的目标是合理保证企业经营管理合法合规、资产安全、财务报告及相关信息真实完整，提高经营效率和效果，促进企业实现发展战略。

从各权威机构对内部控制的定义看，我们总结出来内部控制的两个关键词：一个是目标，一个是过程。内部控制是围绕企业目标开展的，这个目标可以是资产安全、可以是财务报告完整准确，可以是经营合规等。内部控制同时是一个管理过程，是围绕企业各个方面、各个管理层级、各个经营事项的过程控制。

6.3.2.2 内部控制框架

谈到内部控制，一定会想到COSO的内部控制框架。现代企业建立的内部控制体系，很多都是遵循了COSO的内部控制框架。那么我们先来了解下COSO和它著名的内部控制框架。

20世纪末，美国金融风险加剧，财务欺诈抬头，资本市场信心备受打击。抱着追根溯源企业财务为什么舞弊，如何实施舞弊，企业参与舞弊的方式的目标，1985年美国注册会计师协会（AICPA）、美国审计总署（AAA）、内部审计师协会（IIA）、管理会计师协会（IMA）等机构一起牵头建立了反虚假财务报告委员会（Treadway Commission）。反虚假财务报告委员会认为内部控制问题是产生企业舞弊问题的主要原因，并讨论成立专门委员会对企业内部控制进行研究，这个专门委员会就是 The Committee of Sponsoring Organizations of the Treadway Commission，即COSO委员会。

　　COSO委员会在1992年9月首次发布《内部控制-整体框架》（Internal Control-Integrated Framwork），受到了美联储，美国证监会等监管立法机构的认可，并将其广泛运用于世界范围内。1994年COSO委员会对COSO框架做出了部分修改和增补。2004年COSO委员会在《内部控制-整体框架》的基础上发布了《企业风险管理框架》（COSO Enterprise Risk Management Framework）。COSO1992年发布企业内部控制整合框架，作为在美上市公司内控体系建设的指导框架，得到了美国证监会的推荐和认可，《萨班斯法案》第404条款的最终细则明确表明：COSO内部控制框架可以作为评估企业内部控制的标准。COSO内部控制框架因为成了美国证券交易委员会唯一推荐使用的内部控制框架而名气大增。后来在全球范围内也被众多国家和上市公司监管机构采用和推广，如中国财政部2008年发布的《企业内部控制基本规范》即借鉴了COSO组织1992年发布的内部控制七大要素和内容。

　　2013年更新的《内部控制——综合框架》帮助组织根据自1992年原始框架发布以来业务和运营环境的许多变化设计和实施内部控制，如图6-2所示。更新扩大了内部控制在解决运营和管理方面的应用、报告目标，并阐明了确定什么构成有效内部控制的要求。

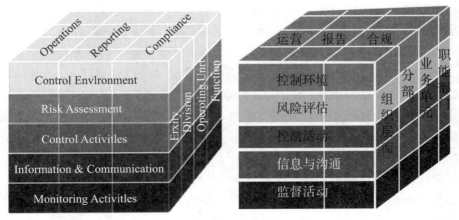

图6-2　2013内部控制框架（图片来源：COSO官方网站，https://www.coso.org/）

　　COSO内部控制框架以立方体的形式，将内部控制目标、内部控制要素、组织机构进行了整合，如图6-2所示。立方体纵向明确了内部控制的三个方面的目标，使组织关注内部控制的不同方面。立方体横向代表内部控制的五个要素。立方体的第三维层次代表组织的主体结构。

　　首先我们看到内部控制的目标并不是单一的，而是设计企业运行的三方面内容。

　　运营目标——组织运营的效果和效率，包括运营和财务业绩目标、保护资产以避免损失。

　　报告目标——内外部的财务和非财务报告的可靠性、及时性、透明度，以及监管者、标准制定机构和组织政策所要求的其他方面。

　　合规目标——遵守组织所适用的法律法规及规章。

　　内部控制的要素涉及五个方面，分别是控制环境、风险评估、控制活动、信息与沟通、监督活动。

　　1. 控制制境

　　控制环境是一套标准、流程和结构，能够为组织实施内部控制提供基础。董事会和高级管理层应在高层建立基调，强调内部控制的重要性（包括期望的行为准则），并应在组织的各个层级强化这种要求。控制环境包括：组织的诚信和道德价值观；促成董事会行使治理监督职责的各种要素；组织结构以及权力与责任的分配；吸引、培养和留用人才的程序；用以实现绩效问责的严密的绩效衡量、激励和奖励机制。控制环境会对整个内部控制体系产生深远的影响。

　　2. 风险评估

　　每个主体都面临着来自内、外部的各类风险。风险是指某项事件将发生并对组织实现其目标产生负面影响的可能性。风险评估应通过动态和反复的过程，以识别和评估影响组织目标实现的风险。在考虑影响主体目标实现的各个方面风险时，应与已建立的各项风险容忍度相关联。由此，风险评估为形成如何管理风险的决策奠定基础。风险评估的先决条件是已建立了各种目标，并链接到主体内不同的层级。管理层应充分明确运营、报告和合规三大类具体目标，以便识别和评估与这些目标相关的风险。管理层也应考虑这些目标对于主体的适用性。风险评估还要求管理层考虑可能导致内部控制失败的外部环境和内部商业模式变化带来的影响。

　　3. 控制活动

　　控制活动是通过政策和程序所确立的行动，旨在协助确保管理层关于降低影响目标实现的风险的方针已经落实。在主体的各个层级、业务流程的各个环节，以及技术环境中都应实施控制活动。控制活动在性质上，可以是预防性

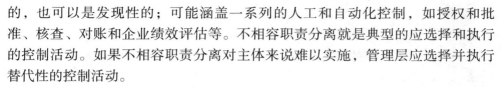

的，也可以是发现性的；可能涵盖一系列的人工和自动化控制，如授权和批准、核查、对账和企业绩效评估等。不相容职责分离就是典型的应选择和执行的控制活动。如果不相容职责分离对主体来说难以实施，管理层应选择并执行替代性的控制活动。

4. 信息与沟通

信息对于主体履行内部控制责任以促进目标实现而言是非常必要的。管理层应从内外部来源获取或生成和使用高质量的、相关的信息，以支持内部控制的持续运行。沟通是提供、共享和获取所需信息的持续和不断重复的过程。内部沟通是让信息在整个组织内向上、向下和横向传递的手段，它使员工能清晰获得高层要求其认真履行控制职责的信息。外部沟通则是双重的：将外部的相关信息引入，以及向外部提供信息以回应相关方的要求和期望。

5. 监督活动

主体应通过持续评估、单独评估或者两者的组合，以确认内部控制的五个要素（包括实现每个要素中原则的控制活动）是否存在并持续运行。持续评估应被嵌入主体不同层级的业务流程中，以提供及时的信息。单独评估应定期开展，其评估范围和频率因风险评估结果、持续评估的有效性以及管理层的其他考虑而有所不同。主体应依据监管机构、标准制定机构，或管理层和董事会所设定的标准，对各种发现进行评估，必要时应当向管理层和董事会报告各项缺陷。

6.3.2.3　内部控制的局限

COSO内部控制看似是一个很科学和系统的管理工具，但它还是会存在局限性。首先经典的COSO框架是基于反欺诈的背景产生的，更强调财务报告的真实准确，而企业经营的目标却不尽相同。COSO框架缺乏动态控制，无法及时响应环境变化和业务风险的变化。

企业文化不同：COSO框架是美国公司环境下的专业统一解决方案，其具体实施步骤和强调的风险因素可能无法完全适应其他国家和地区的不同企业文化，从而无法完全实现预期效果。

风险评估不全面：COSO框架主要关注财务风险和内部控制风险，忽视了其他类型的风险如战略风险、市场风险、组织风险等。

过于注重成本效益：COSO框架认为，实现内部控制安排的成本和内部控制的收益之间需要平衡，但是这种平衡可能不适用于所有企业或行业。

忽略人为因素：COSO框架在内部控制设计中忽略人为因素的影响，如人员错误、故意违规行为等，这些因素也可能导致内控失效。企业内部控制体系管理的局限性主要包括以下几个方面。

内控能力不足：如果企业的内控机制设计不合理、内控流程不完善、内控人员和内控意识不足等，都会导致内控体系的局限性。

实践操作风险：对于复杂度高的内控系统，需要严格的执行和监督，对人员要求非常高。如果执行不到位或出现失误，容易导致内控体系失效。

范围限制性：尽管企业内部控制是为了防范企业风险的发生，但是它并不能完全杜绝企业的各种风险，因此，企业内部控制的适用范围和力度也需要充分评估。

监督校验问题：对企业的内部监督和检验合理性和精准性有很高的要求，但是实际上，主管部门对于企业内部控制的检查和审计难以保证全方位、及时性、准确性。

人为因素影响：任何机制都离不开人，内部控制体系管理也不例外。如果内控人员存在疏忽、故意违规或者内外勾结等行为，将会导致内控失效。

综上所述，企业内部控制体系管理存在很多局限性，企业需要在建立内部控制体系时充分考虑其局限性，并采取有效措施解决潜在问题，以减少系统性风险的发生。

因此，在实施 COSO 框架时，企业需要根据自身特点和环境进行量身定制，并对其局限性进行充分的认识和评估，以确保内部控制体系的顺利实现。

6.3.3　如何搭建内部控制体系

我们了解了企业内部控制体系化的发展历程，内部控制的经典框架，那么作为一种管理体系如何在企业落地，内部控制的建立在企业层面又该注重哪些关键环节，实践中又存在哪些误区，接下来我们一起探讨。

2020 年，《哈佛商业评论》发表了一篇名为《如何建立高效的内部控制体系》的文章，作者是麦肯锡公司的顾问。文章中指出，企业内部控制的核心在于确保业务流程的透明性、合规性和有效性。为此，企业需要采取一系列措施，包括：建立内部控制框架、定义内部控制目标、识别风险和漏洞、实施有效的控制措施、监控和持续改进内部控制等。

6.3.3.1　建立内部控制体系的关键步骤

国际通行的内部控制框架的立方体结构给我们呈现了一个较为全面的内部控制相关要素。由此可见内部控制体系建设是一个系统工程，要做好企业内部控制管理必须具有系统性、框架性思维和组织管理。

1. 关键步骤一：搭建企业内部控制框架

搭建企业内部控制体系，首先要对企业自身有清晰而准确的认识。定位企业所处行业，是传统制造业，还是现代服务业，或者金融投资业。定位企业所处生命周期，是初创期、成长期、成熟期还是衰退期。对标企业经营规模和组织形式，是多元化集团、专业化集团、单体企业还是分支机构。理顺内部涉及的专业结构业务分工，如公司层面的内控与业务层面的内控等。

企业如果没有充分认识和定位自身的经营管理情况，搭建适合自己的内控体系，就会走入内控搭建的误区，要么是走形式，要么建立的内控体系不符合企业实际情况，内部控制就变成了负担，徒增管理成本。

2. 关键步骤二：认清企业关键风险

中国企业所处的发展阶段差异非常大，不同成长阶段、不同规模、不同所有制的企业，企业的风险不一样，集团企业更多关心战略风险、管控风险，投资风险，资金风险……而单体企业更关心市场风险、生产风险、质量安全风险。风险不一样，内控上存在的缺陷表现形式不一样，控制的方式也存在很大的差异。发现一个企业的内控缺陷不是看它有没有制度和审批，如果没有那是内控设计上的缺陷；如果有了，但企业风险仍然存在，那是执行缺陷。而企业好多的问题就是在设计上有，但执行上不能执行；或设计上没有，执行上往往形成了约定俗成的不成文规定。那么，有经验与没有经验的人来判断这个缺陷就会有很大差异了，当一个缺陷被认定时，设计内控体系时就会按照原定的逻辑来梳理流程，加强关键点、风险点控制，并通过制度来固化。当一个内控规定不能在企业的经营实践中执行时，简单地提出加强控制是不能解决问题的。这种情况一定是企业管理上存在的客观情况，有的是企业的问题，有的是行业的特色。如果是企业的问题时，就要帮助企业解决执行上的问题，不是强行要求就可以的，这时内控与企业的业务，与企业生产、质量控制，与企业的激励放权措施，与企业的管控模式，与企业的用人机制都有关。当发现一个控制事项不能有效执行时，我们会分析其是系统问题还是单项问题，如果是单项问题，解决的办法会比较容易；如果是系统的问题，需要提供专项的解决办法。例如，某集团企业存在短贷长投，企业也知道这是风险，但长时间这么过来了，没有出问题，大家也就习以为常了。从内控要求来看，该企业的流动资金紧张，企业存在短贷长投现象时，从内控的角度一定会指出缺陷，在制度上规定不允许短贷长投，但企业资金上的问题一时解决不了，新的风险就出现了，那么企业解决此类内控问题时，需要从根源上找问题，建立资金风险分析模型和预警模型，为企业提供更多融资渠道指引，帮助设计内部资金平衡计划，平衡内部资金需求。再如，当企业存在大量逾期应收账款，而企业在应收款管理上有严格的管理规定，销售合同也按内控要求走了所有审批环节，可企业的应收账款量越来越大，逾期款也越来越多，如果仅仅从制度上去要求加强应收款控制是不能解决问题的，如果制度上规定不允许赊销，我相信这样的内控制度是行不通的。怎么解决这样的内控问题呢？好的内控体系需要从如何建立客户信用评价体系，如何建立销售人员激励体系，如何将回款与责任人员薪酬绩效挂钩来解决问题。

3. 关键步骤三：梳理制度建立规则

企业存在风险，存在内控管理上的缺陷，就需要加强内控文化建设，通过完善一系列的制度、流程形成共同遵守的规则。内控规则最重要的成果是针对内控形成的各项内控手册。常规的内控手册的构成包括六大手册，即总则、环境分册、风险评估分册、控制活动分册、信息沟通分册、内部监督分册。但手册的内容构成不同，咨询团队提供的产品会有较大差异。这其中最关键的差异就是适用。而适用与否，不是谁都能实现的。内控要解决的不仅仅是控制的问题，更多是要解决企业发展与风险控制的协同。

4. 关键步骤四：内部控制评价和持续改进

持续评价与提升内部控制规范体系是一个企业内部控制应有的基本管理要求，在规范的基础上进行控制才是最有效率和效果的。内部控制改进体系是规范体系运行和完善的机制保障，只有通过监督改进机制，一个规范的体系才能很好地运行、完善。内控风险评价报告有时是为满足上市公司信息披露用的。而企业本身需要定期提报一份真实的内控评价报告，让决策层清楚地知道企业存在哪些风险，通过控制措施降低了哪些风险，还存在哪些剩余风险。定期评价，不断改进循环，企业才能处在稳定上升的发展态势中。内控风险评价最大的优势是不仅能帮助企业找到风险，而且有对风险的评估能力，设计应对风险的模型，能清晰地通过风险评估工具指出控制的效果，并合理地评估还存在的剩余风险。所谓剩余风险是指那些未能为企业所控制的战略风险和各经营流程的流程风险。一般来说，剩余风险往往具有一定的财务后果。它可能导致企业财务报表的重大错报，使企业财务报表重大错报的风险增加，也可能导致企业管理层舞弊，严重者还可能导致企业破产。

6.3.3.2 企业内部控制建立的具体做法

1. 确定建设企业内部控制体系责任主体

首先要明确内部控制是一套管理体系，而参与执行者是全体员工。企业中的内部控制建设部门，必须是在董事会领导下开展工作。很多单位会提出到底是财务部门还是审计部门负责企业内部控制的建设？实践中我们也存在很多争论。事实上，企业内部控制的建设运行的关键不在哪个部门而在于是否得到公司最高管理机构的统一共识。所以内部控制必须有顶层思维，有治理思想，建立健全内部控制组织体系和机构职责。常见的内部控制的牵头部门有内部审计部门、风险管理部门、财务管理部门、信息技术部门。需要注意的是，企业内

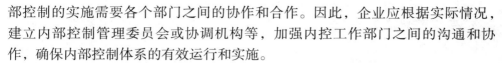

部控制的实施需要各个部门之间的协作和合作。因此，企业应根据实际情况，建立内部控制管理委员会或协调机构等，加强内控工作部门之间的沟通和协作，确保内部控制体系的有效运行和实施。

2.明确企业内部控制的目标

明确的目标是推动内部控制体系建立健全的根本动因。明确了目标才能更好地开展企业内部控制工作。每项工作的价值都在于成就既定目标，内部控制虽然源自对财务报告的准确和真实性的要求，但是从企业内部看，通过内部控制更早地识别风险、控制风险，达成企业资产安全、资产增值的目标才是最重要的。

3.评估企业各环节内部控制风险

内部控制的最大价值就是通过流程约束和内部管理，规避企业风险。那么从这个角度来说，识别企业内部各环节的内部控制风险，有利于做出明确的内部控制管理方向和重点。即重点分析识别风险，制定风险防范策略，强化风险管理。在实践中我们把风险清单的梳理和识别风险作为前置程序，重点诊断。第一，形成风险清单，分析识别风险以基本规范及配套指引为蓝本，基于发展战略和目标，从战略层面、运营层面及业务流程的环节识别风险分布，制定风险评级标准，见表6-1所列。即从风险发生的概率，判断风险可能造成的损失，对风险发生的可能性进行评级；从风险造成的影响，预判风险造成损失程度并对风险影响程度进行评级；分析公司面临的风险，并根据风险制订风险应对策略。最终按统一评价标准，汇总和评估公司风险事项，识别主要风险，见表6-2所列。

表6-1　风险发生的可能性评分方法

发生可能性评分	1	2	3	4	5
定量评价	10%以内	10%～30%	30%～50%	50%～70%	70%以上
定性评价	较低	低	中等	高	较高
	一般不会发生	极少发生	某些情况下发生	在较多情况下发生	经常发生
	未来3年内可能发生少于1次	未来2年可能发生1次	未来1年可能发生1次	未来1年发生至少1次	未来半年内至少发生1次

表6-2　风险可能造成的影响评分方法

影响程度评分	1	2	3	4	5
定量评价	造成年末资产总额0.5%以下损失	造成年末资产总额0.5%~1%的损失	造成年末资产总额1%~2%的损失	造成年末资产总额2%~3%的损失	造成年末资产总额损失3%以上损失
	财务损失10万以下	财务损失10万~100万	财务损失100万~300万	财务损失300万~1000万	财务损失1000万以上
定性评价	极轻微的	轻微的	中等的	极大的	重大的

第二，构建风险管理指标，强化风险监控。在业务风险评估和梳理过程中，要根据业务价值链流程进行风险指标设计，从决策层、职能管理层、具体执行层三个方面提出管理要求，对指标进行选取和分类，形成风险指标体系，通过对风险指标体系的监控来强化各种风险的事前监控和预警。第三，将风险控制嵌入制度流程中，有效控制风险。针对识别的风险，从风险的源头进行分析，制定风险控制措施，特别是要加强关键风险点控制，并将风险控制嵌入制度流程中，通过制度和表单来固化风险点控制。

4. 梳理和优化流程，分配内部控制的职责和权限

内控组织和职责是保障内控体系有效运行的重要因素，内部控制有建设和监督两条管控线，保证内部控制的设计有效性和执行有效性。实践中我们采取了如图6-3所示的结构。

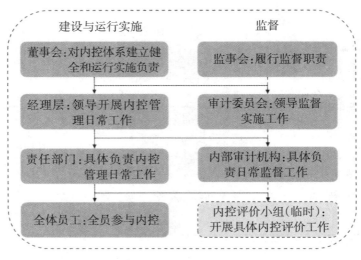

图6-3　集团内控组织与职责图

在顶层设计之下，内部控制要实现设计有效，最重要的就是各责任部门的业务流程的梳理和风险排查。实务中，各业务线条会按照工作内容先梳理本部门的职责和业务处理流程，在内控建设领导小组的协调下开展跨部门流程的风险识别和梳理优化。

5. 内控体系评价监督和持续改进

内部控制评价和持续改进是推动内部控制设计和执行有效性的重要保障。企业的内外部经营环境是持续变化的，制度执行的刚性也会因为人的因素而存在衰减的效应。健全的内部控制体系需要贯彻持续改进的理念。通过独立监督的内部控制评价，及时发现内部控制的薄弱点并持续加以改进和完善，是内部控制体系化运行的重要保障措施。

如何开展内部控制评价，通常做法是以内控五要素为基础，构建内控评价指标体系。不同公司针对各自特点制定评价权重，自评时对每个评价指标从完善、较强、一般、较弱、失控五个方面进行指标评分，形成整体评价得分，以查找内控建设薄弱环节，并在后续运行中进行优化/整改。具体详见表6-3所列。

表6-3　内部控制评价指标体系表

序号	评价维度	评价指标	指标说明	设定分值/分	评价分值（据实填写）	权重/%
1	控制环境评价	经营理念	公司的经营方向,使命及愿景是否符合公司发展要求	100		25
		组织架构	公司治理结构是否完整			
		社会责任	公司生产经营管理活动中对利益相关者的责任履行情况			
		公司文化	公司是否具有积极向上的公司文化、治理理念			
		人力资源	公司是否建立了合理有效的人力资源机制			
		内部审计	公司是否设立了有效的内部审计部门			
2	风险识别与评估评价	风险目标设定	公司不同阶层的管理人员制定了一致明确可执行的战略目标	100		10
		风险识别	能够帮助公司管理人员正确识别出公司发展过程中存在的各种风险危机			
		风险分析	适用于风险分析过程的科学分析方法和技术			
		风险应对	能够有效提高公司识别风险的正确率,针对识别出的风险建立有效的防控机制			
		风险监督	风险应对措施的后续监督力度			

序号	评价维度	评价指标	指标说明	设定分值/分	评价分值（据实填写）	权重/%
3	控制活动评价	不相容职务相分离	公司内部是否形成了良好的牵制制度	100		45
		授权审批	公司是否根据不同职能建立有效的监督机制			
		预算管理	公司合理制定下年度预算并跟踪反馈实现战略落地			
		资产管理	公司在固定资产、合同资产等方面制定了管理制度并得到有效履行			
		绩效考核	公司各个部门人员有效胜任岗位业务,日常表现良好			
		会计系统	公司在日常业务中合理利用会计系统进行有效的业务处理			
4	信息与沟通评价	信息质量	公司日常生产经营过程中,信息传递高效、完整并可得到有效保障	100		10
		信息系统	根据公司实际经营方式设立信息系统			
		沟通方式与渠道	公司日常交流中,具有适当的沟通方式及沟通渠道,确保信息真实完整			
5	内部监督	监督机构	公司内部设立独立审计部门并受总部审计部门监督,监督主体相关人员具有较高的职业素养	100		10
		监督方式	公司内部审计部门的监督方式有定期评估和持续监督			

6.3.3.3 抓住关键业务流程和控制措施

公司的管理和业务活动很多,各项活动都存在一定的风险,但是内部控制是有成本的,内部控制并不是越详细越细致越好。实践中对于内部控制管理的应用可以以关键业务活动和重大影响环节为主要抓手。

公司内部典型的业务流程和内部控制如下。

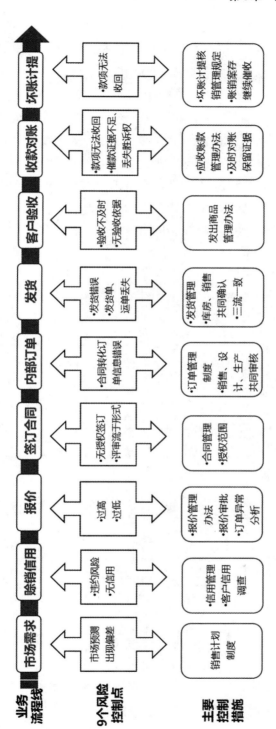

图 6-4　销售与收款循环内部控制流程图

1. 销售与收款循环

在销售与收款环节，公司业务线条上会涉及市场预判、客户赊销、报价、签署合同、内部订单转化、发货及后续的账务回收等业务流转环节。在各个业务环节中，不同的业务活动可能产生不同的控制风险，如图6-4所示。企业在销售与收款环节面临的主要风险是销售环节的合同管理风险、价格管理风险、客户信用风险、货物出库及交接的风险以及收款环节的风险。做好销售与收款循环的内部控制，需要分别从业务流程进行逐个环节、逐个工作节点、逐个岗位操作进行梳理识别。首先在大的流程上避免不相容事务的重叠，再次对各个业务处理环节可能存在的风险进行识别，在识别风险的基础上梳理业务管理措施，明确风险控制的重点要求。梳理完善后将流程、风险及对应措施进行固化，形成操作手册。

2. 采购与付款循环

采购与付款循环中通常会有采购计划、供应商认证和采购询价比选、合同签订、货物入库、采购付款的几个环节。主要的风险点有：采购的计划不充分或盲目采购，导致的库存过高占用；供应商比选，采购价格谈判等不规范产生舞弊和违规；采购合同签订不规范，容易造成后期的供货和结算纠纷；验收入库和采购付款环节可能存在差错性风险，如图6-5所示。针对梳理出的业务流程和风险控制点，制定企业自己的管理控制措施，采购管理制度要加强采购计划控制、供应商管理、采购合同管理、货物验收规范、货款结算审批要求等。在采购业务流程过程中，存在相互验证和牵制作用的环节要通过制度设计和岗位设计进行风险隔离。

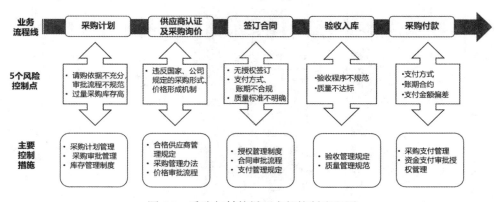

图6-5　采购与付款循环内部控制流程图

3. 研究与开发控制

研究与开发（R&D）是企业的创新和发展引擎，与其他业务活动相比，其具有一些特殊的内部控制问题，如图6-6所示。

知识产权保护风险：R&D活动通常涉及知识产权的创造和保护，因此需要加强对知识产权的保护，防止泄露和侵权等风险。

投资回报不确定性风险：R&D项目的成功与否不确定，因此需要加强R&D项目投资决策的可行性研究和风险评估，确保R&D项目的投资回报风险可控。

费用控制和管理风险：R&D项目常常需要投入大量的人力、物力和财力，因此需要加强对R&D项目费用的控制和管理，避免费用超支等风险。

保障项目研发进度和质量风险：R&D项目需要遵循严格的研发进度和质量要求，因此需要加强对R&D项目的管理和监督，确保项目能够按时完成和达到预期质量要求。

为了控制这些风险，企业可以采取一系列措施，例如，建立健全的R&D项目管理制度，严格控制R&D项目的费用和进度，提高知识产权保护意识，加强R&D项目的风险管理与特别审计，制定合理的项目考核和绩效评价机制等。

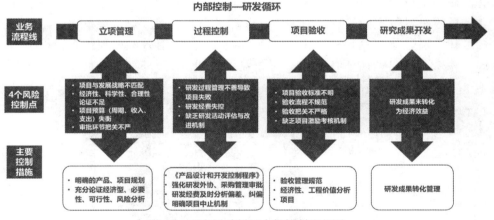

图6-6　研发活动循环内部控制流程图

6.4　案例：Z集团基于风险防范和价值创造的内控体系建设

内部控制是由董事会、监事会及全体员工共同实施的、旨在实现控制目标的过程。全面预算和内部控制是企业现代化管理的两大工具，如果把发展战略与规划比作方向盘，全面预算比作油门，那内部控制就是企业运行中发挥制衡作用的刹车。从企业运行中合规合法经营、保证财务信息质量、提升企业价值及实现战略目标等角度分析可发现财务目标与内控目标高度一致，财务管理与内部控制之间密不可分。

Z集团公司随着规模不断扩张，涉及领域持续拓宽，潜在风险不断增加。为落实企业改革和外部监管的内、外部要求，进一步提升防范和化解重大风险能力，推动集团公司在企业成熟期阶段高质量发展，Z集团公司按照"统一设计、分层实施"思路，分批次、分阶段建立全集团内部控制体系。

6.4.1 Z集团公司内控体系建设的顶层设计

1. 树立"业务伴随风险，财务揭示风险，内控降低风险"的内控工作指导思想

基于集团公司管理现状和经营特点，针对降低风险的管理要求，从总部管控定位和要求出发，通过顶层统一设计和要求，层层分解落实，建立集团总部和子公司多层级的内控管理体系。

2. 建立集团"1+2+3+4+5"的内控建设体系

Z集团公司内控体系建设立足改革发展全局，以源头治理和过程控制为核心，以防范风险和提高效率为重点，对现有管理制度、职责分工、业务流程、业务风险等进行全面梳理，力求各项管理工作实现程序化、规范化、制度化、标准化。通过建立一套科学规范、简洁实用、运行有效的内控体系建设机制，即"一个目标、两层责任主体、三条建设主线、四大基本原则、五个保障措施"，如见图6-7所示。

图6-7 Z集团内控体系建设机制图

其中"一个目标"是指内控工作目的在于风险防范、价值创造；"两层责任主体"是指以集团总部、产业公司两层主体开展内控体系建设；"三条建设主线"是指围绕规范治理、业务支撑、监督管控推进工作；"四大基本原则"是指

内控建设过程要充分考虑做好业务支撑、强化授权管理、扩大监督范围、优化工作流程等与企业经营活动相关的要素；最后的"五个保障措施"是指从内控环境、风险评估、控制活动、信息沟通、内部监督等环节保障内控体系建设有序开展。以上机制使集团所有经营管理环节都处于受控状态，能有效防范风险，并增强了抵御风险的能力，提高了资源的配置效率。

3.设计顶层管控、分层实施的组织体系

Z集团子公司的组织结构、职能职责不尽相同，业务覆盖和管理水平也存在一定的差异性，为保证内控系统建设工作的有效开展，按照"统一设计、分层实施"思路，不仅要从各主体界定责任分工，还要完成单体子公司内控组织建设。

Z集团明确各主体内控建设责任分工如下。一是集团总部财务部门牵头负责集团内控体系建设整体工作。制定建设方案及目标并推进实施，规划内控建设实现路径，必要时聘请第三方专业机构开展风险评估、咨询及有效性评价。二是集团总部相关职能部门如法务、规划、人力等职能部门，按照职能职责分别负责组织机构、人力资源、合同管理等业务活动的建设、管理、评估、整改等，并对子公司相关业务提供指导和支持。三是子公司负责各自内控体系建设的具体实施，严格按照时间节点、任务、要求完成公司内控体系建设。

Z集团明确从建设与运行实施、监督两条线，建议各子公司研究制定内控组织体系和职责如图6-8所示。

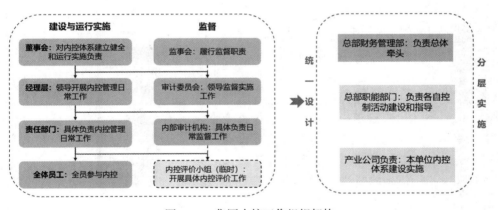

图6-8　Z集团内控工作组织架构

4.建立风险管控指标体系，制定统一标准和方法

对各业务活动流程进行量化的风险梳理和评估，并根据价值链流程进行风险指标设计，设定监控指标，形成风险指标体系，将各种业务活动风险通过量化的数据指标实现风险实时监控，确保有效防范风险。

（1）形成风险清单，分析识别风险。

以基本规范及配套指引为蓝本，基于发展战略和目标，从战略层面、运营层面及业务流程的环节识别风险分布，制定风险评级标准。按统一评价标准，汇总和评估Z集团及其子公司风险事项，识别主要风险，详见表6-4和表6-5所列。

表6-4 风险发生的可能性评分方法

发生可能性评分	1	2	3	4	5
定量评价	10%以内	10%～30%	30%～50%	50%～70%	70%以上
定性评价	较低	低	中等	高	较高
	一般不会发生	极少发生	某些情况下发生	在较多情况下发生	经常发生
	未来3年内可能发生少于1次	未来2年可能发生1次	未来1年可能发生1次	未来1年发生至少1次	未来半年内至少发生1次

表6-5 风险可能造成的影响评分方法

影响程度评分	1	2	3	4	5
定量评价	造成年末资产总额0.5%以下损失	造成年末资产总额0.5%～1%的损失	造成年末资产总额1%～2%的损失	造成年末资产总额2%～3%的损失	造成年末资产总额损失3%以上损失
	财务损失10万以下	财务损失10万～100万	财务损失100万～300万	财务损失300万～1000万	财务损失1000万以上
定性评价	极轻微的	轻微的	中等的	极大的	重大的

（2）构建风险管理指标体系，强化风险监控。在业务风险评估和梳理过程中，根据业务价值链流程进行风险指标设计，从决策层、职能管理层、具体执行层三个方面提出管理要求，对指标进行选取和分类，形成风险指标体系，通过对风险指标体系的监控来强化各种风险的事前监控和预警。

（3）将风险控制嵌入业务流程中，有效控制风险。针对识别的风险，从风险的业务流程源头进行分析，剖析关键风险控制点，制定风险主要控制措施，既为后续编制内部控制手册打下基础，也为流程化、规范化业务实施提供支撑。

6.4.2 Z集团公司内控体系建设阶的段性推进过程

按照财政部颁布的《公司内部控制基本规范》及其配套指引，对公司围绕"控制环境、风险评估、控制活动、信息与沟通和内部监督"五要素推进内控落地工作提出了明确要求。Z集团以基本规范及配套指引为行动指南，结合集团实际，按阶段、分步骤推进内控体系建设。

Z集团公司内控体系建设四大阶段如下。

1. 第一阶段：完善优化内控体系——有"形"

第一步：研究制定Z集团公司内控体系建设框架方案，编制《Z集团公司内控体系建设操作指引》，形成集团层面内控建设思路。

第二步：以A业务（主要业务——销售与收款循环）为例，梳理业务流程、开展风险识别、风险评估和制定风险应对策略，指导内控建设工作标准和具体操作方法，如图6-9所示。

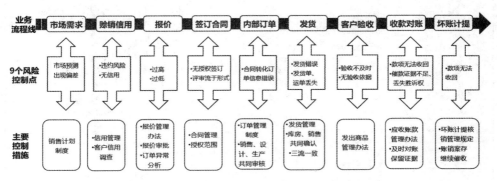

图6-9　Z集团销售与收款循环内部控制图

第三步：确立"3+1"评审模式——部门级、公司级、上级公司级和外部第三方机构评审，最大化保证内控手册设计有效。

第四步：查找企业管控制度和流程中的缺陷，完善制度体系。

重要阶段性成果：制定建设方案，识别形成风险清单，具体见表6-4所列。通过自评与外评相结合模式，完成集团总部及过半数子公司内部控制手册编制。

表6-6　Z集团风险分类清单表

大类风险	细类风险	大类风险	细类风险
战略风险	1.组织机构风险 2.制度管理风险 3.战略规划风险 4.战略管理风险 5.投资决策风险 6.企业文化风险 7.公司治理风险	市场风险	1.客户信用风险 2.市场开发风险 3.产品定价风险 4.品牌声誉风险 5.市场竞争风险 6.交易对方风险 7.采购管理风险

大类风险	细类风险	大类风险	细类风险
财务风险	1. 融资风险 2. 资金短缺 3. 资金管理风险 4. 财务报告风险 5. 担保风险 6. 税务管理风险 7. 关联交易风险	运营风险	1. 员工选聘与使用风险 2. 员工薪酬管理风险 3. 员工绩效管理风险 4. 信息系统管理风险 5. 投资项目筛选风险 6. 投资项目尽调风险 7. 投资项目管理风险 8. 投资管理风险 9. 人力资源合同与退出风险 10. 人力资源规划和设计风险 11. 信息保密风险 12. 劳动保护风险 13. 岗位管理风险 14. 安全生产风险 15. 工程项目管理风险 16. 洪涝灾害管理风险 17. 消防安全管理风险
合规风险/法律风险	1. 政策法规风险 2. 劳动关系风险 3. 经营合规风险 4. 环境保护风险 5. 合同日常管理风险 6. 合同履行风险 7. 合同订立风险 8. 法律事务风险 9. 法律纠纷风险 10. 法律合规风险		

2. 第二阶段：强化内控体系落地执行——有"法"

第一步：完善内控体系组织机构，落实内控体系责任。

第二步：Z集团及其子公司结合自身实际情况，从内控体系建设实施、职责分工、考核奖惩等方面建立公司内控管控办法。

第三步：聚焦企业关键业务，加强重点领域日常管控。

重要阶段性成果：形成内控组织体系，明确职责分工，建成内控管理制度。

3. 第三阶段：加大内控体系监督评价——有"效"

第一步：开展内控体系运行评估，揭示内控缺陷、风险和合规问题，复盘内控执行。

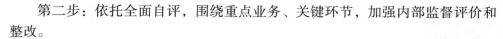

第二步：依托全面自评，围绕重点业务、关键环节，加强内部监督评价和整改。

第三步：根据评价结果，开展专项审计，结合外部审计监督，提升企业内控体系管控水平。

重要阶段性成果：搭建了以内控体系、风险策略、制度流程为核心的三个量化评价模型和方法；同时融合集团大监督体系的力量，发挥纪检监督、审计监督、财务监督作为内控评价主体监督的作用，形成以"三评价+大监督"的评价监督方式，促进实现集团内控建设"三有效"，即内控体系运行有效、风险控制有效、制度流程执行有效，降低集团经营风险。

4. 第四阶段：扩大内控体系建设面——有"序"

一是范围面：符合条件的子公司逐步推进内控体系建设，实现应建尽建，全面覆盖。

二是手段面：充分利用现有信息化平台，严格按照内控管理要求，加强流程设计，将业务流程及财务流程标准化、规范化，并嵌入系统中实现系统化、信息化。同时，各系统建设中要预留接口，探索与集团信息化管控平台融合可能性，提升集团整体管控信息化。

Z集团公司内控体系建设工作于2021年下半年启动，历时两年完成了内控体系有效性建设。按照公司性质划分批次，第一批次——重点子公司基本覆盖：确定总部和"25直管+23直管外"子公司率先在2022年完成内控体系建设，计划在2023年完成集团内其他公司内控体系建设。

6.4.3　尾言

Z集团公司内控体系建设工作按照其顶层设计逐步、有序开展，全集团内控体系从雏形到初步覆盖，可有效指导相关公司把内控工作落实到位、防范经营过程风险，并与Z集团"五位一体"的大监督互相融合，形成监督合力。在这一过程中积累的内控工作经验，为后续内控工作体系在其集团范围内全面覆盖以及后续内控工作评价打下基础。

第7章 财资愿景

7.1 财务变革与数字化转型

7.1.1 未来财务职能愿景

7.1.1.1 宏观环境的变化

当今企业正面临着一个复杂多变、充满不确定性的新格局。行业之间的隔阂与界限逐步弱化并逐渐消失，技术不断革新、渠道更加多元化、竞争日益激烈，市场需求也不断更替迭代，业务模式持续进化，监管与法律法规也更为严格，各行各业都在探索属于自己的"新常态"。这些挑战要求企业重塑应对变化的韧性，能够在风云变化的市场环境中形成即时的、能快速适应变化的企业战略和商业竞争能力；同时，还要不断完善和优化商业模式、企业架构和管理模式。作为公司管理职能的重要部分，财务职能的未来发展也引发了新一轮的探索与讨论。财务职能部门需要思考如何优化自身的工作模式和工作效率，也更应该考虑怎样为企业赋能、为经营决策服务，起到"领头羊"作用，让企业能够在暗流涌动的市场经济中乘风破浪，驶向企业的未来愿景。当今时代，大量的本土企业开始关注自身品牌的影响力，打造属于自己的企业IP，探索更广阔的发展天地，立足中国，走向世界。对于"出海"企业而言，不但要面对全新的市场和客户需求，适应不同的国情，也需要确保满足不同国家及地区的合规要求。对于财务工作者而言，需要学习并掌握不同国家的监管与法律要求，并通过数据分析了解每一个国家的不同现状与未来发展趋势，帮助业务部门有针对性地应对差异，取得标准化与本地化之间的平衡。在过去的几年，我们的工作和生活受到了较大的冲击，而这些冲击在可见的未来依旧不会彻底消弭。普华永道与ACCA合作的《财务职能：把握机遇》指出，对于超过80%的受访公司而言，远程办公、协同办公工具、数据基础、网络安全、核心与专业会计系统都足够有效，甚至是比预期的更为有效。当今社会存在诸如环境变化、资源枯竭等种种挑战，却没有减缓数字化转型的步伐，与之相反，这些挑战检验了数字化工具的有效性，坚定了各公司开展转型的信念，并在一定程度上加速了转型的进程。

1. 战略合作伙伴

伊隆·马斯克（Elon Musk）在其颠覆性的创业中应用了一种极好的思维框架——第一性原理，也就是回归到事物最基本的本质，以寻求事物的最优路径。通过第一性原理来看待财务职能的本质及其演变，以明确财务如何为业务赋能，且如何满足持续不断的环境变化。按照所满足的业务需求，财务职能本质上可以分解为三个不同的活动领域。

（1）以"业务处理效率"为导向的活动：该活动领域通常指规则导向、重复性高的交易处理活动，包括资金结算、费用报销、会计核算、纳税申报等。企业可以借助技术手段（如ERP系统、RPA数据库、BI工具等），采用标准化且简化的流程，以及共享服务的形式，以更及时、更具成本效益的方式开展该领域的工作。

（2）"合规与控制"相关活动：该领域不仅包括企业内控和外部财务报告，也包括关联性日益增强的领域，如报告企业对社会各方面的影响，如自然资本和人力资本的利用情况等。财务需要超越传统的财务报告职能，需要站在战略财务的高度，构建和形成服务于企业内外部的全方位管理体系。此外，还应该进一步完善管理流程和控制体系，进一步防范和规避风险，在满足监管要求的原则下，实现高质量发展。

（3）"业务洞见"相关活动：这是未来财务职能部门的发展方向和主要目标。财务需要与业务有效合作，才能创造价值。财务应提供深刻的财务分析和业务洞见，以支撑经营决策，为经营管理赋能，分析与洞见应全方位考虑各方面的信息资源，同时密切关注这些决策的影响并反馈给各利益相关方。

纵观过去20多年国内外财务职能演变的趋势，在以"业务处理效率"为导向的活动领域，借助流程标准化和技术手段，智能机器人已经可以完成越来越多的具有标准流程的简单重复性会计工作，这也标志着财务活动逐步走向智慧财务，数智化和数字化也一步步发展。与此同时，很多企业也通过共享服务、外包服务或混合方式，通过独立、专业的运营管理来进一步提升服务质量和效率。在"合规与控制"相关活动领域，随着越来越多的利益相关方和投资者寻求了解企业对社会各方面的影响，如可持续性、包容性和多元性，财务需要将企业的绩效观扩展到这些新的领域，以更全面的视角评估和引导企业绩效。此外，财务还需要主动发挥顾问职能，确保企业在关键业务决策过程中将利润之外的因素，如长期战略目标、环境、社会及治理（ESG）等因素纳入考虑体系。随着财务职能的演变，财务在"业务洞见"相关活动领域投入的时间呈现持续增加的趋势。企业要顺应变化多端的市场环境，决策者就应该始终明确企业战略，并通过战略目标指导决策，同时，在总体战略目标下，要平衡好短期、中期、长期发展之间的关系。财务人员因其岗位及身份的特殊性，可以利用自身优势整合内外部不同类型的数据，从而透过底层数据分析出数据背后的逻辑和特点，反映企业经营发展总体情况，为企业未来发展方向以及潜在风险提供更及时的洞察。财务职能应该走在企业的最前沿，通过综合数据分析和洞察为战略决策提供更有价值的建议，在管理决策中发挥更积极的作用。在财务团队逐渐与业务团队成为亲密的战略合作伙伴的同时，首席财务官在董事会和经管会的影响力和声誉正在不断提高，有机会成为企业的"首席未来官"（Chief Future Officer），帮助企业制定和实施面向未来的发展战略，这一角色是未来财务职能在组织中发挥重要作用的关键所在。

2. 成功战略合作伙伴的主要特征

财务战略合作伙伴是企业战略的重要参与者，企业战略的确定和执行都离不开财务战略合作伙伴敏锐的商业观察能力和支撑决策能力。全球最专业的人力资源服务解决方案供应商之一任仕达集团指出，财务战略伙伴应该作为优秀的项目管理经理和创造性的思想者。这一角色需要很强的驱动力和协调能力。财务战略合作伙伴除了需要确保数据收集和分析的高效运营，还需具备各种信息资源（如财务信息与非财务信息、宏观经济趋势等）的高效配置和运用能力，具有良好的商业嗅觉和系统思维，用深入浅出的表现形式体现出数据背后的底层逻辑和反映的问题。他们除了回顾过去，也要预见未来，以实时、可靠的数据及观察结果，帮助业务部门制定经营战略，包括新产品、新市场、新渠道、产品组合和价格策略等。要真正成为战略的业务伙伴，需要与业务保持良好的合作关系，深入了解业务，形成可供决策的数据信息，为战略决策提供支撑，为绩效评价提供支持；另外，还应推动和完善流程的标准化、规则化工作，以提升工作效率和工作质量，并在此基础上，运用好信息化和大数据手段。

7.1.2 财务数字化转型的紧迫性

几年前，很多企业已然发现保持关联性非常困难，因为外部变化的速度超过了企业自身的适应能力。由于环境、社会、监管、贸易和技术驱动因素的冲突，企业迫切需要增强韧性来应对这些变化。我们看到了组织能力在这方面的差距和提升机会。只有勇敢应对改变、积极迎接挑战才能不被淘汰，财务部门也要通过转型来适应变化。财务部门作为企业的"超级联系者"对组织存续至关重要。基于数据、洞见和协作，企业有机会构建更富关联性的财务部门。

信息技术不断更新迭代，财务职能要想保持跟进，就需要不断适应环境来提升自身价值，否则，不仅会导致财务职能退步，甚至可能导致整个企业陷入"滑坡"风险。

财务转型可以从多维度为企业带来好处。

7.1.2.1 获得转型预期收益

为了提升工作效率和质量，实现为经营业务的快速发展赋能，企业对财务工作提出了更高的要求。

通过标准化流程，财务工作可以进一步实现智能化和共享化，这将大幅提升工作效率和工作质量。这部分工作包括交易处理、会计核算、预算与预测、报告与分析等。未来财务职能专注事务处理的时间会越来越少，释放出的时间资源用于开展更高附加值的工作，即预测性分析和业务关系管理。常用的财务管理能力水平衡量指标有两个。一个是财务管理成本占营业收入比率。该指标受到公司的规模、经营足迹、行业性质、监管环境和业务模式的复杂程度的影响。受益于规模效应和更为有效的财务运营模式设计，规模较大的公司的财务管理水平更出色。由于监管环境、各地区生产力水平、IT基础设施等多重因素的影响，覆盖较多国家和地区的跨国公司财务管理成本相对较高。与平均水平相比，运营水平较为先进的财务职能往往能够将财务管理成本占营业收入比率降低0.2%～1.2%。另一个指标是财务员工数量与营业收入增长情况的对比。以微软为例，自2009年以来，微软的营业收入增长了145%。受益于财务数字化转型，微软在财务职能和影响力明显提升的同时，财务团队员工数量并未增加。无独有偶，麦当劳中国的门店数量从2007年的1000余家至2021年的4500家，增长率接近350%，而财务人员数量基本保持不变。在高效的财务平台支撑下，麦当劳有信心在未来门店数量翻倍的情况下继续控制财务自身的成本增长。

7.1.2.2 增强企业核心竞争力

美国心理学家丹尼尔·卡尼曼将心理学和经济学研究相结合，提出大脑的思考方式分为两种系统：系统1是快思考，更多的是通过感觉判断；系统2是慢思考，迟缓、聚焦、依赖于理性逻辑分析。人们在决策过程中需要清醒意识到这两种思维模式的运作模式和优劣势，特别在快思考占上风时要积极有效地规避偏见风险。该理论研究同样适用于组织决策，只是组织决策的主体和背景更加复杂。当商业环境诡谲多变时，企业决策者在一时难以运筹帷幄时往往会依赖于快思考，即直觉或经验进行决策，容易陷入主观偏见或产生判断失误。因此，企业亦需要另外一个慢思考系统，以数据和逻辑驱动决策，弥补快思考的不足，达到二者的完美协作。财务团队在能力和工作上的特质决定了他们能够帮助企业建立这个慢思考系统，以灵活的数据分析和洞察能力支持决策，完善决策体系，提升决策的成功率。从这个意义上，更实时、高效的数据分析和思考能力对于适应变化多端的市场、提升自身的核心竞争力是非常有帮助的。

7.1.3 如何实现财务数字化转型

通过研究众多财务数字化转型案例，我们发现由于内外部环境的差异，企业的转型目标和具体路径都不尽相同。有鉴于此，本书不试图去总结财务数字化转型路径的成功样板，而致力于聚焦转型过程中需要考虑的要素、转型路径的设计、转型实施过程中的经验总结，并分享给财务数字化转型的领导者和实践者，希望帮助他们开拓思路，找到切合自身情况的方法和路径。

财务数字化转型绝不仅是业务流程从线下到线上的转换，我们同样不能错误地设想单凭技术投资便可以解决所有的问题。财务数字化转型是指对财务职能（组织、流程、人员）进行重新定义，并借助技术完成工作方式转变，适应业务需求变化，全面实现自动化和智能化，为企业创造价值。财务部门需要将组织、人才、应用、数据等因素结合起来，有效地促进变革和发展。关于如何实现全方位财务数字化转型，"目标运营模型"可以有效运用。目标运营模型是指"理想状态下的财务运营模式"，包括业务引导模型、技术与数据、人员与文化、组织与治理和流程架构等。财务数字化转型除了需要清晰定义和描述未来财务愿景之外，还需要明确定义为了实现未来愿景财务职能各个维度所需要达到的目标水平。

第一，战略与愿景（Strategy & Vision）。在转型伊始，我们需要对财务期望达到的理想状态进行清晰定义和描述，并与转型利益相关方达成一致；然后基于财务愿景，确定未来财务运营模型的指导原则，即每一个维度应达到的理想状态。

第二，业务引导模型（Steering Model）。业务引导模型定义了如何引导企业绩效目标的实现，包括引导理念、引导维度、业绩指标和分析报告体系。在转型中，我们需要了解各商业模式的特点及业务引导需求，在最小业务颗粒度的基础上，建立以企业目标为导向的引导模型，并以前瞻性视角来看待成本和价值驱动。

第三，组织与治理（Organization & Governance）。在组织与治理维度，我们需要识别其中的薄弱环节，建立具有前瞻性的财务组织架构；界定财务治理，包括端到端流程、目标运行模型每个维度的角色和职责，财务部门内部以及其与业务部门之间的协作方式。

第四，流程架构（Process Architecture）。在流程架构维度，我们需要识别流程优化潜力，评估流程自动化成熟度（如RPA使用、流程挖掘等），并从端到端的视角来设计和优化未来的流程。

第五，技术与数据（Technology & Data）。在评估技术与数据成熟度的基础上，开发高效、先进的 IT 系统（如下一代 ERP 和 BI，高级分析应用集成等），搭建未来系统和应用所需数据模型和数据结构，并建立相应的数据治理机制。

第六，人员与文化（People & Culture）。识别人员与文化的改善需求，清晰定义未来财务组织各角色的能力模型；制定数字化人才管理框架，包括人才招聘、激励、培养和留续；建立学习型组织和持续改善的文化。

7.1.4 转型的主要挑战及应对举措

主要挑战一：转型愿景不清晰，或未能获得拥护。

应对举措一：清晰定义未来愿景，并赢得公司上下的支持。明确定义的愿景可以赋予员工使命感，并激励他们为了共同的目标努力奋斗。在财务数字化转型的初期，财务团队应设定全面且合理的转型目标，需要转型团队透彻了解财务职能现状和洞悉业界财务职能未来发展方向，并且协同组织内所有利益相关方（包括首席执行官、业务部门领导等）明确未来战略目标，应根据现状制定实施路径和方向。财务数字化转型是企业数字化转型的关键环节，它不仅是财务职能部门的工作，更需要业务部门的协同和参与。在转型过程中，应以准确、透明、一致的方式向财务和业务人员介绍转型的原因、目标和收益，强调转型势在必行，以赢得所有人持续的耐心和努力。

主要挑战二：传统业绩管理体系无法全面衡量并支持企业目标的实现。

应对举措二：建立全面的绩效观，引入更全面的绩效指标。企业运营模式已发生重大变化，变得更加以客户为中心。组织目标也更加广泛，利润不再是衡量成功的唯一标准。传统以财务指标为依据的业绩评价维度，已难以满足管理需要。企业的利益相关方，包括投资人、监管机构、金融机构、客户、供应商和员工，对企业提出的要求和期望正在发生变化。除传统的财务指标之外，他们还开始关注更广泛的绩效指标，寻求了解企业对社会各个方面的影响。近年来，环境、社会及治理报告（即ESG报告），更具体地说是气候变化、包容性与多样性、社会影响和人力资本报告在资本市场中受到了越来越多的关注，相关报告的要求也在日益变化，且越来越复杂。在重新定义企业的目标、人员和利润的同时，财务团队需要首先进一步重申组织目标，并帮助企业以更全面的视角来制定决策，并与企业的战略目标保持一致。财务团队还需要超越传统的财务报告视角，用更完善、更全面的维度来进行绩效管理和组织建设。除了熟悉的财务资本、制造资本之外，可以在人力资本方面，展示企业如何在人力资本方面保障员工的福祉；在智力资本方面，分析无形资产如何为企业创造价值；在自然资本方面，企业如何更好地利用自然资源并应对可持续发展要求。最后，财务团队应将更广泛的全新绩效观点落实到企业各层级的决策系统中，将相关的数据和观察结果提供给业务决策者，使企业的决策与组织更广泛的目标对齐。财务团队需要认识到这一转变，以更宽广的视角来审视公司对社会和环境的影响和价值。要注意，过度狭隘地关注财务披露会给决策和真正的运营价值带来负面的影响。

主要挑战三：缺乏整体端到端的视角，难以平衡管控与效率。

应对举措三：建立流程治理组织架构及持续改进机制，推动端到端流程优化通过流程设计和优化可以将人员从事的相关活动进行标准化和固化，以达到强内控、提质增效的目的，并确保满意的客户体验。但现实与理想往往存在差距，会遇到如下问题。

第一，通过共享服务中心的建立和升级，很多企业完成了对财务后端流程的标准化和优化。为了防止部门各自为政，财务职能应联合相关业务及IT部门一起推进端到端的流程优化，并设置常态化的矩阵式管理架构。该架构保持了纵向职能专业化管理，而在横向每一个流程都设置全职的端到端流程负责人（Global Process Owner）、业务流程负责人（Business GPO）和财务流程负责人（Finance GPO），跟踪流程KPI表现，发现改进点，推动持续优化，实现端到端流程的效率最优。譬如，麦当劳成立了跨部门工作小组"自动化卓越中心（Automation Center of Excellence）"来负责公司内部常态化的流程优化和自动化。

第二，以职能为导向的组织架构中，容易产生流程局部最优而整体不优的情形。譬如，在渠道经销商主数据维护流程中，销售部门为加快速度，对门店的非必选项信息（如地理位置、面积等）未作强制要求。在财务执行合同审批时，则要求销售在备注中补充填写门店地理位置、面积等信息，以辅助判断是否对门店超标投资予以特批。销售、财务站在自身部门的角度，流程局部并没有什么问题，但以端到端的视角来看，就可以发现整体效率受损。

第三，流程设计在标准化和效率之间难以平衡，且未以客户体验为导向。譬如，部分强管控公司的流程通常设置多重控制，审批冗长，牺牲效率甚至是商业机会；部分业务导向的公司往往在流程中存在严重的内控缺陷和风险；后端职能部门的流程常常以严格管控为导向，忽视内部客户体验以及对市场商机的敏捷响应。我们也发现一些建立多职能共享的全球商务服务中心（Global Business Service，GBS）打破了原来职能架构，按照端到端流程来设置组织，将原有专业职能嵌套其中，例如，在"采购到付款"流程小组中包括了采购、财务、物流等职能。这样的组织架构，直接整合了端到端流程的专业职能能力，以更好地提升端到端流程的效率和质量，对内外部客户需求做出更快的响应。在流程治理架构中，需要清晰地定义端到端流程负责人、业务/财务流程负责人和流程执行团队这三种角色的职责分工和协作关系，并通过流程治理机制，建立起以精益管理为核心的持续改进文化。精益管理旨在建立长期追求卓越的愿景，建立愿意学习和持续改进以提升客户价值的文化，使管理层和员工致力为实现共同目标而努力奋斗。很多在管理和数字化方面领先的企业都率先在企业内部实施了以精益管理为核心的流程改进方法论。在流程优化过程中，财务团队要学会换位思考，从内外部客户的角度来审查流程带来的体验感，并均衡内控要求与运营效率。这需要财务团队深谙内控设计之道和精益管理之道。

主要挑战四：采用技术对有缺陷流程欲盖弥彰。

应对举措四：在实施系统之前，财务团队应主动联合相关业务部门对端到端的业务流程进行梳理，识别和分析痛点，从端到端的视角进行优化设计，厘清流程中的职责分工，并依据流程来整理数据流。这样方可为系统上线真正实现质量和效率提升奠定坚实的基础，做到事半功倍。

主要挑战五：系统和数据割裂，数据收集与整理消耗了大量的时间和精力。

应对举措五：与IT部门紧密协作，应用现代化技术助力财务建立"业务洞见"能力案例在业务需求紧迫的情形下，由于缺失有效的沟通与协作，或项目经验匮乏等原因，不少公司在搭建系统时缺少统一规划，导致数据关联性不强，系统间难以互联。由于标准化程度低、智能化水平差，传统财务需要在简单基础性财务工作上花费很多的时间和精力，财务仅能完成基础报表的编制和经营结果的回顾性分析。他们没有数据与工具支持，亦无暇开展更深入、更具前瞻性的预测和洞察工作。财务数字化系统的建设应与业务系统和其他信息化系统相互关联，形成整体的大数据平台，避免信息孤岛的情况发生，形成系统间的高效整合。例如，在从采购到付款流程中，应当考虑采购系统、资产管理系统、物流系统、财务共享中心系统、ERP系统之间的集成性；在ERP系统升级和优化时，需要考虑CRM系统（客户关系管理系统）、生产管理系统、数据平台等系统的协同。数字化技术应用首先需要关注事务性工作的效率提升。在对流程进行标准化和优化的基础上，针对高度重复、单调的工作，如对账、发票验真、税务申报、文档分发、数据抽取和清洗等工作流程，通过应用OCR（光学字符识别）、RPA等工具，能够实现30%～50%的效率提升。财务变革与数字化转型的重点是用好数据，同时，通过数据进行更深入的分析和洞察，形成企业资源。对于未来的战略合作伙伴而言，如何通过数据解读与洞察，形成对业务的指导，将会成为工作的重中之重。财务人员根据使用场景设计管理广告牌和分析报告（包括自助报告），以简单、清晰和友好的可视化形式呈现信息。对于复杂的问题，财务人员应当用简洁、准确的语言阐述数据背后的业务逻辑，帮助决策者做出决策并付诸行动。

主要挑战六：对未来财务人员的能力素质提出了更高要求。

应对举措六：通过建立学习型组织、轮岗等方式培养未来的财务人才。随着信息科技的高速发展，传统财务人员逐渐从对经济事项的事后核算与监督转变为事前的预测与事中控制，逐渐从财务会计向管理会计转变。财务人员需要具有业财融合思维、财务管理思维、风险管控思维，这不仅仅是个人职业发展的需要，更是增强企业创新能力及竞争力的需要。因此，要培养具有综合能力、具有综合素质的财务人才储备力量，通过建立分层次、全覆盖的财务人才培养与管理梯队建设体系，实现财务人员的转型升级。

7.1.5　财务组织变革

随着企业不断转型，财务组织也要不断变革。财务组织将变得更加柔性、灵活、多元，从金字塔模式向前中后台模式转变。

传统的金字塔模式是从会计核算、财务管理及分析到决策支持的典型自下而上的分层结构模式，从基础工作到管理决策，区分明确。但由于专业化太强，金字塔模型下的财务组织层级过于分明，不利于日益发展的管理需要，因此，前中后台模式应运而生。前中后台模式即提供智能服务的敏捷服务前台、提供智能运营的共享运营中台以及提供创新赋能的决策创新后台。这种"去中心化"的财务组织模式可以更好地适应财务数字化转型的需要，更好地实现财务各项职能。

7.2　公司金融微系统

公司金融系统主要应用于公司的投资决策、融资决策、股利分配以及日常营运资本管理相关的活动，通过合理分配和使用公司的财务资源，以使公司的价值最大化。举例说明，房地产公司拿地建造楼房，首先，该公司需要先进行资本预算，确定该投资项目所需资金以及是否可行，这是投资决策的过程。其次，公司需要为该投资项目寻找有效的资金来源，在既定资本结构的约束下，决定是通过债务性融资还是股权性融资，或者是两者的结合，这是融资决策的过程。再次，假设该投资项目可行，那在项目开发过程中，公司应该购买多少原材料、账上保留多少现金、是否应付账款、是否需要银行短期借款等，这些短期资产和短期负债水平的管理，就是营运资本管理的过程。最后，如果项目运营结束并且实现盈利，那利润是留存公司以扩大投资，还是分配给公司股东以回馈投资者，或者只留存一部分，留存比例多少合适，这就是股利分配决策的过程。

上述所有这些决策过程，都会直接关系到公司的发展以及能否实现股东财富最大化或企业价值最大化的目标。

具体而言，公司在公司金融微系统框架下（图7-1），用金融的逻辑和手段，做好融资、投资、分配、资金管理、资本结构安排等，可令公司的资金在组织内良性循环和生长，最终实现公司价值的最大化。

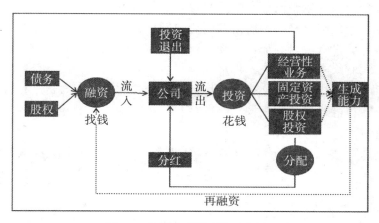

图7-1　公司金融微系统示意图

7.2.1　资本预算

资本预算是指公司对于投资项目在未来一段时间内的资金支出计划，这些支出通常与长期资产或长期投资相关。它是一个决策过程，涉及公司在不同的投资项目之间做出选择，并分配有限的投资资金。具体来说，资本预算一般包括以下几个方面。①投资评估：通过对潜在投资项目进行评估，确定是否符合公司的战略目标和财务目标，以及可行性和风险等方面的考虑。②成本计算：包括直接成本、间接成本、固定成本和变动成本等，从而计算出项目的总成本。③现金流量预测：通过预测项目在未来一段时间内的现金流入和现金流出情况，计算出每个项目的净现值、内部收益率和财务杠杆等指标，以帮助公司做出决策。④决策分析：将各项投资项目的成本、现金流量、风险等因素相互比较，选取最优投资项目。⑤监督执行：对已经批准的项目进行跟踪与监督，确保其按照规划完成，并及时调整计划，保证资金使用的高效性和有效性。

通过对这些方面的综合考虑，公司可以更准确地预测项目的投资回报，明确资源分配的重点，从而优化整个公司的财务结构。

7.2.2　投资决策

公司投资决策是指通过对不同投资项目的评估、选择和管理，为公司提供长期的财务收益。它是企业财务管理中最基本的一环，涉及公司的未来发展战略和财务稳健性。具体来说，公司投资决策包括以下几个方面。①投资评估：对潜在的投资项目进行评估，包括市场需求、风险评估、技术可行性等，以确定是否符合公司的战略目标和财务目标。②资金预算：根据公司的财务状况和资本预算计划，确定该项目所需的资金数额，并制定出资金使用计划。③决策分析：将各项投资项目的成本、现金流量、风险等因素相互比较，选取最优投资项目。④监督执行：对已经批准的项目进行跟踪与监督，确保其按照规划完成，并及时调整计划，保证资金使用的高效性和有效性。⑤评估反馈：对已实施的投资项目进行评价和反馈，明确项目的盈利情况，为未来的投资决策积累经验和教训。

通过这些步骤，公司可以确定最优投资策略，优化资本结构和提高资产效益。

7.2.3　融资决策

公司进行融资决策是为了获得所需的资金，支持其业务发展和增长。通常情况下，公司需要根据自身的经济状况、市场环境和财务目标等因素来制定融资计划。以下是公司进行融资决策的一般步骤。①确定融资需求：公司首先需要确定其融资需求，包括需要多少资金以及用于什么用途。②评估市场环境：公司需要对市场环境进行评估，包括利率水平、资本市场的流动性、竞争情况等，以决定最佳的融资方式。③评估公司财务健康状况：公司需要评估其财务健康状况，包括债务水平、财务杠杆率和现金流等指标，以确定可行的融资方案。④确定融资方案：公司可以选择不同的融资方式，如股票发行、债券发行、银行贷款、私募股权融资等，根据具体情况制定融资方案。⑤管理融资过程：公司需要管理融资过程，跟踪融资进度，并及时纠正计划中的偏差。⑥监督融资结果：公司需要监督融资结果，以确保融资资金使用的有效性，并根据实际情况及时调整策略。

目前，公司主要采取两大融资模式：债券融资和股权融资。其中，债券融资主要通过银行信贷和票据业务进行办理，或者通过非银行金融机构发行债券，委托及信托贷款、融资租赁、股权质押等，也可以通过举借民间资金。而股权融资是通过公开上市或定向增发，也可以选择 VC / PE、产投或并购的非公开方式进行资金募集。面对多种融资方式，企业要确保投资项目与融资期限等相匹配，避免出现错配，不仅要考虑投资成本也要兼顾风险。此外，信用评级在公司做出融资决策过程中起到关键作用。信用评级是一种对企业信用状况的评估，包括债权人对企业偿债能力、财务状况和风险承受能力的评估，信用评级会对企业的融资成本、融资渠道、融资方式等方面产生影响。①信用评级影响企业的融资成本。信用评级越高，企业的融资成本就越低。因为高信用评级意味着债权人对企业的信誉和信用状况有更高的认可和信任，债权人会倾向于提供更优惠的融资条件。相反，信用评级低的企业融资成本会更高。②信用评级影响企业的融资渠道。信用评级高的企业融资渠道更广，可以获得更多银行、证券机构等融资机构的融资业务。而信用评级较低的企业的融资渠道会受到限制，只能向高风险债券和银行贷款等融资渠道借款。③信用评级影响企业的融资方式。信用评级高的企业能够获得更多种类的融资工具，如股票融资、债券融资、商业票据、贷款等，而信用评级低的企业获得这些融资工具的机会较少。同时，信用评级高的企业可以从更多的融资方式中选择最合适的融资方式，以满足自己的需求。

在融资规模确定方面，主要分两步走。第一步利用目标营收、周转效率、资本结构测算融资需求，通过测算预测目标收入下的预计资产规模。第二步目标资产总额按资本结构配比，测算目标净资产及增长额，除去自我积累部分即为企业融资需求，融资规划中分别考虑权益性融资和债务性融资。

7.2.4　营运资本管理

公司进行营运资本管理是为了确保公司持续稳定地开展业务，同时最大化利润。下面是一些营运资本管理的技巧。

（1）管理库存：尽可能减少库存成本，避免积压过多的库存，同时确保所需的产品和原材料能够及时供应。

（2）加强账款管理：确保客户及时付款并按照合同约定的付款期限支付货款，同时避免拖欠账款。

（3）优化应付账款：合理安排应付账款的支付时间，与供应商协商账期铺排，可以提升现金流能力。

（4）管理现金流：了解公司的现金流情况，通过适当的预算和计划使现金流保持平衡。尽可能减少资产的销售周期和资产的转换周期。

（5）调整固定资产投资：根据市场需求调整固定资产投资规模和时间，避免不必要的浪费。

（6）管理负债：通过优化负债结构来降低公司的融资成本，同时避免过度依赖借款。

以上这些技巧都是管理营运资本的有效方法，每个公司可以根据自身情况进行调整和优化。同时，营运资本管理需要与企业战略和财务管理紧密结合，以确保公司实现长期发展目标。

7.2.5　股利分配

公司的股利分配是指公司根据自身财务状况和股东权益，将公司利润分配给股东的一种方式。通常情况下，公司会将利润分为两部分：留存利润和分配利润。留存利润是指公司将一部分利润用于再投资，以支持公司未来的发展和扩张。这些留存利润可以用于购买新设备、开拓新市场、增加生产线等，以提高公司的生产力和竞争力。留存利润通常以增加公司股本或者转为公司储备金等形式体现。分配利润是指公司将另一部分利润分配给股东。股息率通常由公司董事会决定，但必须受到股东大会的批准。在进行股利分配时，公司需要考虑多个因素，包括公司财务状况、未来发展计划、行业趋势、股东利益等。此外，公司还需要遵守相关的法律和规定，以确保分配利润的合法性和公平性。通常情况下，公司会根据自身情况制定合理的分红政策，并定期向股东披露公司股利分配情况。

公司应根据自身经营情况、市场环境和发展战略等因素，制定合理的分红政策。同时，应与股东充分沟通，确保他们对分红政策有清晰的认识。

（1）保持稳定的分红水平。公司应尽量保持稳定的分红水平，避免大幅度波动导致投资者不稳定情绪。如果需要调整分红政策，应提前进行沟通和解释，以减少投资者负面反应。

（2）公平公正地分配股利。公司应按照股东持股比例进行股利分配，确保公平公正。同时，应坚决打击内幕交易、操纵股价等违法行为，保障广大投资者的利益。

（3）稳健财务管理。公司应保持稳健的财务管理，合理控制风险，确保公司的可持续发展和股东权益。在分配股利时，也应考虑公司未来的发展需要，并根据实际情况进行分红。

（4）及时与透明披露。公司应及时、透明地披露股利分配情况，提高信息透明度和市场信任度。同时，应积极回应投资者关切，与股东保持良好沟通，建立稳定的股东关系。

总之，公司应根据自身情况制定合理的分红政策，保证公平公正地分配股利，并注重公司的财务稳健管理和信息披露，以维护投资者信任，提高企业声誉，实现长期发展目标。

7.3　对标一流以实现高质量现代化财务管理

党的二十大报告中明确指出，要深化国资国企改革，加快国有经济布局优化和结构调整，推动国有资本和国有企业做强做优做大，提升企业核心竞争力，完善中国特色现代企业制度，弘扬企业家精神，加快建设世界一流企业。这是以习近平同志为核心的党中央基于新时代新征程中国共产党的使命任务作出的重大战略部署，为我国企业改革发展指明了方向和目标。

财务管理是企业管理的中心环节，是企业实现基业长青的重要基础和保障，要建设世界一流企业，必须要有与之匹配的世界一流财务管理体系作为保障。近年来，国家和地方高度重视国有企业财务管理，相继出台了一系列制度指导企业加强财务工作。2020年6月，国务院国资委印发《关于开展对标世界一流管理提升行动的通知》，要求企业分析优秀经验，查找薄弱环节，加强体系建设，提升管理能力和水平；2022年2月，国务院国资委出台《中央企业加快建设世界一流财务管理体系的指导意见》（以下简称《指导意见》），提出"1455"框架，层次分明、结构严谨，既是一幅"工笔画"，又是一张精细的建筑设计图，为企业推进财务管理转型升级明确了主线和重点。"1455"框架提出要以支撑战略、支持决策、服务业务、创造价值、防控风险为总体目标，完成理念变革、组织变革、机制变革和手段变革。要落实核算报告、资金管理、成本管控、税务管理、资本运作五项职能，重点完善全面预算体系、合规风控体系、财务数智体系、财务管理能力评价体系和财务人才队伍建设体系等五大体系。

7.3.1 强化五项职能

落实核算报告、资金管理、成本管控、税务管理、资本运作五项职能，为建设世界一流财务管理体系打好基础。

7.3.1.1 强化核算报告，实现合规精准

会计核算是财务最基本的职能之一。企业要以标准化流程和操作为基础，集成各个模块，打通数据共享和流通壁垒；不断提升和改进系统，以实现会计核算的智能化和报表编制的自动化；同时，要强化对决算及审计结果应用，健全财务核算稽核机制，深化两级联动财务分析机制，逐步提升集团财务分析能力，为业务部和管理决策提供有效支持。

财务共享服务中心有助于企业建设世界一流会计核算体系，通过将基础财务工作进行标准化、专业化分工，帮助企业实现会计科目、会计政策、业务流程、系统平台和数据管理的统一，显著提升会计核算效率和质量，为新兴技术提供应用场景。同时，通过多流程的共享以及与业务前端的协同，财务共享服务中心也逐渐成为业财数据汇聚中心，为数据挖掘提供先决条件。

企业以建设财务共享服务中心为抓手，全面结合集团公司科目管控、核算规范、报表体系等要求，在全集团范围推动会计标准落地，落实"会计核算一

本账"，提升数据质量，实现业财融合，有力支撑业务发展。

7.3.1.2　强化资金管理，实现安全高效

当下随着数字技术的不断升级发展，如何打造安全高效的世界一流资金管理体系成为很多企业探索的重要课题，司库管理也成为企业资金管理的重点和发展方向。随着企业管理的需要，司库所承担的职责在不断地变化，逐步从结算型司库向战略型司库演变，未来借助数字化管控手段，司库管理将进一步走向业务、走向数字化。

建立一套有效的司库管理体系需要考虑核心职能、保障体系、系统平台等因素，可总结成"4311框架"。即重点关注资金运营、资源管理、风险控制、战略决策四大职能的实现，体系化、规范化做好组织、流程、制度三大管理保障，建设一个智能、强大、安全的系统平台，以满足司库管理信息化和司库分析数字化的需要，同时搭建一套全业务、全流程、全场景的安全管理体系。通过统筹集中资金资源，战略规划融资规模结构，科学配置内部信用体系，提升集团财务资源"战略配置"的能力，也利用资金集中线上化管理，有效提升运营效率，健全资金风险预警机制。

7.3.1.3　强化成本管控，实现精益科学

成本是企业的生命线之一，在市场竞争瞬息万变的当下，精益成本管理对于企业提高资源利用率与核心竞争力非常重要。企业要充分运用全面预算管理及考核激励手段牵引成本管控。同时从整合供应资源、科技创新资源共享、推广成本管控模式等方面制定策略，推动集团整体成本管控能力提升。

一套有效的成本管理体系的核心是要帮助企业实现精细化的全成本管控与分析，需要支持作业成本、标准成本等多种管理模式，实现成本实时精细化核算，帮助企业持续优化价值链成本。此外还能够通过成本偏差+预警阈值功能为企业经营成本风险提供实时预警，将产品的成本压力传递给企业各个支持部门，促进产品盈利的持续提升。

7.3.1.4　强化税务管理，实现规范高效

随着发票电子化及金税四期的推进，我国将逐步进入"以数治税"时代，对企业税务数据的监管会更加全方位、立体化。对企业而言，由于税务政策复杂多样且更新频繁，加上缺乏有效的信息化、数字化手段，税务合规遵从、税务优惠落地、税务预测与筹划、税务服务支撑等工作在实际执行过程中存在着诸多困难。优秀的税务管理能够通过强有效的集团管控，对税务政策、数据资源等进行统筹调度和使用，提高税务信息集约度，同时具备完善的税务支持机制和流程，能够对各项复杂的经营业务和重大事项提供专业化意见，并且利用

先进技术手段进行纳税计算申报、税务数据分析、税务预测筹划、税务风险管控等工作，实现税务工作的规范高效处理。

智慧税务管理整体架构可从基础数据维护、计算分析支撑、业务应用、管理决策等层面进行规划，核心目标是帮助企业进行数字化纳税管理和税务分析，如图7-2所示。通过数字化计算引擎，将规则明确的税务计算逻辑与数字化计算平台结合起来，实现税费"计提、申报、缴纳、分析"业务处理自动化。通过全面贯通"业财税银票"数据链路，实施涉税风险全流程闭环管控，实现风险防控常态化。通过对企业税额（税种、月度、公司、地区）与税负率的直观展示以及对税源、税局与税务优惠政策的监控，分析企业税务变化情况，帮助企业清楚税务来向与流向，全面洞察、实时感知集团税务态势，实现分析决策敏捷化。

7.3.1.5 强化资本运作，实现动态优化

在资本运作方面，要加强资本运作制度和规则设计；主动减量、盘活存量、做优增量促进资本增值、动态优化；加大"两非""两资"清退力度；强化上市公司、金融业务、股权、参股企业管理。注重投资驱动发展，推动资产重组、压减存量、促进股权投资常态化，在重大项目运作、市值管理、资产证券化水平、投后管理能力、投资风险控制能力等方面不断提升。

7.3.2 持续完善五大体系以实现管理跃升

7.3.2.1 完善纵横贯通的全面预算管理体系

全面预算管理需要以业务为出发点，全面预算包括制定预算目标、编制预算、执行预算、监控预算、预算分析与滚动调整，预算考核评价等环节。全面预算管理是企业经营的有效管理工具，可以将战略很好地分解到业务执行层面，实现资源的有效配置。一流的预算管理应形成完善的组织、管理和制度体系，实现动态预算管控，助力企业持续、高效发展。

同时，需要在实践中不断优化，加大预算的执行力度，强化预算的刚性作用及强化预算执行结果的考核评价。最终实现预算能覆盖全链条、全业务单元，跨部门协同联动。

7.3.2.2 完善全面有效的合规风控体系形成有效的合规风控体系

企业应立足改革发展全局，以源头治理和过程控制为核心，以防范风险和提高效率为重点，明确合规风控目标、压实责任主体、形成建设路径、确定基本原则和保障措施，全面开启内部控制体系建设工作。

同时，应持续开展内控体系建设及评价监督工作，结合数字化建设，将流程嵌入系统，优化管理报表平台，提高数据自动化分析功能，为企业提升风险

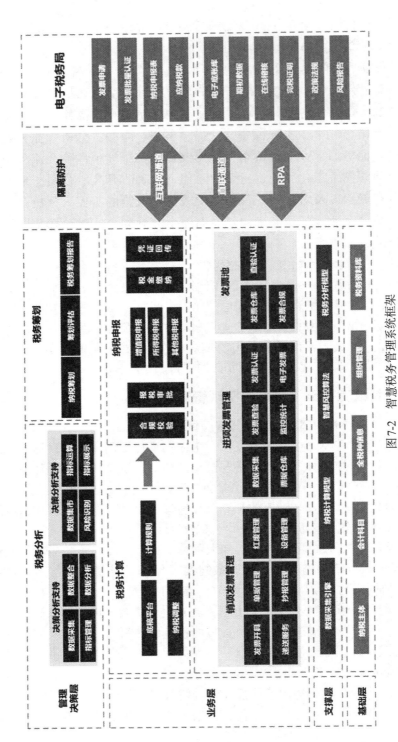

图 7-2　智慧税务管理系统框架

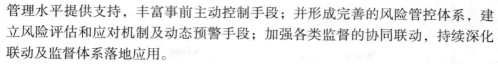

管理水平提供支持，丰富事前主动控制手段；并形成完善的风险管控体系，建立风险评估和应对机制及动态预警手段；加强各类监督的协同联动，持续深化联动及监督体系落地应用。

7.3.2.3　完善智能前瞻的财务数智体系

要想构建智能前瞻的财务数智体系，首先应形成数字化建设计划，成立财务数字化专项工作组，明确财务信息化建设职责分工；同时，应加强计划引领，系统规划财务系统建设的方向和数据标准；全面加强财务信息化队伍建设，丰富专业的财务信息化人才队伍，通过"分类实施、试点推广"逐步推进财务数字化建设。实现以数据为价值载体，实施数据集成、凭证集成，以此建立数据中心，在财务共享的基础上实现财务数字化转型，最终形成自主可控体系的数字化、智能化财务。

7.3.2.4　完善系统科学的财务管理能力评价体系

财务管理涉及职能内容多，形成完善系统科学的财务管理能力评价体系显得尤为重要。作为一套全面反映财务管理工作的标准化框架体系，财务管理能力评价体系的搭建需要充分考虑企业战略、业务特点发展阶段、财务管理规划等内容，覆盖全部财务职能要素与各级次企业，科学设计评价指标、分值权重、评价标准、评价方式，采用定性与定量相结合的方式对企业整体财务管理能力进行合理评价，为下一步工作部署提供指导。

因此，要提升对战略的理解能力，提升评价与战略匹配度；要提升信息获取及管理的手段，提升指标设计的科学性；还要优化科学的评价应用场景，提升评价的有效性。

7.3.2.5　完善面向未来的财务人才队伍建设体系

企业的竞争归根结底是人才的竞争。如何选拔人才、培养人才、使用人才、管理人才、留住人才是摆在每一个企业面前的重要课题。财务人员作为企业财务状况和经营状况的反映者、经营活动的监督者及重大经营决策的参与者，其团队水平的高低，财务人才储备的宽度与深度直接影响着企业的发展水平。

7.4　个人职业发展

7.4.1　用周期理论做出职业规划

公司财资人员的职业生命周期可以分为以下几个阶段。

（1）初入行业阶段：刚刚加入公司或者行业时，财资人员需要学习相关知识和技能，适应公司文化和工作环境，并建立自己的专业网络。

（2）职业发展阶段：在这个阶段，财资人员已经积累了一定的经验和技能，可以开始担任更高级别的岗位。此时，财资人员需要增强领导力和管理能力，与同事、客户和上级领导建立良好的关系，进一步提升其价值和影响力。

（3）转型或晋升阶段：在职业生涯的这个阶段，财资人员可能会面临转型或晋升的机会。如果他们想要继续深耕在当前领域，他们可以考虑专注于某个特定领域，成为该领域中的专家。

（4）职业稳定阶段：当财资人员在公司中拥有稳定的位置并获得认可时，他们可以开始专注于提高效率和创造更多价值。此时，他们可能会开始承担更为高级的任务，如指导新员工、协助制定公司策略等。

（5）退休阶段：到了职业生涯的末期，财资人员可以考虑退休或者在行业中成为一名顾问，分享自己的经验和知识，帮助年轻一代财资人员成长。

7.4.2 企业对个人能力的要求

（1）财务分析能力：能够熟练掌握会计知识和财务分析方法，对企业的财务状况进行分析和评估，为企业提供决策支持。

（2）风险管理能力：能够识别和评估企业面临的风险，制定有效的风险管理策略，减少企业风险并保障企业的安全稳定运营。

（3）资金管理能力：能够有效管理企业资金，包括现金流、资金筹集、投资和融资等方面。能够协调各部门之间的资金流动，保证企业资金的充足和合理运用。

（4）沟通协调能力：在与内部各部门和外部合作伙伴的沟通中，需要具备良好的沟通技巧和协调能力，能够有效解决问题和协调各方利益。

（5）数据分析能力：能够熟练使用相关软件和工具，分析和处理各类数据，为企业提供决策支持和预测分析。

（6）法律法规意识：了解相关的法律法规和政策，能够根据法律法规的要求，制定企业财务和资金管理的规范和制度。

（7）团队合作能力：能够积极参与团队合作，与各部门协作，完成企业财务和资金管理任务。同时，还需要具备自主学习能力和不断提升的意识，不断提高自身的专业素养和能力水平。

随着财务变革与数字化转型，现代企业对财资人员提出了更高要求。一是财资人员需要向业务、数据、IT技术和战略的横向综合能力拓展。技术发展会使财务精英化，机器可以替代财资管理人员完成大量烦琐、高成本、低价值的操作性工作，甚至可以辅助财资人员实现各种财资分析和规划，财资管理人员将走向业务指导、战略支持等更具有价值的工作。这些财资管理人员不仅需要经验的积淀，也需具备对于新知识新技术的学习能力。二是财资人员基于财务和金融知识的纵向专业能力发展，就企业财资管理而言，专业技能的不足将制约企业财资管理应对更加复杂的外部环境，如近年来汇率政策的多变性超过预期，这就要求财资管理人员加大对汇率风险、贸易政策的认识并提升必要的管理能力。此外，企业财资管理本身的流程变革、智能化应用升级、商业顾问式咨询等新趋势，也对财资人员的专业能力提出了更高要求。

随着财务变革的角度不断加快，对财资人员的要求也越来越高。优秀的财资管理人员除了在专业能力上表现优异外，还应具有金融、工商管理等其他专业知识储备，同时，应对业务有一定的敏锐性，能够深入业务，了解业务，为业务赋能，为经营决策提供有效支撑。

此外，优秀的财资管理人员还应掌握有效的数字化、信息化技能，能高效运用信息化手段完成工作，且还需具有良好的数字化治理能力和大数据运用能力。不仅如此，随着管理团队组织架构的柔性演进，财资管理人员随之深入更小型、更扁平、更灵活的项目团队中，他们精专的企业财资管理能力将产生明显的正向外部效应，为其他职能人员带来能力输出。

另外，要针对不同层级和类别的财务会计人才建立与之适应的能力框架，使之更加适应会计工作、适应财务变革和数字化转型。基于此，我们将财务数字化人才分为三个层次，分别对应不同的管理要求。

1. 财务数字化管理人才

作为数字化转型的领导力量，财务数字化管理人才负责财务数字化战略的落地与实施。财务数字化管理人才需要深入理解数字化的商业价值，并将数字化内化为财务管理理念、方法，在转型过程中塑造成为数字化变革的领导力。

具体而言，财务数字化管理人才需要制定财务数字化转型战略规划，统筹各环节数字化组织体系建设，根据转型领域灵活配置数字化人才；着手规划建设各类财务人员人才培养体系，建立有效的全方位培训机制，锻炼财务人才的系统思维，形成高质量的财务组织和财务团队，在实践中快速成长。

2. 财务数字化应用人才

应用人才是财务数字化转型的创新力量。企业的数字化转型归根究底是要服务于业务增长，需要数字时代的业务管理者及业务骨干加强跨领域的数字化应用能力创新与培养，围绕客户价值推动业务价值链重构。

财务数字化应用人才不一定要完全精通信息化建设的专业技术，但是要掌握工具。未来的财务数字化应用人才应充分理解RPA（机器人流程自动化）、AI、低代码等数字化技术在财务领域的应用场景，能够将数字化作为实现业财融合的关键手段，实现智能技术与财务场景的融合与创新。

3. 财务数字化技术人才

技术人才是财务数字化转型的支撑力量，能帮助财务聚焦技术专业能力建设，助力企业建立领先的财务数字化平台。当然，具备对业务的深刻理解、能进行跨领域技术融合成为数字时代对专业技术人才的基本要求。

7.4.3　伴随企业同步成长

随着中国经济社会的发展、企业规模的壮大，财务和资金管理的重要性也日益凸显。财资人员作为企业中的重要一环，也在伴随企业的同步成长中扮演着至关重要的角色，与企业发展保持步调一致不仅是对财资人员的要求，也是对所有员工的要求。

具体到财资人员这一职业，在企业发展过程中有更具体的要求。第一，财资人员需要不断学习和提升自身的专业素质和能力。只有具备了扎实的专业知识和技能，才能更好地适应企业的发展需求，为企业提供更加全面、准确的财务和资金管理服务。第二，财资人员还需要不断更新自己的知识和技能，了解最新的财务和资金管理理念，以适应不断变化的市场和商业环境。第三，财资人员需要积极参与企业的战略规划和决策。随着企业规模和业务范围的扩大，财资人员需要更加深入地了解企业的战略定位和业务模式，为企业提供准确的财务分析和预测，为企业的决策提供支持。第四，财资人员还需要积极参与企业的经营管理，协助企业实现健康、可持续的发展。第五，财资人员需要保持高度的道德素质和职业操守。财资人员在企业中扮演着非常重要的角色，需要具备高度的责任感和使命感。他们需要处理好个人利益和企业利益之间的关系，保护企业的商业机密和客户信息的安全，保持诚实、正直、敬业、负责任的职业操守。总之，财资人员伴随企业同步成长，需要不断提升自身的专业素质和能力，积极参与企业战略规划和决策，保持高度的道德素质和职业操守，为企业的全面、可持续发展做出积极的贡献。

7.5　案例：Z集团财务人才分层培养体系

Z集团是一家大型国有企业，旗下拥有100余家不同产业下属公司，拥有400余人的财务人员团队。为深化改革要求，公司总体上建立了以"职系+序列+岗位+职级"为核心，层层递进的职业规划发展体系，结合财务人才发展培养，提供了"管理职系晋升"和"专业职系晋升"双通道培养模式。其中"管理职系"主要分为公司领导序列和中层管理人员序列，财务人员可通过管理职系通道晋升公司中层管理人员及公司领导人员；"专业职系"根据岗位价值评估分为"员—专员—主管—高级主管—经理"等岗位职级，财务人员可通过专业岗位职级晋升成为高级专业人才。

为加强集团管控，规范经营风险，提高管理水平和经营效益，Z集团早期建立了以财务负责人委派制为主的财务负责人管理体系。该体系充分运用国企深化改革契机，结合集团"双通道"职业发展培养体系，经过多年完善发展，逐步形成以战略发展需求为导向，涵盖"基层财务人员（优财）—财务负责人储备库人员—财务负责人—产业公司CFO及集团高层管理者"的财务人才分层培养模式，形成将"选人—育人—管人—用人"打通的人才培养体系，如图7-3所示。

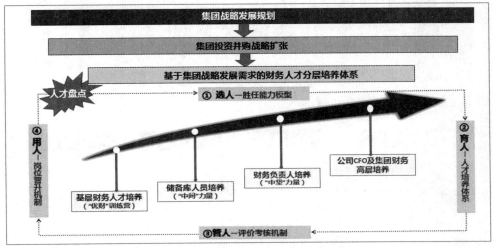

图7-3 基于集团发展战略需求的财务人才分层培养体系

7.5.1 人才与战略匹配、定位培养导向

Z集团经过60余年的发展，产业结构也经历了由"单一"向"多元化"的转变，财务管控模式也经历了从"记账式财务"向"管控型财务"的转变，如何让财务人员跟上时代的步伐？如何为战略发展提供源源不断的财务人才支撑？这是2019年Z集团深化改革以来摆在财务领导面前的一大难题。

集团既要加快建设世界重要人才中心和创新高地，又要推进"十四五"战略目标，但财务人员业财融合、财务管理、风险管控等思维的缺乏，对标先进企业的差距，让集团领导意识到机遇与挑战并存。要从根本上提升财务人才团队的整体素质，需从基层财务人才培养入手。

7.5.1.1 基层财务人员培养——"优财"训练营

1. 选人及育人——跨专业选拔+导师小班制+课题引领

"优财"顾名思义即为"优秀的财务人员"，需具备高素养、强能力、善沟通、善写作等综合能力。Z集团首先通过人才画像，建立学员选拔标准，从积极进取且具有培养潜力的新入职大学生，或具有1～2年工作经验的基层财务人员中，采取产业公司推荐和集团综合评估的方式，按照"打破专业、区域、行业等界限"的原则选拔参训人员，如图7-4所示。

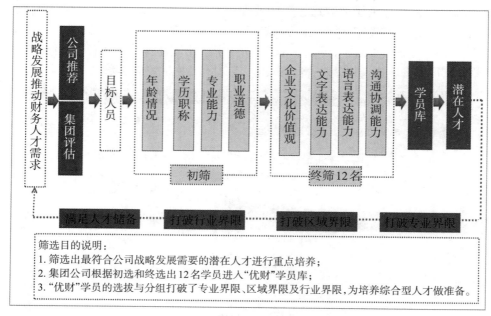

图7-4 "优财"学员选拔机制

人员素质决定了培养层次，培养模式则决定了培养效果。如何让"优财"学员在短时间内得到最大提升，这又是一个摆在财务领导面前的一个难题。在Z集团财务团队的集思广益下，"优财"训练营创新性地采取"拉两头，带中间、上下联动、内外交流"的培养原则，使用"导师小班制"的方式，以"课题"作为牵引，采用课题研究、理论学习、头脑风暴、主题沙龙、内外部培训等途径，紧紧围绕公司发展过程中的痛难点，培养基层财务人员的思维能力及创新能力。

每期"优财"训练营主要分为"开训仪式—开题报告—结题报告—结业仪式"四个阶段。开训仪式主要包括组建团队、确定课题、培养计划及思想动员，开题报告主要包括课题介绍、人员分工、研究目的、研究方法、研究思路等，结题报告主要包括课题研究成果展示，并根据小组表现评选优秀团队及优秀学员，结业仪式主要是对培养成过程进行经验总结，并形成培养成果汇编提交经营管理者，为集团战略决策及产业发展提供高价值参考，如图7-5所示。

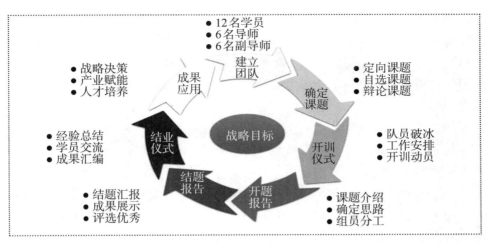

图7-5　"优财"训练营培养过程

2. 管人及用人——积分制考核+储备晋升

Z集团"优财"训练营从学员综合表现出发，建立以积分制为基础的评估与跟踪管理机制，为后续评选优秀学员及储备库优选人员提供依据。学员评估主体主要分为导师、副导师及队员，分别占评估权重的50%、30%、20%；评估维度主要分为专业能力、学习能力、逻辑能力及沟通能力，学员态度作为否决项，评分管理机制如图7-6所示。每期训练营结束后根据积分考核结果确定学员成绩作为后续培养依据。对每位入选"优财"学员建立个人档案，对训练过程中表现优异者可列入财务负责人储备库优选人员或选拔成为产业公司骨干人员。

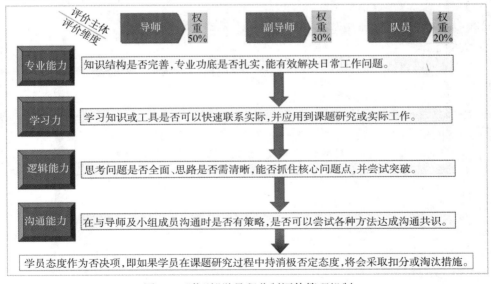

图7-6　"优财"学员积分制评估管理机制

3.财务人才"中间"力量培养——财务负责人储备库

对于一个集团型企业来说，人才的储备是其发展的关键，如何给"优财"人员晋级的机会，如何为财务负责人团队提供人才"蓄力"，这也是Z集团在建立财务负责人管理体系之初思考的一个问题。建立财务负责人储备库，为财务负责人的选拔建立"人才池"即为首选方式。

（1）选人——四维度胜任能力模型+双评选拔机制。

财务负责人储备库人员作为财务组织重要的核心储备，需要在掌握专业财务管理技能的基础上，深入业务、洞察业务、支持业务、协作创值，需要具备业财协作能力、业务支持能力、财务管控能力，并有战略财务思维。Z集团针对以上能力需求建立了财税专业、业务洞察、团队管理、业务影响四维度胜任能力模型，见表7-1所列，并以此作为人才选拔依据。

表7-1　储备库人员胜任能力模型评估维度

序号	评估维度	评估内容	评估项目
1	财税专业能力	是否掌握管理会计思维及工具方法,是否能熟练应用到企业实践中,提升财务价值,防范业务风险	报告与分析能力、业务预测能力、成本管控能力、风险防范能力
2	业务洞察能力	是否熟悉业务,是否能辅助企业运营管理更加高效,找到关键绩效达成路径	投资决策能力、业务参与度、项目管理能力
3	业务影响能力	是否能洞察财务与业务的连接点,发挥财务影响力支持业务,促进业财一体化	有效沟通能力、协作与合作能力、分析问题能力
4	团队管理能力	是否掌握科学的人员管理工具,提升团队凝聚力,建设高绩效团队	团队建设力、有效决策力、目标管理能力等

基于四维度胜任能力模型，建立产业公司推荐初评与集团公司答辩评审终评的方式最终选拔人员。产业公司主要根据胜任能力模型基本要素从个人素养、专业能力（8个维度）和工作业绩（7个维度）等方面进行初步评价推荐，具体见表7-2及表7-3。集团公司主要通过现场答辩表现（个人陈述+问题答辩）进行综合评价最终确定人员，如图7-7所示。

表7-2　后备财务负责人推荐人选（自荐人）业绩摘录表

单位：　　　　　　　　　　　　　　　　　　　填表时间：　　年　月　日

姓名		性别		出生年月		政治面貌		职称			
所在部门				岗位				任职年限			
参加工作时间（填写到年月）					从事财务工作时间（填写到年月）						
全日制教育学历学位		专业			学校			毕业时间			
在职教育学历学位		专业			学校			毕业时间			
取得财会类职业资格证书情况						近三年绩效考核情况		XX年		XX年	XX年
政治思想表现											
岗位经历及工作业绩											

单位审核推荐意见	公司财务负责人(签字): 　　　　　年 月 日

图 7-7　储备库人员"双评"选拔机制

（2）育人及管人——内外双层培养+动态考核机制。

Z集团针对储备库人员采取产业公司培养与集团公司双层培养相结合的方式进行。各产业公司对本公司列入储备库的人员制定专项培养计划，形式主要包括导师辅导（由财务负责人专项培养）、财务骨干岗位锻炼（如财务部长或副部长、总账会计等）、内外部培训等；集团公司每年针对储备人员制定专项培养计划，形式包括但不限于内外部培训、岗位轮换、财务负责人经验交流等。

针对列入集团公司财务负责人储备库的人员，按照"能进能出"的原则建立动态跟踪考核机制。各产业公司对储备库人员进行专项绩效考核，若储备期间出现违背基本财务规章制度，工作中出现重大会计信息失真，年度绩效考核连续考核不理想的情况，将取消继续列入储备库人员的资格。集团公司对储备人员个人学习提升情况、工作业绩情况、职业发展规划情况进行年度评估，并根据评估结果对人员储备库资格进行动态调整，见表7-4所列。

表7-3 后备财务负责人推荐人选汇总表

单位:							填表时间: 年 月 日				
序号	姓名	性别	出生年月	学历学位	毕业学校	所学专业	技术职称	现岗位	参工时间	加入公司时间	公司考评得分
1											
2											
...											

公司财务负责人(签字): 　　　填表人: 　　　联系方式:

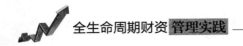

表7-4 后备财务负责人工作能力及工作业绩考评表
（XX年度）

考评单位： 考评人员（财务负责人签字）：

姓　　名		工作单位		现工作岗位	
最高学历		毕业院校		专　　业	
毕业时间		入职时间		职　　称	
其他资格证		从事过的财务岗位及相应时间			

考核项目	序号	考核内容	最大分值	得分
专业能力 （50分）	1	岗位专业知识、技能	10	
	2	综合能力素质	10	
	3	依法进行会计核算、财务管理	5	
	4	独立承担工作的能力	5	
	5	工作中的沟通协调能力	5	
	6	善于发现关键问题的能力	5	
	7	完成工作的经验和技巧	5	
	8	成长能力（个人培训、学习的情况；获奖；发表论文情况）	5	
工作业绩 （50分）	9	提供的财务数据准确无误	10	
	10	工作有计划，能分清主次	10	
	11	工作效率高，能按时完成任务	10	
	12	工作量饱满	5	
	13	服从安排，能主动承担工作	5	
	14	本年提出了好的建议并被公司采纳	5	
	15	积极创新改进管理方法、提升管理水平	5	
主要优点及工作成绩				
主要工作失误及需改进的地方				
考核得分			考核等级	

备注：1. 考核结果分A、B、C三个档次，90分以上为A档（成熟），80～90分为B档（基本成熟），80分以下为C档（有潜力需培养）。
2. 建议有被公司采纳的、管理方法有创新的请在"主要优点"栏填列具体内容。

（3）用人——作为财务负责人梯队培养对象。

财务负责人储备库人员作为财务负责人后补梯队，是公司战略发展的新鲜血液。Z集团通过对其动态跟踪管理，对于专业能力突出，绩效考核优异者可晋升为财务部门骨干或产业公司财务负责人，以充分发挥其专业能力及管理能力。

4. 财务人才"中坚"力量培养——财务负责人管理

对于Z集团来说，要使全集团形成"一张网""一股绳"，则需要通过具备某种共同人员性质的力量结合在一起。财务负责人委派制为公司财务团队管理及培养核心机制，在Z集团战略管控中起到了强效作用，对财务负责人的选拔、培养、考核及管理也成为Z集团财务团队管理的核心。

（1）选人——四维度胜任能力模型+竞聘选拔模式。

财务负责人梯队作为集团战略性财务人才，需要具备运筹帷幄、战略变革、资源配置、风险防控的能力。培养一批财经视野开阔、具备战略高度及专业深度、能够推动财务组织升级与价值创新的财务负责人团队是推动集团战略目标实现的重要保障。Z集团基于该层次人员重要性，分别从宏观洞察思维、经营透视思维、组织领导能力、作风纪律原则等方面建立岗位胜任能力模型，并作为财务负责人选拔依据，见表7-5所列。

表7-5　财务负责人胜任能力模型评估维度

序号	评估维度	评估内容	评估项目
1	经营透视能力	是否能精通财税管理，掌握经营管理逻辑，用价值管理指导经营	经营管理参与度、资本运作能力、数字战略推进力等
2	宏观洞察能力	是否具备战略头脑与全局视野，是否具备敏锐的洞察力与准确的判断力	战略洞察力、对业务模式及宏观经济的理解力等
3	组织领导能力	是否具有领导力，人员管理是否有方法，是否有识人能力，是否能充分发挥团队力量	领导力、影响力、组织与建设能力等
4	作风纪律	是否坚守职业操守与财经纪律，在大事难事中是否勇于担当，积极解决问题	组织纪律、工作原则、职业道德等

基于以上财务负责人岗位胜任能力模型，Z集团根据公司发展战略进行财务负责人岗位画像，并采取以竞聘为核心的财务负责人选拔机制，通过发布内部招聘通知—参选人员自荐或公司推荐—集团初审—专业测试—现场竞聘等环节选拔财务负责人。

（2）育人——岗位轮换+内外部培训+"优财"导师锤炼。

Z集团采取"财务负责人原则上三年轮换，六年必须轮换"的原则，对符合条件的财务负责人采取不同方式进行岗位交流，如产业公司之间、集团公司与产业公司之间进行不同维度交流，以此加强对财务负责人任职监督，同时也促使财务负责人进一步丰富岗位阅历，并拓宽财务及经营视野；同时，每年定期举办财务负责人专项培训，充分利用外部培训机构为其提供培训机会，培训内容包括各类财税新政、内控建设、业财融合、全面预算等，让其及时了解财经时事，丰富知识体系；为财务负责人提供"优财"导师任职机会，通过导师锤炼，进一步提升其专业能力、分析问题及解决问题的能力，培养其对年轻财务人员"传帮带"能力。充分利用集团平台及集团内各产业公司丰富的客户资源，组织财务负责人走进标杆企业现场，打开标杆企业的大门，对话领袖级财务精英，针对不同行业，搭建起企业发展互通的桥梁，近距离探索行业龙头企业的企业奥妙，学以致用，教学相长，进一步丰富财务负责人管理经验。

（3）管人——多维度监督考核+薪酬核定机制。

Z集团对财务负责人履职情况考核分为试用期考核、季度述职考核、年度绩效考核及离任审计考核，见表7-6所列。集团公司与产业公司根据不同考核权重及考核维度对财务负责人履职期间综合表现进行全方位监督与管理，见表7-7及表7-8所列。针对新任财务负责人进行定期走访调研，制定调研方案，并通过对财务负责人上级人员、同级人员以及下级人员三个层次人员的走访调研，充分了解财务负责人的履职表现，为考核监督及问题整改提供充分的依据及建议，让财务负责人从外部层面更加清晰地看到自身的不足，进一步完善自己，提升管理能力。

表7-6　财务负责人履职期间考核表

考核类别	集团			产业公司		
	权重	考核内容	考核维度	权重	考核内容	考核维度
试用期	50%	管理改进	制度优化	50%	职业素养	遵章守纪
			团队建设			敬业度
						团队协作
		对集团支持度	报表报送		工作能力	专业能力
						解决问题的能力
						成长能力
			业务协同		工作业绩	工作质量
						工作难度
			信息反馈			工作效率
						改进和优化

续表

考核类别	集团			产业公司		
	权重	考核内容	考核维度	权重	考核内容	考核维度
季度	100%	资产负债状况	资产类项目	不参与考核		
			负债类项目			
		经营情况	营业收入			
			营业成本			
			期间费用			
		财务管理工作建议	改进和优化			
		存在问题和解决办法	主要阐述解决问题办法			
年度	50%	略		50%	略	

备注:1. 产业公司对财务负责人试用期的考核需由其上级和同级人员共同实施,最终考核结果分别按照50%(上级)和50%(同级)的权重计算确定。

2. 考核结果等级评价:90分以上为"优秀";80～90分为"良好";70～79分为"胜任";60～69分为"需改进";60分以下为"不胜任"。

公司（盖章）：

表7-7　财务负责人年度绩效考核表
（产业公司）

序号	指标类型	考核内容	考核项目	权重	标准分值	考核得分	经营负责人评分	考核得分说明	数据提供部门
1		经营指标	经济及战略指标	30%	30		—	根据集团战略发展部考核得分确定。	集团战略发展部
2		盈利能力	毛利率	10%	2		—	毛利/营业收入×100%=（主营业务收入－主营业务成本）/主营业务收入×100% 毛利率高于或等于去年同期，得2分；低于去年同期，不得分	财务部门
3	定量指标	成本控制	期间费用率		2		—	期间费用/营业收入；该比率等于或小于去年同期，得2分；大于去年同期，不得分	财务部门
			融资成本		2		—	包括两部分：即融资费用和资金使用费。综合融资利率，低于去年同期，得2分；高于去年同期，不得分	财务部门
4		预算控制	成本费用预算控制率		2		—	成本费用预算控制率＝实际金额/预算金额×100%。得分区间如下： ≥120%　　　　　0分 （110%～120%）1分 （90%～110%）2分 （80%～90%）1分 <80%　　　　　0分	财务部门

续表

序号	指标类型	考核内容	考核项目	权重	标准分值	考核得分	经营负责人评分	考核得分说明	数据提供部门
5	定性指标		经营性支出预算控制率	10%	2		—	经营性支出预算控制率=实际金额/预算金额×100%。得分区间如下： ≥120% 0分 (110%~120%) 1分 (90%~110%) 2分 (80%~90%) 1分 <80% 0分	财务部门
		会计核算及财务管理	会计核算工作规范性		1			若发生违反会计核算基本原则(真实性、合法性、规范性、完整性、及时性)的事项，不得分	财务部门
			财务管理制度或流程优化		1			进行管理制度或流程优化得1分(视提升管理效益程度而定)，否则不得分	财务部门
			数据报表提供质量		1			若存在未按时提交财务报表、纳税申报表、其他业务部门所需数据的情况，或遗供数据质量差，不得分	财务部门
			经营建议提出及采纳		1			有提出经营管理建议并被采纳，得1分	财务部门
6		风险管控	外部关系维护情况		1			发生由于个人原因导致影响银企关系、税企关系，进而影响公司经营环境的情况，不得分	财务部门
			税务风险管控情况		1			发生由于财务人员失误造成补税或罚款的情况，不得分	财务部门
			资金风险管控情况		1			出现因资金不足影响正常经营活动的情况，不得分	财务部门

续表

序号	指标类型	考核内容	考核项目	权重	标准分值	考核得分	经营负责人评分	考核得分说明	数据提供部门
			重大事项报告情况		1			发生未及时向经营层报告重大事项的情况，不得分	财务部门
7		团队建设	员工培训计划完成率		1			培训完成项目数/培训计划项目数×100%×标准分	人力资源部
			职称资格提升率		1			（当年获得初级职称人数×1+当年获得中级职称人数×3+当年获得高级职称人数×5)/部门员工总数×100%×1，最高1分	人力资源部

备注：1.此表由各产业公司负责组织考核填报。
2.此表需加盖公司公章，并由公司第一负责人签字。

公司第一负责人（签字）：　　　　填表人：

联系方式：

表7-8　财务负责人年度绩效考核表
（集团公司）

考核维度	考核项目	具体内容	标准分值	考核得分	评分标准	依据
财务指标	周转效率	存货周转天数	4		周转天数低于或等于去年同期,得4分;高于去年同期,不得分。	财务管理部提供数据
		应收账款周转天数	4		周转天数低于或等于去年同期,得4分;高于去年同期,不得分	
	资金风险管理	资产负债率	4		负债总额/资产总额×100%:该比率等于或小于去年同期,得4分;大于去年同期,不得分	
		资金归集率	4		可用资金归集率得分区间如下: ≥95%　　　4分 (90%~95%)　2分 <90%　　　0分	
	经营性现金流	现金净流量	4		经营性现金净流量为正数,得4分;否则不得分	
得分小计					20	

续表

考核维度	考核项目	具体内容	标准分值	考核得分	评分标准	依据
内部控制	合规性	"三重一大"问题	15		该项考核采取扣分制原则，对于违规或未积极整改事项按照情节严重程度进行扣分，每发生一项扣2分，扣分上限不超过标准分	财务管理部、法务审计部、监事会根据产业公司调研、年度审计报告、管理建议书及整改措施、专项审计报告等进行考核
		税务稽核情况	10			
		管理建议书问题整改	15			
		内部审计问题整改	10			
	得分小计				50	
集团管控	配合度	执行集团统一会计政策及资金政策	10		该项考核采取扣分制原则，对于违反集团统一管控的事项按其严重程度进行扣分，每发生一项扣2分，扣分上限不超过标准分	财务管理部、资本运营部根据专项工作的支持与配合情况进行考核
		集团报表质量和时效性	10			
		资本运营工作	10			
	得分小计				30	
	基础分得分总计				100	
附加得分	专业资格	取得专业资格证书	4		取得专业资格证当年加4分，以后年度加2分（如注册会计师、注册税务师、资产评估师、CMA）	证书原件或复印件
	职称	取得职称证书	4		取得职称证书当年加4分，以后年度加2分	职称证书原件或复印件
	提出意见或建议	提出财务管理、资本运作或产经营方面的意见和建议	2		提出建议并被采纳加2分	提出建议并被采纳的相关意见和建议须由公司第一负责人批示，并加盖公司公章
		附加项目上限为10分				
		总分上限为110分				

为充分保障和体现财务价值，实现合理分配，集团对纳入集团统一管理的不同层次的财务负责人建立了不同的薪酬核算制度。其中纳入中层管理人员的财务负责人由所在公司经营层根据其重要程度及业绩水平确定薪酬总额；非中层管理人员财务负责人薪酬由集团财务管理部根据其所在公司行业及规模、财务负责人的学历及工龄、年度绩效考核等综合因素确定薪酬水平。

（4）用人——产业公司CEO或集团高管。

财务负责人不仅是公司战略的制定者，而且还是公司战略的主要实施者。作为各产业公司中高层管理团队的重要成员，其肩负着制定财务战略、履行财务监督、强化资产管理、组织预算决算等职责。Z集团通过对财务负责人梯队全方位的培养与管理，全面提升其综合能力，为产业公司配置战略性财务人才，并为公司CEO及集团高层管理人员提供人才储备。

5. 公司CFO及集团财务高层方向培养

为增加财务人才"金字塔"顶端人才力量，为实现财务负责人更高层次、更具有个性化的培养，从而为产业公司经营负责人及集团高层管理人员岗位储备人才，Z集团通过多种途径实现培养价值。如为其提供高端个性化培训，提升思维格局。充分借助高端培训机构（如清华大学、中国人民大学）优质课程，为财务负责人提供个性化培训学习机会，促使其构建更加完善、丰富的知识体系，提升财务负责人思维格局，为公司战略推进储备优质人才；让其参加峰会论坛，了解前沿政策。集团不定期为财务负责人提供参与峰会论坛及战略研讨的机会与平台，通过与财经大师、专家学者及其他高端会计人士之间面对面沟通与交流，及时了解行业前沿政策信息，为经营决策提供更准确的信息支撑；充分利用集团平台为财务负责人提供对外交流机会，如到优秀企业走访调研，学习标杆企业先进的经营理念和管理思路，充分打造复合型、总裁型人才。

7.5.2　尾言

Z集团财务人员分层培养体系总结如下。

（1）构建了一条体系化、标准化、专业化的财务人才成长路径，完善了财务人才培养体系，为企业发展留住人才。

Z集团通过"优财"训练营已培养41名学员，31名导师；培养了财务负责人储备库人员60余人；培养了60余名产业公司财务负责人，其中进入集团中高层管理人员20余人，财务负责人的委派工作覆盖了主要产业板块。集团财务人才分层培养体系，为不同层次的财务人员构建了一条从基层财务人员、储备库人员、财务负责人、产业公司CEO及集团高层管理者人才培养的标准化、专业化的路径，满足了从新手到有经验者，再到骨干、专家、权威的人才发展之路。

（2）为财务人才考评及使用提供了清晰标准，进一步创新了人力资源管理模式，并打通了财务职业发展通道。

Z集团财务人才分层培养体系为财务团队人才选拔提供了科学和有效的选拔标准和考核体系，特别是储备人才及财务负责人考评方法，能够有效推动财务体系人才选拔、考核和培养工作，有效降低了由于标准不清晰和工具不科学带来的选人、用人及育人风险，提高了企业人力资本价值。

（3）以集团委派形式为主的财务负责人垂直管理体制为其他专业性人员团队建设提供了一定的借鉴意义。

Z集团财务人才分层培养体系体现了以财务负责人委派制为主的集团垂直管控模式。该模式通过对财务负责人的岗位聘任、履职管理、薪酬核定等方式进一步加强了集团监督与管控，为其他专业人员团队的建设（如人力资源团队、监事人员团队、审计人员团队等）提供了一定的借鉴意义。

参 考 文 献

[1] 王勇. 企业成长之道[M]. 北京：清华大学出版社，2020.

[2] 陈诗江. 产品全生命周期评估与管理 ——基于多种理论融合视角[J]. 企业管理，2020，（1）：119-123.

[3] 刘凤委. 正确理解CEO与CFO的伙伴关系[J]. 新理财，2022，（12）：35-36.

[4] 沈怀龙，朱锡峰. 资本市场重构CEO与CFO伙伴关系[J]. 新理财，2022，（12）：42-45.

[5] 张亚洲. 内部控制有效性对企业价值的影响研究[D]. 大连：东北财经大学，2021.

[6] 周旭枚. 中国上市公司内部控制对公司价值的影响研究[D]. 湘潭：湘潭大学，2020.

[7] 李晓. 内部控制有效性与企业运营绩效研究[D]. 武汉：武汉大学，2019.

[8] 张明祥. 上市公司内部控制缺陷与融资约束研究[D]. 北京：中央财经大学，2019.

[9] 俞胜荣. 围绕公司战略构建财务管理体系的探讨[J]. 财会学习，2022（05）：43-45.

[10] 李荣. 简谈战略财务管理与企业战略的适配融合[J]. 财会学习，2023（10）：31-33.

[11] （美）梅尔达德. 巴格海. 增长炼金术[M]. 北京：经济科学出版社，1999.

[12] 王满. 基于竞争力的财务战略管理研究[D]. 大连：东北财经大学，2006.

[13] 文芳. 从财务战略到战略财务——论企业财务管理从传统型向战略型之转换[J]. 会计师，2010，（07）：60-61.

[14] 邹韶禄. 基于战略导向的企业全面预算管理体系研究[D]. 长沙：中南大学，2004.

[15] 陈洁. 价值链成本管理之优势及在作业会计中的应用. 现代财经（天津财经大学学报），2006，（06）：76-79.

[16] 李驿航，夏国华，张静，等. 加速智慧南水北调步伐 助推财务数字化转型[J]. 中国水利学会2019学术年会论文集第五分册，2019，（10）：383-391.

[17] 国资委. 关于中央企业加快建设世界一流财务管理体系的指导意见[J]. 中国管理会计,2022,(01):5-11.

[18] 刘彦来. 管理会计引领下的业财融合与企业财务战略转型——以 S 集团为例[J]. 广东经济,2022,(10):60-65.

[19] 温素彬;李慧. 渊思寂虑:智能会计"热"的"冷"思考[J]. 财会月刊,2022,(21):62-70.

[20] 温冬芬. 中国海油:坚持系统观念 深化精益管理 财务管控"六个一"推动公司高质量发展[J]. 中国总会计师,2021,(12):16-23.